POSITIVE DISCIPLINE
Parenting Tools

正面管教
养育工具

赋予孩子力量、培养孩子能力的 49 种有效方法

[美] 简·尼尔森　玛丽·尼尔森·坦博斯基　布拉德·安吉 ◎ 著
花莹莹　杨淼　张丛林　林展 ◎ 译

北京联合出版公司
Beijing United Publishing Co.,Ltd.

图书在版编目（CIP）数据

正面管教养育工具／（美）简·尼尔森，（美）玛丽·尼尔森·坦博斯基，（美）布拉德·安吉著；花莹莹等译．—北京：北京联合出版公司，2017.7（2020.4重印）
ISBN 978-7-5502-9995-5

Ⅰ．①正⋯　Ⅱ．①简⋯②玛⋯③布⋯④花⋯　Ⅲ．①家庭教育　Ⅳ．①G78

中国版本图书馆CIP数据核字（2017）第063446号

Positive Discipline Parenting Tools: The 49 Most Effective Methods to Stop Power Struggle, Build Communication, and Raise Empowered, Capable Kids
by Jane Nelsen, Mary Nelsen Tamborski, and Brad Ainge
Copyright©2016 by Jane Nelsen, Mary Nelsen Tamborski, and Brad Ainge
Simplified Chinese translation copyright©2017 by Beijing Tianlue Books Co., Ltd.
This translation published by arrangement with Harmony Books, an imprint of the Crown Publishing Group, a division of Penguin Random House LLC
ALL RIGHTS RESERVED

正面管教养育工具

作　　者：[美]简·尼尔森　玛丽·尼尔森·坦博斯基
　　　　　布拉德·安吉
译　　者：花莹莹　杨淼　张丛林　林展
选题策划：北京天略图书有限公司
责任编辑：昝亚会　喻静
特约编辑：高雪鹏
责任校对：阴保全

北京联合出版公司出版
（北京市西城区德外大街83号楼9层　100088）
（北京联合天畅发行公司发行）
北京彩虹伟业印刷有限公司印刷　新华书店经销
字数354千字　787毫米×1092毫米　1/16　26.5印张
2017年7月第1版　2020年4月第8次印刷
ISBN 978-7-5502-9995-5
定价：42.00元

未经许可，不得以任何方式复制或抄袭本书部分或全部内容
版权所有，侵权必究
本书若有质量问题，请与本公司图书销售中心联系调换。电话：010-65868687　64243832

引 言

正面管教有什么不一样？

几十年来，养育方式的研究一直以找到最有效的养育方法为核心。阿尔弗雷德·阿德勒（Alfred Adler），维也纳的医学博士，十九世纪后期与弗洛伊德共同创立精神病学领域的先驱之一，他相信所有人的首要目标都是追求归属感和自我价值感，而且人们在努力克服自卑感（觉得自己不够好）的过程中会犯各种各样的错误。这些"错误"往往被认为是不当行为。阿德勒相信，"不当行为"是基于诸如以下这些信念而形成的："只有我得到大量关注"，或者"只有我说了算"，或"只有在我受到伤害时伤害别人"，或"只有我放弃并认为自己能力不足"，我才感觉足够好。这些信念形成了阿德勒所说的"个人逻辑"，他认为，改变行为的唯一方式是帮助个体改变这些信念。

与伯尔赫斯·弗雷德里克·斯金纳（B. F. Skinner）不同——他相信改变行为的最好办法是通过惩罚和奖励（这种方法

如今被称为行为主义）的由外而内的激励（外部激励）——阿德勒相信，改变行为的最佳方式是由内而外的（内部激励），通过鼓励帮助个体感受到作为一个社会人对于归属感的深层需要。他的理念是，应以尊严和尊重的方式对待每一个人。他与患者是面对面交流的，而不是让他们躺在长沙发上（像弗洛伊德那样），让自己处于比患者更优越的位置。

鲁道夫·德雷克斯（Rudolf Dreikurs）是阿德勒的学生和同事，在阿德勒于1937年去世后，他继续教授阿德勒的理念，将这种所有人都平等并应得到尊严和尊重地对待的理念带给了父母们和教师们，而不是将其局限于心理诊所的精神分析。德雷克斯称这种理念为"民主型"（democratic）（有秩序的自由），以区别于"独裁型"（authoritarian）（无自由的秩序）和"无政府型"（anarchic）（无秩序的自由）。他用这种三维模型来审视父母对孩子的影响。

戴安娜·鲍姆林德（Diana Baumrind）是加州大学伯克利分校的一位心理学家，她用"权威型"（authoritative）来描述德雷克斯所说的"民主型"，我们在本书中会更多使用"权威型"这个词。德雷克斯明确指出"民主型"养育方式是最有益的，他倡导家庭和学校都使用这种积极而坚定的方式实现领导力。阿德勒和德雷克斯都认为需要运用尊重的管教方式，以教给孩子解决问题的能力以及其他重要的人生技能。

戴安娜·鲍姆林德对家庭养育方式的追踪研究已经持续了几十年。她的研究同样支持正面管教的养育方式，正面管教专注于养育方法的实际运用，并且，这些方法与鲍姆林德和其他人发现的那些对儿童及青春期孩子的发展具有影响力的方法是一致的。鲍姆林德系统地研究了父母对于儿童和青春期孩子的社会与心理调适、学业成功以及总体幸福感的影响。她发现，相较于娇纵型或独裁型家庭环境中的青春期孩子，如果父母是民主型或权威型，则孩子们的学习成绩更优秀、情感和社交状态更稳定、酗酒和吸毒的问题也大幅减少。鲍姆林德如此总结她自己的研究："到目前为止，在权威型和民主型家庭中成长的青春期孩子社交能力最强、最成熟、最乐观。"他们在语言和数学测试中的得分也最高。

家庭和学校里现在采用的大多数管教方式都是以惩罚和奖励为基础的。正面管教以阿德勒的理念为基础，摒弃所有的惩罚和奖励，提倡通过鼓励满足孩子对于归属感和价值感的基本需要，我们的职责是帮助孩子通过以对社会有益的方式找到归属感和价值感。我们要从理解并处理孩子对如何获得归属感和价值感的错误信念开始，然后，教给他们一些以对社会有益的方式获得归属感和价值感的技能。

孩子的行为，就像下图中的冰山位于水面以上的部分，是你能看到的。然而，隐藏在水面以下的部分（比上面的部分大得多）代表着行为背后的信念，以及孩子对于归属感和价值感的最深层的需要。大多数养育方式只处理行为。正面管教既处理行为，也处理行为背后的信念。

当孩子们行为不当时，他们通常是对如何获得归属感有一种错误的信念。这种信念造成了父母们所说的不当行为。大多数父母会以某种方式的惩罚（责备、羞辱或体罚）来回应这种行为。这只会证实孩子认为自己没有归属的信念，造成一种恶性循环。

阿尔弗雷德·阿德勒和鲁道夫·德雷克斯教给我们，一个行为不当的孩子是一个丧失信心的孩子。丧失信心来源于"我没有归属"的信念。在大多数情况下，这会让父母很震惊。他们会困惑："我的孩子怎么会相信自己没有归属呢？怎么会不知道我有多么爱他呢？这没有道理啊。"

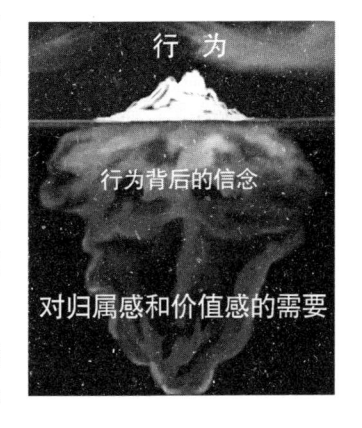

啊哈！你现在已进入了人生最神秘的领域之一！孩子们是怎样以及为什么形成了自己的信念——尤其是当这些信念在我们看来没有道理的时候？这就是为什么进入孩子的内心世界以便理解他的"个人逻辑"如此重要的原因。我们都有各自认知这个世界的独特方式，然而，有时候，父母们会忘记孩子认知世界的方式与他们自己的不同。在本书中，你将学会理解孩子在与这个世界的互动过程中形成的信念，以及你可以用来赋予孩子力量以便他们采用更有鼓励性的信念的工具。我们先来挑战一下成年人的一些错误信念。

有些父母认为，正面管教意味着以一种正面的方式运用惩罚。事实上，我们完全不相信惩罚。而且，我们也不相信赞扬、惩罚性的暂停、取消特权或奖励。本书中的49种正面管教工具，足以表明在奖励或惩罚之外有多少种管教方法。研究表明，惩罚和奖励从长期来看是无效的，而且，事实上会在诸如自律、内在激励和家庭关系的质量等方面造成消极影响。我们甚至不鼓励运用逻辑后果——至少在大多数时候——因为，很多父母都试图通过将惩罚称为"逻辑后果"而将其伪装起来。以下是惩罚很可能会造成的信念。

惩罚造成的4个R

1. 愤恨（Resentment）："这不公平。我不能相信大人。"
2. 反叛（Rebellion）："我偏要对着干，以证明我不是必须按照他们的要求去做。"
3. 报复（Revenge）："这回他们赢了，但我会扳回来。"
4. 退缩（Retreat）：
   - 偷偷摸摸："我下次绝不被抓到。"
   - 自卑："我是个坏孩子。"

有人认为这只剩下了唯一的选择——娇纵，而娇纵的危害像惩罚一样大。娇纵让孩子形成的信念是："爱意味着我想做什么就做什么。"或者"我需要你们照顾我，因为我没有能力承担责任。"甚至是"我很沮丧，因为你没有满足我的每一个要求。"

鲍姆林德的研究结果还表明了娇纵型养育方式如何由于对孩子的要求很少而有害。而且，伴随着娇纵而来的缺乏秩序和惯例很少会有效。此外，她的研究结果表明，那些由于重视立即服从而专制并经常命令孩子的独裁型父母，从长期来看也是无效的。这些研究明确表明，无论是娇纵型养育，还是独裁型养育，都无法为孩子们提供长期的社会和情感发展以及取得学业成功所需要的条件。

"那么，"你也许会问，"如果既不能惩罚，也不能娇纵，该怎么办呢？"

答案是鼓励。正面管教是一种鼓励模式。由于一个行为不当的孩子也是一个丧失信心的孩子，德雷克斯告诉我们，孩子需要鼓励，就像植物需要水。我们在本书中和你分享的所有工具都是在鼓励孩子，也是在鼓励父母。它们是为增强归属感和价值感而设计的，因而，关注的是行为背后的信念。更确切地说，这些工具都满足我们在下面列出的作为正面管教要素的全部五个标准。

正面管教的五个标准

1. 帮助孩子们感觉到情感连接、归属感和价值感。

2. 和善与坚定并行。

3. 长期有效。

4. 教给孩子形成良好品格所需要的有价值的社会和人生技能，培养尊重他人、关心他人、解决问题以及合作的能力。

5. 让孩子发现自己多么能干，以及如何建设性地运用自己的力量。

尽管正面管教工具是为满足这些标准而设计的，但是，我们需要理解其基础是前面所讨论的阿德勒的理念。如果在运用时只把它当作一个现成的脚本，这些工具就不会有效。当你理解了一个工具的原理，再加上你自己的内心和智慧，你就不会像读一个脚本那样了。相反，你会找到自己的独特方式和你自己的语言，去运用这些工具。

清楚地知道自己期望达到什么目标是有帮助的。父母对于孩子人格的发展起着极其重要的作用，并且极大地影响着孩子的整体幸福。不同的养育方式与孩子在社交和情感健康以及学业成功等方面的具体发展结果是密切相关的。无数的研究表明，养育方式与孩子的自律程度、总体生活满意度、学习成绩、酗酒与否、攻击性以及对抗行为之间有着直接的关系。本书中的每一种正面管教工具，都是为了帮助父母们在实践中运用这些经研究证明最有利于家庭关系和儿童发展的方法而设计的。这种方法支持阿德勒学派长期以来的观点：养育方式是家庭领导力的变量，影响着家庭的动力，这反过来又影响着孩子的认知、适应性以及最终的发展结果。

你对自己的孩子有什么期望？

在开启正面管教之旅时，脑海中有一个目的地以及帮助你到达目的地的路线图是有帮助的。把你希望孩子发展出的品格和人生技能列成一份清单，可以作为你的路线图。

想象你的孩子已经长大成人，他或她回家来看你。你希望他或她是一个什么样的人呢？你希望他或她具备哪些品格和人生技能呢？花时间列出你的清单。它看起来和下面的清单相似吗？

- 解决问题的能力
- 责任感
- 合作
- 自律、自我控制
- 沟通能力
- 幽默感
- 同情心
- 尊重自己和他人
- 共情
- 正直
- 生活的热情
- 韧性
- 自信
- 勇气
- 礼貌、耐心
- 思想开放
- 学习的兴趣
- 诚实
- 相信自己的能力
- 社会意识
- 自我激励

要把你觉得任何被遗漏的品格都补充到你的清单里。把这份清单放在手边，经常参考，以便验证本书中的正面管教工具正在帮助你达到你的目标。

接下来，把你和你的孩子相处中可能遇到的挑战列出来。你在本书中将学到应对每个挑战的工具。

下面是很多父母通过头脑风暴得出的挑战的汇总。知道自己并不孤单，你或许会感到一些安慰。

挑 战

- 不听话
- 顶嘴
- 缺乏动力
- 自认为有特权
- 物质主义
- 作弊
- 打架
- 咬人
- 攻击性
- 撒谎

- 固执
- 对抗
- 不做家务
- 电子产品上瘾，不停地发短信
- 发脾气、抱怨
- 偷东西
- 家庭作业问题
- 早晨的麻烦，睡前的麻烦
- 说脏话
- 打断别人说话

把任何对你造成挑战的行为都加进这份清单。令人鼓舞的是，你将体验到，在这里学到的正面管教工具不仅能够改变负面行为，还会帮助孩子发展出你所希望的那些品格和人生技能。

进入孩子的世界

在我们的正面管教工作坊和课堂里，我们通过父母们有机会角色扮演父母和孩子的体验式活动来教学。这给他们提供了进入孩子的内心世界的机会，去体验什么方法有效，什么方法无效。

在每个活动之后，我们会让扮演孩子的父母去看挂在墙上明显位置的两列清单（与上述清单内容相似），并问他们："作为孩子，你学到清单上的任何品格和人生技能了吗？"

在体验过某种无效的养育方式之后，这些"孩子"总是会说："没有。"

然后，我们会指着列有挑战的清单，问他或她是否很想做出其中的某种行为。"孩子"通常会指出他或她想做出的几种不当行为。这有助于父母们理解他们可能在造成自己所抱怨的行为中起到了怎样的作用。他们体验到了以更多不当行为来回应不尊重的养育方式的孩子是什么样的，以及孩子为什么会做出那种行为。

当"孩子"在角色扮演中体验了一种正面管教工具之后，他或她总是能够找出自己从中学到的某些品格和人生技能。这种体验式学习比任何其他形式的学习都能带给父母更强烈的影响。

在介绍了"两列清单"的活动之后，我们喜欢通过激发内在动力的"启发式问题"活动来处理孩子"不听"的挑战。在第 5 章的"启发式问题（激励型）"，你也可以体验到通过角色扮演进入孩子的内心世界所带来的深刻觉察。

这些活动和工具能够将你变成完美的父母吗？不能。很遗憾，这世界上根本没有完美的父母。（你会在第 3 章对此有更多了解。）

你的孩子能够感受到归属感和价值感，并且坚定地相信自己的能力吗？是的。

这意味着他们将很完美并且永远没有不当行为吗？不！在探索自己是谁以及如何运用个人力量的个性化过程中，试探界限是孩子个性化发展过程的一部分。事实上，当你为孩子的个性化发展提供一个安全的环境时，他们可能会感觉到叛逆（"个性化"的另一种说法）是安全的。因此，我们更有理由运用专注于发展解决问题能力的养育工具，而非加剧权力之争和报复循环的方法。

正面管教是操纵吗？

在我们的一次工作坊中，一位参与者说她认为正面管教的某个工具听上去是操纵。事实上，正面管教的所有工具都具有"操纵性"。或许，"引导"这个词听起来比"操纵"更好。难道我们不都是希望孩子发展出我们希望他们将具有的那些品格和人生技能吗？

关键在于这种"操纵"看起来是什么样的。它是尊重并赋予孩子力量的，还是不尊重且令孩子气馁的？正面管教的所有工具都是为赋予孩子力量和鼓励孩子而设计的，而且，有一个非常重要的关键是，正如前面提到的，要确保每一种工具都必须以基本原理为基础。

运用一个原理的方式有很多种。比如，当你运用数学原理时，有很多种方式能够得到4：2＋2，3＋1，8－2－2，等等。当一种正面管教工具以一个或几个原理为基础，并且加上你自己的内心和智慧时，这种工具就可以以很多种不同方式运用。例如，当你将启发式问题基于某些基本原则（诸如纠正之前先连接、理解行为背后的信念、和善而坚定），继而投入你的内心和智慧，你的启发式问题就会适合当时的情形，并且带给孩子力量和鼓励。然而，如果你的启发式问题像个脚本，听起来就会很虚假，并且是在以一种负面的方式操纵孩子。如果你试图在不理解背后原理的情况下就运用一个正面管教工具，你的孩子往往就会做出负面的回应。

当你的孩子试探界限时，你将会有正面管教工具帮助他们学会增强其能力感、归属感和价值感的社会可接受的行为。有时候，你播下的种子需要一段时间才能开花。当朋友和邻居们说你的孩子有多么优秀，而你纳闷他们说的是不是别人家的孩子时，你会知道自己正在做一件很棒的事情。这是因为孩子们觉得在你面前"个性化"很安全，然后，当他们独自面对外界时，就会运用他们从你这里学到的技能。

在本书中，你将看到世界各地分享了自己的成功故事的许多父母运用这些正面管教工具的效果。我们先从自己的故事说起。

简·尼尔森博士的成功故事

1981年,我写了自己的第一本正面管教的书。当时,我正在学习这些以阿尔弗雷德·阿德勒和鲁道夫·德雷克斯的思想为基础的养育方法。虽然我赞同他们的放弃所有惩罚并以尊严和尊重的方式对待孩子的理念,但改变老习惯并不容易。尽管如此,在运用这些工具的过程中,我不断地学习和改进(从错误中得到的与从成功中得到的一样多),而我在养育孩子中得到的快乐增加了十倍。我想与所有愿意倾听的人们分享我的收获。

我并不知道有一天我会走遍全世界!在过去的35年里,正面管教发展得非常快,听到那么多的褒奖和成功的故事,温暖着我的心。

然而,没有什么能够比得上我在看到自己的孩子们成功地运用正面管教养育我的孙辈时的感受。你只能想象我在和自己的两个孩子共同创作这本书时所感受到的快乐,他们是布拉德(我的第五个孩子)和玛丽(我的第七个孩子)。几年来,我们一直在博客上分享这些工具,我们发现父母们很喜欢听运用正面管教的真实故事——包括成功的和失败的。父母们很欣慰地了解到这个过程并不需要完美。

玛丽·尼尔森·坦博斯基的成功故事

我记得当我还是个小女孩的时候,我坐在会议室后面,在妈妈的讲座上卖正面管教的书。我会听到父母们对她的演讲致谢。很多人感谢她改变了他们的人生。直到我自己成为母亲,我才真正理解她带给这些父母的影响。

最近,妈妈问我:"你认为自己运用正面管教的时间有多少?"

我说："至少80%的时间。"

她笑着说："哇，真不错，我只能在70%的时间做到，而我还写了这些书。"

我得出的几个可能的结论是：1）也许我没有在80%的时间做到；2）也许，作为作者的女儿，使我有10%的优势；3）也许在正面管教的养育方式中长大的我，真正且深切地理解了运用正面管教的益处。

我始终知道自己在正面管教系列书籍作者的养育下成长是非常幸运的，但是，直到我和大学室友召开家庭会议时，我才意识到正面管教是怎样帮助了我的父母和兄弟姐妹们和谐相处，并且成为一生的朋友。

从我的第二个儿子出生起，我就开始了教授正面管教，至今已有七年多的时间。通过养育工作坊和辅导分享我的知识和个人经验是我的荣幸。我只能想象妈妈有多么自豪，我可以说她毫无疑问是我最大的粉丝。无论是带领工作坊、做讲座，还是写书，合作的过程都给我们俩带来了很多乐趣。能够与自己的母亲——我最好的朋友——一起工作，我感到既荣幸，又幸运。

单亲爸爸布拉德的成功故事

成了一个单亲父亲，一开始对我来说是个很大的打击！像大多数父亲们一样，我更擅长做一名替补投手。我会在下班回家之后陪孩子们玩，或许还会在睡前给他们读一本书。我也喜欢给少年棒球联合会球队做教练，并且为孩子们的其他课外活动提供帮助。但是，像我所认识的大多数父亲们一样，如果被独自留在家里照顾孩子超过一个小时，我就会开始崩溃。

所以，当我刚开始独自养育孩子时，我完全不知所措！看电视成了过去的事情。高尔夫球受到了冷落，叠衣服成为我的新嗜好。在这种我称之为"单亲父母新兵训练营"的冒险开始大约一个月之后,流感席卷了我们家。但是,孩子们当然没有同时患上流感,而是每隔大约一周,就有一个人得流感。所以,整整三个星期,我都在忙着照顾孩子们、换床单、清理呕吐物。然后,正当我以为噩梦终于就要结束的时候,我自己得了流感!

突然,我对单亲养育有了新的认识。作为单亲父亲固然艰难,但是,当你试图在身患流感的情况下担负起这份工作时,你会发现这要糟糕得太多太多。所以,自从那天起,我就努力抱着一种感激的心态。

养育孩子是这个世界上最值得的事情,也是最有挑战的。这就是为什么我开始了为期一年的探险之旅,坚持每周运用一个正面管教工具。这一尝试让我重新认识了我和孩子们之间的关系,也看清了我如何能提高自己的养育技巧。

不要对自己太苛刻。开始一件新事情的风险在于,有时候我们把期望值定得太高,当事情不尽人意时,我们就会感到挫败。当我刚开始运用这些工具时,有那么几次,我发现自己期待孩子们做到完美,而我对他们的失望让事情变得更糟了。但是,当我改变了自己的心态,并且专注于改善而非完美时,我们家里的氛围就好多了。

每个家庭都是不同的,每个孩子也是不同的。重要的是要找到对你管用并感觉适合你的方法。要运用你的直觉,并享受乐趣!

目　录

第 1 章　基础

本章介绍的 6 个工具，来自于正面管教的基本理念，是正面管教所有养育工具的基础。

破解密码 / 3
花时间训练 / 15
和善而坚定 / 25
纠正之前先连接 / 33
鼓励 / 39
赢得合作 / 49

第 2 章　父母的指导

家庭会议、认可感受、决定你怎么做、坚持到底、放手，都是父母指导孩子学习社会和人生技能的好方式。

家庭会议 / 57

认可感受 / 67
决定你怎么做 / 74
坚持到底 / 83
放手 / 91

第 3 章　关于犯错误

许多孩子得到的教育都是要为自己所犯的错误感到羞耻。要教给孩子把犯错误看作是学习的机会，这样才会激励孩子们做得更好。

理解大脑 / 101
积极的暂停 / 108
错误是学习的大好机会 / 116
矫正错误的三个 R / 125

第 4 章　如何建立情感连接

除非我们先与孩子建立情感连接，否则，我们就无法积极地影响孩子。

特别时光 / 135
表现出对孩子的信任 / 141
致谢 / 150
陪伴式倾听 / 155

第 5 章　解决问题

要把日常生活中遇到的挑战,作为和你的孩子一起练习解决问题的机会。

解决问题／163
达成约定之后的坚持到底／172
寻求帮助／180
关注于解决方案／186
选择轮／191
启发式问题（激励型）／197
避免娇纵／206

第 6 章　渡过难关

当孩子出现发脾气、哭闹,或遇到其他困难时,父母应该怎样帮助孩子渡过难关呢?

拥抱／217
看着孩子的眼睛／224
每次迈出一小步／230
鼓励与赞扬／236
启发式问题（交谈型）／243
有限制的选择／251

第 7 章　日常生活的技能

日常生活中有很多机会,可以用来培养让孩子受益终生的人生技能。

　　零花钱 / 259
　　家务活 / 266
　　限制屏幕时间 / 272
　　日常惯例 / 282

第 8 章　少即是多

　　父母们对孩子往往说的太多，而倾听的太少。有时候，最有效的做法就是闭上你的嘴，而采取行动。

　　倾听 / 295
　　给予关注 / 301
　　只做不说 / 308
　　无言的信号 / 315
　　一个词 / 320

第 9 章　后　果

　　孩子们通过体验自己的选择所带来的自然后果，来发展适应性和能力……但要当心逻辑后果。

　　逻辑后果 / 327
　　自然后果 / 335
　　同等地对待孩子们 / 343

第10章　做出行为榜样

榜样是最好的老师。孩子们是从父母的行为中学习的。

控制你自己的行为 / 351

语气 / 358

不要回击顶嘴 / 363

幽默感 / 370

赋予你的孩子力量 / 376

致　谢

第1章 基础

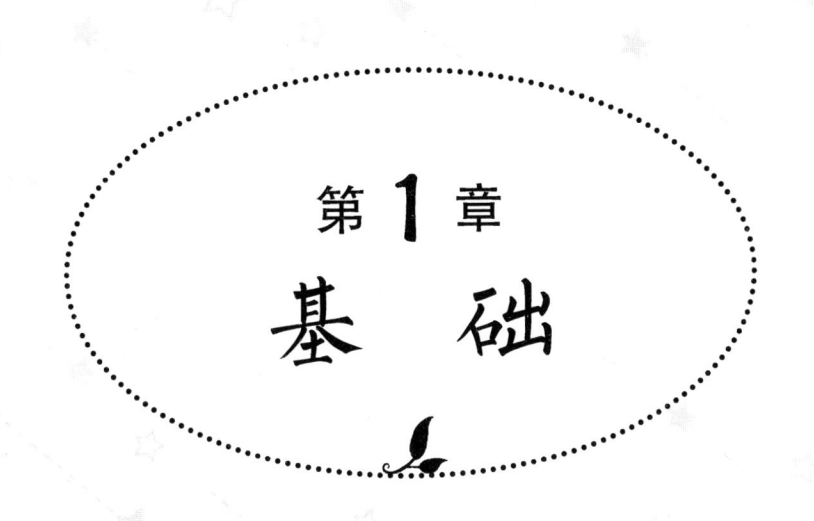

破解密码

孩子们是自己决定他们打算在家庭里扮演什么样的角色的,而父母强化了他们的决定。

——鲁道夫·德雷克斯

如果你理解了"行为背后的信念",你在面对孩子时就会最有效。

运用错误目的表:

1. 选择一个挑战行为;
2. 识别你的感受和反应方式;
3. 识别孩子在你制止他或她时的反应;
4. 用"错误目的表"来找出孩子的行为背后可能的信念;
5. 尝试表中最后一列里的建议,以鼓励孩子改变行为。

在引言中,我们用冰山的比喻说明了正面管教如何既处理行为，又处理行为背后的信念。在本章，我们将介绍错误目的表，以及导致鲁道夫·德雷克斯所说的"错误目的"的四类信念的另外四座冰山。他之所以称其为错误目的，是因为这些行为是建立在如何得到归属感和价值感这两个首要目标的错误信念基础之上的。这四个错误目的是：寻求过度关注、寻求权力、报复，以及自暴自弃。

寻求过度关注，其信念是："唯有当你时刻关注我，和（或）给我特殊服侍时，我才有归属。"为鼓励提供线索的相应的密码信息是："注意我。让我参与，并发挥作用。"

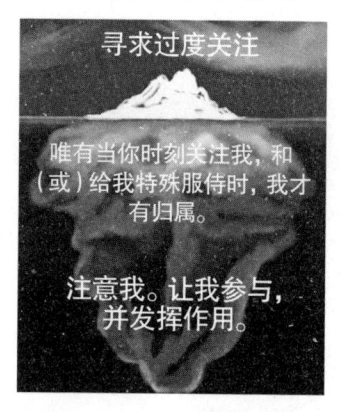

寻求权力，其信念是："只有当我说了算，或者至少不让你指使我时，我才有归属。"为鼓励提供线索的相应的密码信息是："让我帮忙。给我选择。"

报复，其信念是："我没有归属感，这让我伤心，所以我要通过伤害别人来扳平。"为鼓励提供线索的密码信息是："我很伤心。认可我的感受。"

报复

我没有归属感，这让我伤心，所以我要通过伤害别人来扳平。

我很伤心。认可我的感受。

自暴自弃，其信念是："我放弃。让我一个人待着。"为鼓励提供线索的密码信息是："不要放弃我。让我看到如何迈出一小步。"

自暴自弃

我放弃！让我一个人待着！

不要放弃我。让我看到如何迈出一小步。

经常有人问德雷克斯为什么总是把孩子们放到这些框框里，他说："不是我老要把孩子们往这些框框里放，而是我总是在那里发现他们。"

可以理解，父母通常会对不当行为做出反应。你在对孩子的行为做出反应时的感受，是你破解孩子行为密码的第一条线索。

当孩子的目的是寻求权力时，有些父母可能会说自己在"迫使"孩子做他或她应该做的事情时感到很无助。在更深的层面，这些父母可能会感觉自己受到了挑战或被击败了，因为他们没有在权力之争中获胜。现今的很多父母在从专制型统治（"因为是我说的"）向民主型（权威型）领导力（"我们一起来解决这个问题"）的转变中，仍然在苦苦挣扎。正面管教工具旨在帮助各种文化环境中的父母们从尊卑关系向给予每个人尊严和尊重的方式转变，同时专注于教给孩子为人生问题寻找解决方案的重要人生技能。

要仔细看看下面的错误目的线索，以帮助你运用第8~10页的错误目的表。这将帮助你"破解"孩子的行为密码，并且为你鼓励孩子——激发孩子选择更能赋予其力量的信念和行为——提供线索。

错误目的线索

1. 想一想你与自己的孩子最近遇到的一次挑战。将其写下来。描述当时发生了什么，就像写电影脚本一样：你的孩子做了什么，你是如何反应的，然后发生了什么？

2. 你在受到这个挑战的当时有什么感受？（从错误目的的表第2列选择一种感受）写下来。

3. 现在，将你的手指沿着同一行移到错误目的表第3列，看看你在回应那个感受时所采取的行为是否与那些典型的回应相近。如果你的行为出现在另一行的描述里，就再看看那一行第2列的感受是否更能描述你当时的深层感受。（当我们深深地感到自己受到挑战或伤害时，我们常常说自己感到"恼怒"；当我们在权力之争中确实感觉受到挑战或被击败时，我们常常说自己感到"绝望"或"无助"。）你的反应是体现你的深层感受的一条线索。

基　础

4. 现在，将你的手指沿着同一行移到第 4 列。那些描述中有哪一种与孩子对你的反应的回应相近吗？

5. 一旦你确定了孩子针对你的反应所做的回应，就将手指沿着同一行移到第 1 列。这很可能就是孩子的错误目的。写下来。

6. 接下来，将你的手指沿着同一行移到第 5 列。此刻，你发现了孩子可能抱有的错误信念。写下来。

7. 将你的手指移到第 6 列。这与你所拥有的、可能促成了孩子行为的信念相近吗？（记住，这不是为了责备——只是为了觉察。）在你学习鼓励孩子的技巧时，你也会改变自己的信念。现在就试一试。写下更有助于鼓励孩子的一个信念。你会在最后两列找到线索。

8. 将你的手指移到第 7 列，你在这里会找到为让你的孩子感觉受到鼓励所需要的密码信息。

9. 将你的手指移到最后一列，以便找到一些建议，下次你再遇到这一挑战行为时或许可以尝试。（你也可以运用自己的智慧想一想符合第 7 列的密码信息的其他话语或做法。）写下你的计划。

10. 怎么样？在你的日志里把发生的事情准确地记录下来。你以后会想再看看这些成功的故事，以鼓励自己。如果你的计划没有成功，可以尝试另一种工具。（见本章后面的"纠正之前先连接"，并要确保你在纠正行为之前先与孩子建立情感连接。）

你会注意到错误目的表中包含一列"大人可能怎样促成了问题的产生"。帮助父母们意识到自己怎样促成了不当行为，可能是有很大风险的。因此，我们会一遍又一遍地说这与责备或羞辱无关，而是为了觉察。

识别行为背后的信念和错误目的并非总是很容易的，因为孩子们可能会以同样的行为来达到四个错误目的中的任何一个。例

7

错误目的表

1 孩子的目的是：	2 如果父母/老师的感受是：	3 而且想做出的反应是：	4 如果孩子的回应是：	5 孩子行为背后的信念是：	6 大人可能怎样促成了问题的产生：	7 孩子的密码信息：	8 父母或老师主动的、赋予孩子力量的回应：
寻求过度关注（让别人为自己奔忙或得到特殊服侍）	心烦；恼怒；着急；愧疚。	提醒；哄劝；替孩子做他或她自己能做的事情。	暂停片刻，但很快又回到原来的样子，或接换成另一种打扰人的行为。当被一对一的关注时，就会停止。	"唯有当我得到关注或特殊服侍时我才有归属感。""唯有当你们围着我团团转时，我才是重要的。"	"我不相信你有能力对待失望。""如果你不快乐，我会感到内疚。"	"注意我。让我参与并发挥作用。"	通过让孩子参与一个有用的任务，转移孩子的行为，以获得积极的关注。告诉孩子你在乎他，然后说，——（例如，"我爱你，我在乎你，等会儿会花时间陪你。"）要避免给孩子特殊服侍。只说一次，然后就行动。要相信孩子有能力处理自己的情绪（不要替孩子解救孩子）。安排特别时光。建立日常惯例。让孩子参与解决问题。运用家庭会议或班会。悠略（默默地抚摸孩子）。设定一些无言暗号。

8

基 础

（续表）

1	2	3	4	5	6	7	8
孩子的目的是：	如果父母/老师的感受是：	而且想做出的反应是：	如果孩子的回应是：	孩子行为背后的信念是：	大人可能怎样做成了问题的产生：	孩子的密码信息：	父母或老师主动的、赋予孩子力量的回应：
寻求权力（我说了算）	生气；受到了挑战；受到了威胁；被击败。	应战；投降；心想："瞧我怎么收拾你"，或"我想逃脱"；希望自己能做对。	变本加厉；虽服从，但内心不服；看到父母或老师生气，而觉得自己赢了；消极对抗。	"只有当我说了算或我未控制，或证明没有谁能指使我时，我才有归属感。""你强迫不了我。"	"是我在控制，你必须按我说的去做。""我相信，告诉你该做什么，并且在你没有去做时对你进行说教和惩罚，是激励你做得更好的最好办法。"	"让我帮忙。""给我选择。"	承认你不能强迫孩子，通过请求孩子帮助，引导孩子把权力用在积极的方面。提供有限制的选择。不要开战，也不要让步。从冲突中撤出，让自己冷静下来。坚定而善。不说，只做。决定你要做什么。让日常惯例说了算。培养相互的尊重。让孩子帮助设立一些合理的限制。运用坚持到底。召开家庭会议或班会。

9

（续表）

1 孩子的目的是：	2 如果父母/老师的感受是：	3 而且想做出的反应是：	4 如果孩子的回应是：	5 孩子行为背后的信念是：	6 大人可能怎样促成了问题的产生：	7 孩子的密码信息：	8 父母或老师主动的、赋予孩子力量的回应：
报复（以牙还牙）	伤心；失望；难以置信；憎恶。	反击；以牙还牙；心想："你怎么能这样对我？"认为孩子的行为是针对自己的。	反击；伤害别人；毁坏东西；以牙还牙；变本加厉；行为升级或换另一种武器。	"我没有归属感，所以我在伤心时就要伤害别人。""没人喜欢我，我没爱我。"	"我给你建议（而不倾听）因为我认为这是在帮你。""比起你的需要，我更担心邻居们会怎么想。"	"我很伤心。认可我的感受。"	承认孩子伤心的感受（你可能需要猜测具体有哪些感受）。不要将孩子的行为认为是针对你的。通过避免惩罚和反击，走出报复循环。建议你和孩子都做积极的暂停，然后专注于了解决方案。运用反射式倾听。运用"我"式句式说出你长处。道歉并做出弥补。鼓励孩子的长处。同等地对待孩子们。运用家庭会议或班会。

10

（续表）

1	2	3	4	5	6	7	8
孩子的目的是：	如果父母/老师的感受是：	而且想做出的反应是：	如果孩子的回应是：	孩子行为背后的信念是：	大人可能怎样促成了问题的产生：	孩子的密码信息：	父母或老师主动的、赋予孩子力量的回应：
自暴自弃（放弃，且不愿别人介入）	绝望；无望；无助；无能为力。	放弃；替孩子做他们能做的事；过度帮助；表现出对孩子缺乏信心。	更加退避；变得消极；毫无改进；毫无响应；避免尝试。	"我不相信我会有归属，所以，我要让别人知道不对我寄予任何期望。""我很无助，很无能，既然我怎么都做不好，努力也没用。"	"我期待你达到我的高期望。""我认为替你做事情是我的责任。"	"不要放弃我。让我看到如何迈出一小步。"	把任务分成小步骤。把任务变得容易一些，直到孩子体验到成功。设置成功的机会。花时间训练孩子。教给孩子技能，并做出示范怎么做，但不能替孩子做。停止所有的批评。鼓励任何积极尝试，无论多么小。表现出对孩子能力的信任。关注孩子的优点。不要怜悯。不要放弃。真心喜欢孩子。以孩子的兴趣为基础。运用家庭会议或班会。

11

如，孩子拒绝做作业可能是为了得到关注（"看我，看我"），或显示权力（"你强迫不了我"），或寻求报复（"我的成绩对你来说比我还重要，这让我很伤心，因此，我也要让你伤心"），或者表达他们的不胜任感（"我真的做不到"）。在每一种情形中，父母会有不同的感受。对于每个目的，有效的干预和鼓励方式也不同，所以，以你的情绪反应作为理解孩子的行为目的线索，是很重要的。

要注意，我们说的是"鼓励"。孩子的信念是基于事实，还是基于他自己对情形的感知，是无关紧要的。行为的基础是孩子所相信的事实，而非真正的事实。当父母理解了孩子的信念，并且运用鼓励（正面管教工具）帮助孩子找到以建设性的方式追求归属感和价值感的方式时，孩子的行为就会改变。

来自韩国的成功故事

我有一个 7 岁的女儿和一个 11 岁的儿子。女儿总想和我待在一起。每当我帮助儿子做家庭作业时，她就会站在门口让我出去帮她。我已经花了那么多时间陪她，所以，我无法理解她为什么会这样，并且曾经因为她要求这么多的关注而斥责过她。

我感觉很恼怒，而且因为她不停地哼唧而心烦。

我告诉她："我需要帮助你哥哥解决难题，所以不要站在门口。回你自己的房间玩玩具去。"她会去自己的房间玩一小会儿，但很快又重复同样的行为，会因为下面任何一个原因来喊我："给我读一本书""陪我玩游戏""陪我睡觉"。

在学习错误目的表的时候，我发现她的错误目的是寻求过度关注。她的信念是"只有当被注意到或得到特殊服侍时，我才能感到自己重要"。她的密码信息是"注意我。让我参与，并发挥作用"。

我决定在女儿试图引起我的关注时转移她的行为。当她在我陪儿子做作业的时候又来喊我时，我和善而坚定地说："我爱你，待会儿会花时间陪你。"

她似乎满意了，并待在自己的房间里画画。后来，我问她想和我一起做什么。她想弹钢琴，于是我们一起弹了琴。从那以后，在我陪她哥哥写作业的时候，女儿喊我的次数减少了。

——金成焕（Seonghwan Kim）
注册正面管教讲师

来自加拿大不列颠哥伦比亚省乔治王子城的成功故事

在我准备晚餐的时候，孩子不停地把食材从台面上拿下来。我刚学习过错误目的表。我的感受是恼怒，因此，我意识到他的错误目的是寻求过度关注。

在学习错误目的表之前，我会不停地提醒他晚餐很快就做好了，他应该等着吃饭。他似乎认为这样很好玩，而且会在我让他等着时拿走更多的食物。

看上去他的信念确实是"只有当你关注我的时候，我才有归属感"，他恼人的行为就是为了得到我的关注。

我决定按照密码信息"注意我。让我参与，并发挥作用"尝试另一种做法。我在台面上清理出一片区域，准备好一个碗，里面放了一些胡萝卜，并问他是否愿意在我准备晚餐的时候坐在我旁边。他吃了一点胡萝卜，和我聊了几句，然后就走开自己去玩了。

当我学会给他提供有用的方式感觉受到关注时，对我们两个都有多大的不同啊！

——莎拉·蒙特（Sarah Munt）
注册正面管教家长讲师

工具提示

1. 复制一份错误目的表和几份错误目的线索表。

2. 练习运用错误目的线索表，直到你能成为一名训练有素的行为侦探。

3. 当你自己"行为不当"时，要用错误目的线索表来看看你能否发现自己行为背后的信念——以及如何鼓励你自己。

4. 将四个错误目的教给你的孩子，以帮助他们理解他们自己，并要定期运用家庭会议练习鼓励和解决问题。

花时间训练

　　一位不断地提醒孩子并且不必要地替孩子做事情的母亲，不只是剥夺了孩子的责任，而且会越来越依赖于通过孩子获得作为母亲的价值感。

——鲁道夫·德雷克斯

　　训练，是教给孩子人生技能的一个重要的部分。不要期待孩子在没有受过一步一步的训练的情况下就知道怎么做。比如，孩子们和你对于干净的标准可能相差甚远，所以，你不能只是告诉孩子打扫自己的房间，并期望他打扫得能令你满意。

1. 让孩子看着你做一件事情，并友好地向孩子做解释。
2. 一起做这件事情。
3. 让孩子自己做这件事情，你在旁边指导。
4. 到孩子感觉自己能做时，让他独立做这件事情。

简

父母们通常不会花时间训练孩子，因为生活太忙碌，或因为他们没有充分理解做出贡献对于孩子的重要性，以及孩子们学习能让他们做出贡献的技能有多么必要。太多的父母认为应该让孩子只是做孩子，他们以后可以再学习技能。他们没有意识到孩子们是在童年早期阶段就形成了对自身能力的信念。

塔米在正面管教社交网络上提出的下面这个问题（经许可使用），为我解释如何花时间训练提供了一个好机会。

今天早晨，我5岁的女儿把水槽里的一堆脏碗碟放进了洗碗机。看见她这么做，我很高兴。然后，我告诉她这帮了我很大的忙。

然后，她说："因为我为你做了这件事，你愿意把我所有的早餐都拿到餐桌上吗？"

我确实不认为这是个好主意，因为这让洗碗似乎成了一件为了得到回报而做的事情。我说："我愿意把牛奶拿到餐桌上，并帮你倒一杯。你可以自己做其他的事情。"

她哭了起来，说这不公平，因为我没有帮她做在早餐时应该做的一半的事情。她开始发脾气，并且说："好！我全都自己做！"这让她觉得自己很可怜，不得不完全靠自己把一大盒很重的牛奶倒出来，并因此责怪了我。帮帮我！

我问塔米，她的女儿是否习惯了从别人那里得到奖励。塔米说她的前夫和婆婆一直都运用奖励。这并不难猜出来，因为她女儿的行为是典型的奖励的长期效果。

我给塔米的建议是，要让她的女儿感觉自己的感受，而不要试图解救她，或者劝她放弃那些感受；然后再花时间训练，一起通过头脑风暴列出她们在不期待任何回报的情况下可以为他人做的事情。这是一个将挑战看作是培养技能的机会的一个好例子。

你可以通过把花时间训练变成一种游戏，而让这个过程充满乐趣。"让我们找出每天可以至少悄悄为彼此做的一件事来作为惊喜吧，看看对方多久才会发现这是一件什么样的事。"这可以扩展为晚餐时间的讨论，每个人都说说"你今天为其他人做了什么不期待任何回报的事情"。

在很多方面，我们都需要花时间训练，比如礼貌和解决问题，而不是期待孩子从我们的说教中学习。孩子可能会抗拒你在家里提供的训练（这是他们个性化过程的一部分——总是会在安全的环境中试探如何运用自己的力量），但是，你的朋友和邻居们会注意到并告诉你，你有一个多么棒的孩子。要从惊讶中平复下来，继续花时间训练，即便在看似不起作用的时候。

很多父母很难放弃奖励。有一位父亲写道：

我完全同意鼓励和避免惩罚的观点，但是，我难以找到鼓励我的6岁和9岁孩子的有效方法，让他们在不需要频繁提醒的情况下为家庭做出贡献并承担责任。去年，我们有一个奖励方法，让他们在一周之内很容易就能挣到足够的"分数"，以便从奖品箱里得到一份小小的奖励。这个办法的效果很好，但也很容易扣分，这在我现在看来就是一种惩罚。在参加正面管教课程和读书的过程中，我了解到奖励的问题在于无法帮助孩子学会承担责任，因为父母是负责监督孩子行为的人，而孩子学不会运用自己良好的判断力。不幸的是，没有了刺激，孩子似乎缺乏去做自己不想做的事情的动力。（谁会愿意做家务呢？）我相信他们承担的责任和贡献是适应他们的年龄的；这些事情包括清理自己吃饭的地方，把碗碟从洗碗机中拿出来，在晚餐时间帮忙摆餐具，收拾玩具，等等。事情实际上看起来不如从前了。比如，9岁的女儿以前会把自己吃饭的地方清理得很干净，但现在经常把东西放在那儿不管。在运用奖励办法的时候，一切都变得越来越好，可是，没有这个办法，孩子们几乎每件事情都需要提醒。

我们已经开了几次家庭会议并讨论了这个问题，但是，大多数想法其实只涉及到提醒两个孩子的不同方法（这仍然导致由父母承担责任，而不是孩子）。我正在认真考虑重新采用奖励办法了。一位朋友提到不要扣分，以避免惩罚的因素。但是，我不确定这是否能够教孩子学会运用自己良好的判断力。

我告诉这位父亲，他描述了一种在几乎每个家庭都会出现的挑战，无论他们是否在运用正面管教。我提出了以下几点看法：

1. 如果孩子们有责任感，他们就不需要父母花18年时间带着他们学习了。责任感是无法通过一次说教或运用一两次正面管教工具来学会的，而是需要很多年的重复。

2. 奖励是有效的，如果你希望长期的效果是让孩子为外在奖励而做事，而不是内在的能力感和贡献感的话。

3. 孩子们对于自己认为需要优先做的事情是很有责任感的。家务活不在他们优先做的事情中——直到他们有了自己的孩子需要唠叨。

4. 即便家务活不在他们的优先事项中，他们仍然需要完成。想出如何用正面管教工具达到这一目标，会为你提供很多教给孩子学会令其受益终生的技能和态度的机会。

5. 如果提醒就是你作为父母的一种职责呢？如果接受这是你的职责，你就可以将从长远来看有助于增强孩子的责任感和能力的技能结合进来。第一步是改变你的态度，并将这一挑战作为你帮助孩子学习的机会来接受。

6. 把你的孩子看作是餐具。餐具不会永远保持干净——你必须一次又一次地清洗。作为父母，你会发现自己不得不"反复训练"自己和孩子运用这些工具。

7. 要让孩子参与达成约定。这个达成约定的过程是需要不断练习的一项重要技能。有了这种新态度，提醒的一种方式是和善而坚定地问："我们的约定是什么？"

8. 要经常召开家庭会议。有一位女士抱怨她的孩子们提出的解决方案只能维持一周。我问她是否有其他方法能在整整一周里都有效。她不得不承认没有，所以，我建议她继续开家庭会议。我的孩子们花了两年的时间才提出一个管用了六个月的计划。

9. 要建立一种可以每个人都同时做家务的日常惯例，然后一起做一些好玩的事情。

10. 运用众多的其他正面管教工具，教给你的孩子最终培养出责任感和能力感。

布拉德

在当今的互联网时代，花时间训练已经变得容易多了。我的孩子们知道的比我多得多，因为他们成长的过程中有谷歌。我发现自己做很多事情都会请教他们，因为他们知道如何利用互联网资源。

我们需要记住，在我们儿时重要的技能不一定是我们的孩子所需要的。现在，很多事情都已经自动化，并可以用不同的方式做了。当然，科技也让很多事情对父母们来说更难了，因为孩子们认为有更容易的解决办法，尽管并非总是如此。因此，花时间训练孩子的社会、情感和解决问题的技能比以前更重要了。你下一次想训练孩子做一件事情的时候，要问问他们是否有更好的主意。他们所知道的或许会令你大吃一惊。

玛　丽

花时间训练可能是很重要的一个工具，但是，我经常忘记我的孩子们需要一次又一次的训练。

当我提醒丈夫需要花时间训练时，他总是不喜欢这个想法。他说："亲爱的，他们不是小狗。"所以，我只好换一种说法来提醒丈夫和我自己：对于我们希望孩子学习的每一项任务、家务、工作、礼貌或行为，我们都需要让孩子看到、教给孩子、演示、做出榜样并加以培养。他们不会在一夜之间学会，这是我需要记住的。

训练我的儿子们打扫他们自己的房间就是一个很好的例子。我数不清自己有多少次使用威胁、贿赂、变成游戏、请求或唠叨，而最终通常是我一个人收拾，并且怨恨孩子以及我们给他们买的所有玩具。我总是希望他们能像我一样喜欢整洁的房间。

当我上一次花时间训练儿子们如何打扫他们的房间时，我注意到自己用了正面管教的各种工具，比如：问而不是告诉，鼓励而不是赞扬，认可他们的感受，说"我爱你们，而现在该打扫房间了"，运用幽默感，这只是其中的几种。最终，这成了我们最愉快的一次打扫房间的经历。结束之后，我问他们拥有一个干净整洁的房间是什么感受，并且提醒他们我多么感激他们的帮助。我还说，我完全相信他们下次可以自己打扫房间。

然后，我需要训练他们不要在我打电话的时候打扰我。这是我作为妈妈最沮丧的时刻之一。不幸的是，我认为我已经"训练"得孩子们在我打电话的时候没有礼貌、不体谅和不尊重了，因为，这么多年来，只要他们醒着或在我身边时，我从来不打电话。当然，当他们都在房间里时，我必须和别人通电话的时刻总要到来的。当时，我的孩子们很吵、很烦人，打电话来的女士问道："你可以在更方便的时间打给我吗？"我需要离开房间继续我们的交谈。

我立刻就意识到这都是我的错，与他人无关。我没有对孩子们生气，我知道这是我花时间训练的又一个机会，这次是关于如何在我打电话的时候举止得体。我同意要以尽量让我的通话时间简短来尊重他们，他们也同意以保持安静来尊重我。然后，我们进行了角色扮演。后来我打的几次电话都很简短，孩子们也很安静。

正如孩子们在学业上（阅读、写作、数学，等等）需要持续的训练一样，我相信他们在清洁和礼貌方面的训练也将是一个持续的过程。

来自加利福尼亚州帕萨迪纳市的成功故事

我和我的女儿克莱尔都喜欢烹饪。这是我们在一起最爱做的事情，也是花时间训练的最佳例子之一。

从克莱尔18个月大开始，我就通过让她在厨房里动手做来练习技能，独立完成尽可能多的事情。在她两岁之前，她就能完成一些很简单的步骤了，比如舀面粉或倒牛奶。随着她逐渐长大，我开始让她看如何揉面团，然后给她一块面团让她自己揉。当然，有时候会弄得一团糟，我经常会在一些奇怪的地方发现食物（比如她的脚趾间）。但是，看到女儿逐渐成为一个自信而独立的小厨师，这一切都是值得的。

随着时间的过去，克莱尔开始做更复杂的事情，并且理解了食谱是怎么回事。在她快5岁时，有一个工作日的晚上，我们决定设计一个简单快捷的晚餐食谱——迷你热狗玉米松饼，即在玉米松饼里加入小热狗，然后烘烤。我知道克莱尔可以独立参与这个过程的很多方面，包括计量原料，把迷你热狗对半切开（使用儿童专用刀具），搅拌混合碗里的原料。

当我们把松饼放入烤箱之后，我开始和克莱尔讨论打扫的问题，因为她第二天需要上学，我们还要完成一些琐事，并且要洗澡、上床睡觉。但是，克莱尔另有打算。她有一个宏大的食谱计划，而且想完全由她自己做，这是她以前从未做过的。她注意到我们还剩几个热狗，于是宣布要将这些用作食材。我头脑里的声音是那一长串晚上要做的事情，挣扎了一番之后，我问："你想做什么菜？"她解释说打算做一道沙司并且用烤箱烘烤热狗。看到她的决心，我笑了，坐下来陪她。她已经准备好考验自己的训练成果啦！

克莱尔将热狗和盐、胡椒粉、水和海藻片混合在一起。没错，海藻！（嘿，我很欣慰她放了一份蔬菜。）然后，把混合原料放进烤箱加热。

这是一份油腻腻、黏糊糊的混合物，而克莱尔却非常兴奋！她大口吃着海藻热狗，声称"太美味了"！我给她拍的照片上的表情说明了一切。她从头到尾完全独立地为自己准备了一份晚餐，她的脸上洋溢着自豪。

回想起克莱尔提出烤热狗的请求，我本可以直接拒绝，毕竟当天晚上我们还有那么多事情要做。我很庆幸自己看到的是机会。

那些海藻热狗是克莱尔人生的转折点。她的制作过程涉及了计划、组织和执行。她让我看到，她已经准备好进入下一个阶段的训练了。她在提高自己的技能，既包括厨艺，也包括人生技能。我一直在训练她如何烹饪，但是，我突然意识到她也一直在训练我。作为成年人，我们经常忘记，尝试新事物并且不计较结果是多么有趣的一件事。这些年来，克莱尔教给了我，生活中最重要的一种原料就是开放的头脑。

——艾米·诺布尔（Amy Knobler）
注册正面管教家长讲师

迷你热狗玉米松饼

24 块松饼的制作量

1 袋现成的玉米面包或玉米松饼混合物 *
1 袋小热狗
1～2 个迷你松饼盘，涂上油
调味品

＊阅读玉米松饼混合物包装上的说明，看看你是否需要在准备面糊时加入牛奶、鸡蛋或其他原料。要确保你手边有这些原料。或者，如果喜欢的话，你也可以根据自己喜爱的配方从头开始制作玉米面包。

1. 预热烤箱，根据包装说明准备松饼面糊。鼓励孩子帮你阅读说明，倒入液体原料，搅拌面糊。

2. 将每根热狗对半切开。在大人的监督下，即使小孩子也可以使用安全的儿童刀具帮助完成这一步。

3. 让孩子在每个松饼模里放一块热狗。用小勺将松饼面糊舀到热狗上，装满模具。孩子也可以帮忙完成这一步。

4. 根据包装说明烘烤松饼。等待烤好的松饼冷却。食用时可以搭配芥末酱、番茄酱或烤肉酱。

工具提示

1. 孩子们需要技能，而技能需要教才能学会。
2. 像侦探一样留心观察挑战行为的模式。
3. 当你发现一种模式时，要搞清楚处理这一挑战需要的技能——对于你和你的孩子。
4. 找一个平静的时间教给孩子这些技能，包括通过角色扮演进行练习。
5. 不要期待完美。熟能生巧。
6. 要避免奖励。奖励会阻碍孩子体验内在的成就感，而这种成就感有助于孩子培养良好的能力感。

和善而坚定

坚定指的是你在一个冲突情形中的行为，支配则意味着将你的决定强加给孩子。

——鲁道夫·德雷克斯

为了避免走两个极端，坚定与和善应该始终是并行的。要从认可感受和（或者）表现出理解开始。要在可能的情况下提供一个选择。下面是几个例子：

1. 我知道你不想刷牙，而我们可以一起做。
2. 你想继续玩，而现在到睡觉时间了。你想听一个故事还是两个？
3. 我爱你，而答案是不。

简

有些父母和善但不坚定。另一些父母坚定但不和善。很多父母在两者之间来回摇摆，先是太和善，直到他们无法忍受自己的孩子及其理所应当的态度，然后，又太坚定，直到他们无法忍受自己以及自己的专制行为。

所有的正面管教工具都强调和善与坚定并行的重要性。

相反相吸：当父母一方和善，而另一方坚定时

你注意过在和善与坚定上具有相反观念的两个人有多么容易结为夫妻吗？一个倾向于过于宽大，另一方则倾向于过于严厉。然后，偏于宽大的父母认为自己需要更宽大，以弥补另一方的严厉。而严厉的父母认为自己需要更严厉，以弥补另一方的宽大和软弱。所以，他们之间的分歧越来越大，并且会为了孰是孰非而争吵。事实上，他们都是无效的。窍门在于和善与坚定并行。他们应该作为一个团队并向对方学习。

鲁道夫·德雷克斯教给我们，和善表明的是对孩子的尊重，坚定表明的是对我们自己以及情形的需要的尊重。独裁式方法通常缺乏和善。娇纵式方法则缺乏坚定。权威型方法是和善而坚定的。研究人员希格露恩（Sigrun Adalbjarnardottir）和雷夫（Leifur Hafsteinsson）的报告表明，那些把自己的父母描述为权威式风格的十几岁孩子较少滥用药物。研究还表明，那些母亲是权威型风格的十几岁孩子的抑郁程度较低。而且，有一组研究人员发现，权威型养育方式与较高的自尊和生活满意度相关。从历史上来看，在20世纪，以大人的高度控制为特征的专制型（或独裁型）

养育方式逐渐发生了转变。独裁型方式很少甚至毫不重视教给孩子诸如协作、解决问题和有效沟通等重要的人生技能。

这种从专制型统治向民主型或权威型方式的转变，在很多种文化中都有文献记录。比如，在中国，父母们被一致认为越来越民主。事实上，专制型的养育方式在中国已经与对学业成绩的提高产生负作用联系了起来。然而，在中国的另一项针对学龄孩子及其父母的研究发现，权威型养育（以民主的领导力为特征）能够对幼儿的社会和情感能力以及社会能力的发展产生正面的影响[①]。

为了更好地理解这种家庭领导力风格的转变，我们还需要回顾一下娇纵型养育方式的历史。早在20世纪50年代，很多文化中的"独裁型"父母都开始发生转变，这种转变一直持续到1960年代和1970年代。然而，钟摆在另一个相反的方向走得太远了，出现了娇纵式养育方式。这种娇纵式养育方式过于和善，完全缺乏坚定。在娇纵中，父母们越来越倾向于过度放纵孩子，这会造成长期的有害结果。

综上所述，无论是专制式还是娇纵式养育方式的负面结果在专业文献中都一再被证实，而研究人员不断地确认一种平衡的、和善而坚定的方式所带来的积极结果。

很多父母都难以理解这个概念。当被孩子"按中按钮"时，他们可能会感到不愿意和善，所以就走向了只运用坚定的极端。有些父母则想避免坚定所带来的不和谐，并走向了娇纵的极端。要做到和善与坚定并行，需要觉察和技能。我最喜欢的和善与坚定并行的一个例子是说："我爱你，而答案是不。"要注意"而"的重要性！下面是更多的例子：

---

① 见Ren, L., &Pope Edwards, C. (2015). Pathways of influence: Chinese parents' expectations, parenting styles, and child social competence. Early Child Development & Care, 185, 616~632.——作者注

认可感受。我知道你不想停止玩耍，而现在是晚餐时间了。

表现出理解。我知道你更想看电视，不愿做作业，而家庭作业是需要先完成的。

转移行为。你不想刷牙，而我不想花钱看牙医。我们来比赛看谁先到洗手间。

在约定好的事情上坚持到底。我知道你现在不愿意清理洗碗机，而我们的约定是什么？（和善而安静地等待答案。）

提供选择。你不想睡觉，而现在到了睡觉时间。今天轮到你挑一本书还是我挑？

认可感受，提供选择，然后以决定你自己怎么做来坚持到底。我知道你想继续玩游戏机，而时间已经到了。你可以现在关掉游戏机，或者我来关。

有时候，坚定需要稍微强一些，而同时仍然保持尊重。注意，上面的话语中没有"借题发挥"（加入责备或羞辱的说教）。

和善并不总是令人愉快的

有些父母认为这些坚定的话语令人不愉快或不和善。当父母们在决定运用正面管教时，最大的错误之一就是变得过于娇纵，因为他们不想惩罚。当他们取悦自己的孩子，或者当他们解救孩子并保护孩子免于所有的失望时，他们错误地相信这就是和善。

和善意味着尊重你自己和你的孩子。溺爱并不是尊重。你实际上是在通过阻止孩子发展他们的"失望肌肉"而阻碍他们的情感发展。

惩罚和娇纵都没有积极的长期效果。我们可以在大自然中看到一个很好的例子。鸟妈妈本能地知道何时应该把鸟宝宝推出鸟巢，以使它学会飞翔。如果我们不了解情况，或许会认为鸟妈妈的做法很不和善。如果鸟宝宝会说话，它或许会说："不，我不想离开鸟巢。不要这么刻薄。这不公平。"然而，我们知道，如果鸟妈妈不推这重要的一下，鸟宝宝就不会学习飞翔。在当时看来和善的做法从长远来看可能并不和善。对鸟妈妈来说，通过溺爱鸟宝宝而任其一辈子残疾，并不是和善。

父母们以和善的名义犯了很多错误，例如：

取悦
解救
过度保护
溺爱（满足孩子的一切要求）
事无巨细地照顾
给予太多的选择
确保孩子永远不遭受痛苦

看到"确保孩子永远不遭受痛苦"是父母以和善的名义所犯的一个错误，你或许会感到惊讶。重要的是父母不要给孩子"制造"痛苦，但有时候，在提供支持的情况下"允许"孩子受苦是最有帮助的。比如，假设一个孩子因为得不到自己想要的玩具而"痛苦"。允许她熬过这种体验（在认可她的感受之后），能够帮助她培育韧性。她知道了自己能够承受生活中的起起伏伏，这能让她产生能力感和胜任感。

有那么多的父母无法忍受看着孩子受苦。他们说："我就想让我的孩子开心。"确保你的孩子现在总是开心，是保证他将来受苦的一个好方法。当他的生活中的人对确保他总是开心不感兴趣时——尤其是当他们要付出代价时——他就会感到愤怒或沮丧。

要相信你的孩子能够从遭受的痛苦中学习和成长，尤其是在一个支持性的环境中。要理解，和善不总是意味着在短期内令人愉快。真正的和善和坚定共同为孩子提供一个他们能够发展翱翔人生所需的羽翼的环境。

玛　丽

当里德两岁时，他从哥哥那里发现了口香糖。自然，里德想得到哥哥所拥有的东西，并坚持要在早餐前吃口香糖。

我解释说两岁的孩子不能吃口香糖。最后，我教给了他如何舔口香糖，这让他高兴地玩了大约 30 分钟。我没有意识到这次经历会招致以后发生要口香糖的权力之争。

大约一周后，在咖啡煮好之前，里德说："我要口香糖。"

我告诉他不能吃口香糖。

他反驳道："我就舔一舔。"

我说："不，你不能吃口香糖。"

他说："我就舔一舔。"

来来回回好几次之后，我想起了和善而坚定。我蹲下身和他保持同一高度，看着他的眼睛，说："里德，我爱你，而答案是不。"

里德说："好吧，妈妈，我要吃麦片。"

真的有效！那简单的几个字居然如此有力并有效。

布拉德

就我个人而言，我还没有完全掌握和善与坚定并行。然而，我终于认识到，我说话用的词越少，就越容易做到和善而坚定。

正如那个古老的谚语所说："如果你说不出什么好话，就什么都不要说。"所以，与其说教，我不如直接说不。

"不"（No）可以是和善而坚定的，取决于你如何说，并且不要附加任何表示愤怒的词。"好"（Yes）也可以是和善而坚定的，比如："好，你一收拾完房间，我就送你去朋友家。"

来自加利福尼亚州圣地亚哥的成功故事

在孩子小的时候，我和丈夫曾经参加过一次正面管教的交流会，其中讨论到和善而坚定以及坚持到底。那些知识对我们产生了影响，我们后来尝试在很多次家庭会议中都保持和善而坚定。

我们在家庭会议上约定只在周末吃甜食，当女儿们周一要吃冰激凌时，我们会简单地问："你们认为呢？"

我们经常要处理孩子们的强烈情感，尤其是大女儿，她会大喊："请你答应吧，妈妈。"

我总是和善而坚定地说："记住我们在家庭会议上的决定。"

几年前，在我生日那天，我收到女儿的一张卡片，上面写道："你是最好的妈妈，谢谢你养育我的方式。我一直都知道，你说话算数，而且无论如何都会支持我。"

收到如此温暖的卡片，我既感动，又荣幸。后来，她给我打电话说："妈妈，谢谢你教我如何洗衣服、填写表格、做饭。我以前认为你太刻薄了，可是现在我在学校感觉自己特别能干。"

——约吉·帕特尔（Yogi Patel）
注册正面管教导师

工具提示

1. 要考虑到管教方法的长期效果。

2. 在期望孩子控制他们的行为之前，要先控制你自己的行为。

3. 要意识到正面管教的所有工具都是建立在和善而坚定的基础上的。

4. 要学习并运用尽可能多的正面管教工具。在你有新工具之前，不可能放弃旧习惯。

纠正之前先连接

> 爱不是一种情感,而是一种关系。
>
> ——鲁道夫·德雷克斯

要通过传递爱的信息,建立亲密和信任,而不是距离和敌意。

1. "我爱你,而答案是不。"
2. "对于我来说,你比成绩更加重要。你的成绩对于你来说意味着什么?"
3. "我爱你,我相信我们可以找到一个相互尊重的解决方案。"

简

我希望自己更经常运用的一个正面管教工具，就是纠正之前先连接。太多的时候，我都认为关注于纠正是做一个好妈妈的好方法——不知道如果没有先建立情感连接，我的纠正就不会有效。大量的研究表明，除非我们先与孩子建立情感连接，否则，我们就无法积极地影响孩子。阿尔弗雷德·阿德勒在强调运用鼓励满足孩子对于归属感的基本需要时，就已经知道了这一点。

惩罚无法建立情感连接，说教、唠叨、责骂、指责或羞辱也不能。那么，什么样的鼓励才可以呢？

与孩子共度特别时光。有什么事情能比孩子知道你很喜欢与他在一起建立起更好的情感连接呢？

认可孩子的感受。难道我们不都是在感到被理解时才更能感受到情感连接吗？

关注于与孩子一起找出解决方案。你会经常看到"一起"这个词——因为这是建立情感连接的金桥。

拥抱。有时候，我们所需要的只是一个拥抱。

一旦有了情感连接，孩子们就会接受相互尊重的纠正。然而，重要的是要理解，正面管教的纠正方式与传统的纠正方式有很大的不同。最大的区别是，传统的纠正方式往往包含惩罚。惩罚性的暂停、禁足、取消特权，是最常见的惩罚。也就是说，传统的纠正方式包含大人对孩子做一些事情。正面管教的纠正是在可能的情况下尊重地让孩子参与，与他们一起找到解决方案。

有时候，我们不得不停止处理不当行为，先通过充分的情感连接修复关系。一种开始的方式是停下你做的任何事情，对孩子说："你知道我真的爱你吗？"一位父亲在听到自己十几岁的儿子含着眼泪回答"我怎么能知道？"时，被震惊了。

当孩子们感受到情感连接时，他们就会有归属感和价值感。通常，这对于随后的纠正——不当行为的停止——来说，就足够了。在你学习众多的正面管教工具的过程中，要注意它们都是为了在纠正之前先连接而设计的。

玛 丽

在所有的正面管教工具中，纠正之前先连接是我最喜欢的！这似乎是我用得最多的一个工具。事实上，我用得如此经常，以至于它也成了我的孩子们最喜欢的。如果我忘记了，他们往往会先想到情感连接的重要性，并会张开双臂来给我一个大大的拥抱。

他们甚至学会了在我生气的时候提醒我做几次深呼吸。有一次，我3岁的大儿子提醒我："妈咪，冷静下来，做几次深呼吸。"这让我大吃一惊。

他说得绝对正确。我当时既尴尬，又感激——尴尬是因为3岁的孩子在我之前发现了我的不当行为，感激是因为他实际上学会了我教给他的技能。

布拉德

自从我的儿子进入青春期以后，他就变得更加目中无人了，我相信这是很多青春期孩子的父母都会遇到的普遍问题。他似乎处处与我作对，甚至试图破坏我创建更和谐的家庭氛围的努力。这也表现在他和妹妹的关系上。兄妹之间经常争吵，他似乎把很多怒气都发泄在了妹妹身上。

我的反应通常是带着怒气回应他，这导致我们两个更疏远，并造成他更加变本加厉，变得更加目中无人了。在我还没有意识到的时候，我们已经陷入了剑拔弩张的权力之争。

我们说，一个行为不当的孩子是一个丧失信心的孩子。孩子们之所以丧失信心，是因为他们认为自己没有归属。无论是否属实，这就是他们所相信的。一个可行的解决办法是共度特别时光，这在帮助孩子感受到归属、价值感和情感连接方面是如此简单，然而却如此有效的一个工具。困难之处在于，一个行为不当的孩子也是一个让人恼火的孩子，而你最不愿意做的就是与令你恼火的孩子相处更多的时间。

但是，我决定信任这个过程。所以，在紧接着的家庭会议上，我安排了和吉布森一起打高尔夫的时间。那一周，我们俩一起在高尔夫球场度过了几个小时。

在那次特别时光之后，我们的心态立刻发生了变化。我的儿子开始变得更加合作。第二天，他没用提醒就做了自己该做的家务，而且没有任何抱怨。甚至，他和他妹妹的关系也改善了。他仍然是一个哥哥，所以不会完全放弃捉弄妹妹，但这种捉弄似乎更多地出于好玩儿，而非生气。

与孩子建立情感连接，是如此有效的一个工具。一旦我们重新建立起连接，所有的事情似乎就都明朗了。

来自蒙大拿州的成功故事

想象一下这个充满挑战的时刻：下午5点，我带着1岁的孩子去开车。我刚把他放到安全座椅上，他就开始了令人毛骨悚然的尖叫，挺着身体，不停地踢着腿。他的一只脚踢到了我的腹部。我非常沮丧！

在经历了漫长的一天之后，我累极了，只想赶紧回家吃晚饭，让丈夫帮我一下。我全身每个细胞都想斥责他，告诉他，他的行为是不可接受的。我想说："把你的屁股放到安全座椅上，因为你没有其他选择。"

但是，我停了下来，在纠正之前先连接。我把他抱出安全座椅，让他回到我怀里，以便我能把一只手放在他的后背上。我说："哦，哦，哦，等一下，看得出来你不愿意回家。你在刚才的音乐课上玩得特别开心，对不对？真的很好玩！你不舍得离开那么好玩的地方，是吗？"我一字一句地说着，并且抚摸他的后背，能感觉到他的身体越来越放松，感激着这种认可。

然后，我开始纠正。"但是，等一下。我们来看看，其他孩子都上车了。下课了。大家都走了。我们都要回家找爸爸妈妈，吃晚饭。我们下周还会来这里上音乐课。我们回家找爸爸吧！"他点点头，我把他抱到安全座椅上，他丝毫没有反抗。我们系上安全带出发了。真的，在纠正他的行为之前，我们只花了两分钟时间进行连接。这非常值得。

——弗洛拉·麦考密克（Flora McCormick）
注册正面管教家长讲师

工具提示

1. 记住，孩子们在感觉更好时才会做得更好——你也是。
2. 记住，你是成年人，榜样是最好的老师。
3. 记住平静下来，把手放在心口（与自己连接），然后与你的孩子连接。

4. 记住,连接往往就足以纠正问题了。不再需要说或做其他事情。

5. 当你忘记了以上所有内容并且把事情搞砸时,要道歉。道歉是连接的一个好办法,因为这能让孩子显示出宽容的本能。

鼓 励

孩子们需要鼓励,就像植物需要水。

——鲁道夫·德雷克斯

一个行为不当的孩子,是一个丧失信心的孩子。当孩子感受到鼓励时,不当行为就会消失。

1. 通过纠正之前先连接来鼓励孩子。
2. 在这本关于正面管教工具的书中,每个建议都是为了帮助孩子感受到鼓励,并且培养出有助于他感觉到自己能干的有价值的社会和人生技能而设计的。

简

鲁道夫·德雷克斯教给我们，孩子需要鼓励，就像植物需要水。也就是说，鼓励是绝对必要的。没有鼓励，孩子们或许不会死，但他们肯定会枯萎。由于鼓励如此重要，对父母们来说，确切地知道鼓励意味着什么以及如何鼓励是很重要的。

让我们先从鼓励不是什么开始。鼓励不是对孩子做的每一件事情都欢呼、鼓掌和评论。父母们说得太多了。有时候，话语是试图鼓励孩子，而有时候话语只是平淡的说教。父母们似乎认为自己必须对孩子做的每一件事情都做出评价，尤其在当今这个世界。

想象你是一个两岁的孩子，你刚刚从一个小量杯中把自己的牛奶倒进一个小杯子里，而且牛奶没有洒出来。你是什么感受？当我进入这个角色时，我为自己感到自豪——而且感到自己很有能力。

保持这个角色，并想象你的妈妈开始鼓掌并欢呼。最常见的欢呼是："你做到了！"你仍然会感到自豪，但是，一个潜在的信念开始生根：取悦妈妈更重要。你开始学着更多地依赖别人的看法，而不是内在的自豪感。

鼓掌和欢呼是一种赞扬（参考第6章的"鼓励与赞扬"），其危险在于孩子确实喜欢赞扬。他们并不理解，那种取悦他人的需要以及自己可能取悦不了的恐惧已经隐隐约约地开始了。其他孩子则会反抗，因为他们觉得这是保有他们的自我意识的唯一方式。所有这些感受和决定都是在潜意识中发生的。

对孩子做的每一件事情都欢呼、鼓掌和评论，是使孩子的成就更多是为了你而不是为了他或她自己的一种微妙方式。事实上，这剥夺了你的孩子保持他或她的个人满足感和能力感的能力。

鼓励则是帮助你的孩子培养勇气——成长并成为他们想成为的样子，感觉到自己有能力、有韧性、享受生活、快乐、成为对社会有贡献一员的勇气。而且，正如德雷克斯所说，孩子们需要有不完美的勇气——也就是说，他们需要敢于犯错，并且从错误中学习。

在最近的一次工作坊中，一位妈妈想得到帮助，她5岁的女儿在不能立刻得偿所愿时就会大发脾气。我让她坐在我旁边的椅子上，并让她角色扮演她发脾气的女儿，而我来扮演提供精神支持的妈妈。我只是坐在那里带着同情的表情看着她。有趣的是后来和她一起探讨她怎么察觉到了我在干什么，尽管她在大发脾气。她说，她感觉到了爱和支持——尽管她有点沮丧，因为发脾气并没有让她立即成功地得到自己想要的东西。

我指出，当孩子们因为自己的行为不管用而感到困惑时，他们就准备好了做出新的行为。所以，即便一种正面管教工具似乎并没有鼓励孩子改变行为，但是，一旦孩子决定换一种行为，从长期来看它可能就会有效。

想一想在你小时候鼓励过你的成年人。他们做了什么或说了什么？这能为你鼓励自己的孩子提供最好的线索。在下面的故事中，你会看到几个鼓励的例子。

布拉德

我记得在我七八岁的时候，有一次我想给我的小狗建一个窝，但我对于如何开始毫无头绪。于是，我爸爸利用周六整整一天时间和我一起做这件事。他没有替我做，而是在我身边陪着我完成每一个步骤。这甚至是我第一次用锤子把钉子钉进木板里，所以，我相信爸爸一定付出了极大的耐心。但是，他任由我敲弯了很多钉子，直到我终于掌握了要领。到我做好的时候，我对自己的成就非常自豪，以至于那个晚上我和小狗一起住在了这个新狗窝里。

给我们的孩子鼓励并非总是那么容易。我想这正是为什么鼓励比赞扬更有意义的原因。"好孩子"和"你真棒"不会让一个狗窝建起来。"继续尝试——把钉子钉直不容易"却能帮助孩子完成这件事，并为他灌输能力感。

玛　丽

当我的儿子格雷森开始上幼儿园的时候，那里采用的彩色卡片惩罚制度让我非常沮丧。在第一天的说明会上，幼儿园建议，如果我们的孩子没有得到绿色卡片——这种卡片代表全天行为良好，他们就应该"在家里用一个后果受到惩罚"。

我翻着白眼，心想："我们家才不会呢。"我们不相信惩罚，而且我们绝对不相信让孩子因为犯了错误或行为像个 5 岁的孩子而付出代价。我还相信，如果我给老师和校长各送一本我妈妈写的《教室里的正面管教》，他们可能就会改变这套使用了 30 多年的制度。哎呀，我又开始我的魔幻思维了。

当格雷森第一次得到一张红色卡片（这是最糟糕的卡片）时，一切都变了。说实话，我甚至已经忘记了他为什么得到了这张卡片，但是，我记得我在接孩子的时候被老师拉到一旁解释整个情形时的感受。我觉得好像自己的养育得到了一张红牌。

这很傻，我知道。而且，如果你在入园的第一天告诉我不应该把这套制度看作是针对我的，我会告诉你："不会的，我明白。"可是，当我感觉像是夹着尾巴听老师说的那些话时，我不禁觉得我儿子的行为是我的养育方式的反映。后来，当我把这件事告诉妈妈时，她告诫我："如果你打算把格雷森送到实行这种制度的幼儿园，你就不能再助长这种做法。"然后，她提醒我，重要的不是幼儿园怎么做，而是我们在家里如何对待，以及如何与孩子一起关注解决方案。

格雷森为我提供了几次实践的机会。刚开始，我跟他谈了（其实是告诉）很多次如何守规矩。我每个月到他们的教室当两次志愿者，以便能够准确地看到什么样的行为会让一个孩子得到黄色或红色卡片（比如在错误的时间和同学说话）。有几次，我看到一些孩子得到了卡片，而我甚至不知道他们到底做了什么。

我要尴尬地说，我没有坚持自己当初不受这套制度影响的计划。我开始在家里运用惩罚——取消特权、不许他去乐高乐园（对此我比他还痛苦）、说教、威胁。最近，在对自己和儿子都感到完全沮丧之后，我开始问他启发式问题。比如，"当你的老师试图教课而你不停地捣乱时，你认为你的老师会有什么感受？"或者"既然你知道不可以在学校的地毯上玩忍者游戏，那你在哪儿可以玩呢？"

在幼儿园放了三周长假之后，我以为接下来的一周会充满挑战。令我惊喜的是，那天我去接他时，他跑过来给我一个大大的拥抱，并且兴奋地说："我得到了一张绿色卡片。"他是那么开心和自豪！那天晚上，他在入睡之前再次提到这件事，说他今天最开心的事情就是得到这张绿色卡片。看到他开心，我也很开心，但与此同时，我觉得我儿子好像已经被这套制度同化了，认为自己得到了绿色卡片就是"好"孩子，得到其他颜色的卡片时就是"坏"孩子。

仅仅过了三天，一切就开始走下坡路。他得到了一张黄色卡片，而老师说更想给他一张红色卡片……哎呀！老师解释说，他在圆圈时间扭来扭去，而且需要提醒很多次才能听老师说话。我当着老师的面问他："什么方法能帮助你听老师说话？"然后，我提议："你想一个专门用于你和老师之间的暗语和无言的信号怎么样？"他们俩很喜欢这个主意！

我一直等到晚上带他上床睡觉时才又问了他同样的问题。格雷森想出的暗语是"拉链"，然后，他给我表演了假装用拉链拉上嘴巴的无言信号。他很喜欢这个主意，并且说很期待第二天早晨把这个主意告诉老师。

到了第二天接孩子放学时，我双手合十祈祷着。果然，这个方法管用了！他的老师告诉我，这一整天他们的暗语和信号都很有效。我高兴地告诉老师，当这个孩子自己提出解决办法时，他往往愿意执行。我相信格雷森对于执行他们的约定感觉受到了鼓励。

鼓励我的儿子并且专注于寻找解决方案和解决问题，绝对让我感觉更好了。掉进惩罚和后果的陷阱，让我感觉到的是彻底的沮丧。我很高兴我想到了运用鼓励来帮助我的孩子形成一个激发不同行为的不同信念。我希望自己能够记住永远不掉进那个沮丧的陷阱。

来自伊利诺伊州芝加哥市的成功故事

我想分享最近生活中一个令人鼓舞的时刻。我们的这一周是以我三岁半的女儿特别苦恼的一个插曲开始的。她在上幼儿园，而且显然感染了如野火般在整个学校蔓延的轮状病毒。她意外尿了裤子，需要换衣服和床单……你应该了解。所以，中午我接到了电话，去接她。她很苦恼，但已经恢复过来了。

两天以后，她应该去幼儿园了。那天早晨7点，她对我说的第一句话就是："我还在生病。我不能去学校。"

我听到了她的话，并问了几个问题，但仍然继续着早晨的惯例，即便她坚持说不想去幼儿园。她的哼唧越来越厉害。我开始紧张，心想："我们没有时间听她哼唧了。她这么小，怎么能说自己不喜欢学校呢。我们为什么就不能有一天早晨是顺利的？"

然后（我想这只是因为我自己前一天卧病在床，在给研究生们批阅阿德勒心理学和正面管教的作业），我停了一下，对自己说："我肯定能搞清楚到底是怎么回事。"

于是，我做了一个猜测。我对她说："我知道星期一那天发生的事情让你很苦恼，你被那件事震惊了。我敢说这让人感觉有点害怕。"

她立刻开始哭了起来（真正的哭，不是那种鳄鱼的眼泪），点着头说："是的，我很害怕再发生这种事儿。"

她立刻让我抱住了她，我安慰她说，她的身体已经完全好了，而且那种事不会再发生。后来的事情一切顺利，我们上了车，准时到达了幼儿园。她没有再哭。

当天下午，我对她说，她一定对自己这么勇敢感到很自豪，但我其实在想："我太棒了！我猜对了！我放慢下来，以便有足够的时间，以便倾听她。我没有发脾气！我认可了她的感受。我没有因为早晨的匆忙而妨碍自己倾听她真实而正当的恐惧。"她一定感觉受到了鼓励，因为她改变了自己的行为。

在这次经历之后，我回想了最近父母课堂上讨论到的一个话题。对于我们可以"猜测"一种行为背后的信念和恐惧，一位父母很尊重地表达了怀疑。我的上述例子不一定涉及到错误目的，而且我知道，我们不可能每次都能恰当地揭示孩子的行为目的。然而，了解孩子（当时非常令人烦恼的）行为的根源，再加上一些好奇心和让自己冷静下来，证明是非常有效的。

——莫妮卡·霍利迪（Monica Holiday）
注册正面管教导师

来自秘鲁的成功故事

有一天下午，我儿子伊格纳西奥虽然面带笑容，但却显得心事重重。当我问他是否一切正常时，他说是的。然而，他并没有让我足够信服。我知道一定出了什么问题。

几个小时后，我偶然发现他考试没及格。我立刻知道这就是他不安的原因。以前，我会对他大吼并且让他禁足。

然而，这一次，我没有让自己被动反应，并决定尝试一个正面管教工具。首先，我自己做了积极的暂停，并做了深呼吸。平静下来后，我和他一起坐了下来，问了一些启发式问题，倾听着他，而且没有插话。这样，我才了解到他的这种行为的原因是他害怕说实话。我很难过地发现我的儿子并不信任我。

我决定要努力赢得他的信任。我告诉他，我无意中发现了试卷，我问他是否有什么事情想和我分享，因为我希望帮助他解决这个问题。我让他放心，他可以相信我，我能帮他找到一个解决办法。

我握着他的手努力鼓励他，我告诉他，我对他有信心，我相信他在今后的考试中会取得更好的成绩。我还鼓励他想一些解决办法，并告诉他支持他的决定是我的职责。当他拥抱我的时候，感觉好极了。我知道我的鼓励被他接收到了。

——苏珊娜·奥康娜（Susana O'Connor）
来自吉娜·格拉汉姆（Gina Graham）和
玛丽拉·薇佳（Mariella Vega）的
正面管教课堂的学员

来自中国厦门的成功故事

　　我似乎已经记不清自己对牛牛使用过多少鼓励了,因为鼓励是我的习惯做法。在他很小的时候,他经常在演奏之前问我:"妈妈,我要是弹错了怎么办?"

　　我会平静地说:"犯错误很正常。你是一个人,不是机器。只有机器才可能不出错。我知道你想向观众传达自己内心深处对于音乐的想法。你知道该怎么做。"

　　他认同我的说法。经过几次演奏之后,他说自己特别喜欢在台上与观众交流的感觉。

　　我们到了美国之后,牛牛的父亲负责开车接送他上学。我也有驾照,但很少开车。有一天早晨,牛牛的爸爸生病了,并且对我说他没办法开车送牛牛去学校。牛牛的爸爸是一个非常坚强而可靠的人,除非迫不得已,他绝不会说自己不能开车。可是,外面下着瓢泼大雨。我该怎么办呢?

　　如果牛牛走路上学的话,他必定会迟到。他也觉得不知所措。他看着我,说:"妈妈,我该怎么办?今天学校安排的第一件事就是数学考试。"

　　我想了一下,然后说:"我可以开车送你。但是,你敢坐我开的车吗?"

　　他并不知道我有多么担心,所以大喊道:"当然,没问题。我们走吧!"于是,我们开车出发了。我甚至不知道如何使用雨刷器,但是,牛牛说:"好吧,放轻松,我会帮助你!"

　　我们在上课之前十分钟安全地到了学校。我对他说:"拿上你的伞进教室吧。"

　　然后,我就离开了,慢慢地开车回到了家。中午,我去学校接他。他们学校的门口有一处非常陡的斜坡。牛牛不停地鼓励我说:"看看你开车下坡的方式!你开得太好了!"

我意识到他正在用我以前鼓励他的方式在鼓励我。他知道我第一次开车很不容易。听到他的鼓励,我开心极了!

在我开车接送了几次之后,他开始鼓励我提高技能。"妈妈,"他告诉我,"如果你不会并排停车,就把车开进车库。"或者"在急转弯的时候不要开得太快,因为车会有些漂移"。在我儿子的鼓励下,我开车越来越有自信。

——施志丽(Zhili Shi)
注册正面管教家长讲师

工具提示

1. 想一想你的养育方法的长期效果。它鼓励的是内在动机还是外部动机?内在动机从长远来看更重要。

2. 你是在促进孩子的自我评价,还是促使孩子依赖于他人的评价?

3. 你在引导孩子思考,还是告诉他应该思考什么?

4. 你是允许孩子自己把问题想清楚并参与解决问题,还是在解救孩子并替他解决问题?

5. 你是在考虑孩子在回应你的行为或话语时可能有什么想法、感受和决定,还是避免进入孩子的世界?

6. 你是在帮助孩子感觉自己很能干,还是必须依赖别人?

赢得合作

竞争既不是"天生的",也不是必须的。竞争使得平等的实现成为不可能。一个人越不竞争,越能经得起竞争。竞争心强的人只有自己获胜才能经得起竞争。

——鲁道夫·德雷克斯

当你理解并尊重孩子们的看法时,他们就会感受到鼓励。

1. 对孩子的想法和感受表达理解。
2. 表现出共情,但不宽恕具有挑战性的行为。
3. 分享你曾经有过类似感受或行为的经历。
4. 分享你的想法和感受。孩子们在感觉到被倾听后,才会倾听你。
5. 一起关注于解决方案。

简

鲁道夫·德雷克斯教给了我们"赢得孩子"而不是"赢了孩子"的重要性。赢了孩子，会招致反叛或放弃。赢得孩子，会带来合作。

试图"赢了孩子"是很难的。这需要你持续的努力。你不得不警惕地监督孩子的行为，以便实施你的控制策略——通常是惩罚和奖励。你不得不捕捉孩子的"好"行为，以便你能奖励他们，同时捕捉他们的"坏"行为，以便给予惩罚。这会永无休止——而你不在孩子身边时会发生什么呢？如果你很擅长于控制你的孩子，他们能够学到什么？他们能学会自律、尊重自己和他人、责任感、解决问题的技能以及合作吗？

试图控制孩子是不尊重的，而且极大地减少了你赢得合作的机会。控制型方法会招致疏远、敌意、反叛、报复，偷偷摸摸以避免被抓到，或者，最糟糕的是，导致孩子形成"我是一个坏人"的信念。相反，尊重的方法会带来亲密、信任与合作。

在很多父母看来，如果不对孩子进行说教或实施某种后果（往往是经过拙劣伪装的惩罚），自己就没有尽到父母的责任。这会让他们立刻体验到由于试图控制孩子而非赢得孩子所造成的那种反抗和剑拔弩张的反叛。赢得你的孩子并不意味着要给他们想要的一切，以便他们喜欢你并且更愿意做你想让他们做的事情。赢得你的孩子，意味着你基于一种相互尊重的感觉造成了一种合作的愿望。

赢得孩子的最好方式之一，是和孩子们一起做事，而不是针对他们或代替他们做事。和他们一起做事，意味着以尊重的方式让他们参与寻找对每个人都管用的解决方案。在这个过程中，你的孩子将学习思考的技能、解决问题的技能、尊重自己和他人、自律、承担责任、倾听技能，以及将他们参与制定的解决方案坚持到底的动力。这个清单可以一直列下去。还有比这更好的建立连接的方式吗？一旦你们建立了连接，你们就形成了一种共同关注于解决方案的氛围，你便赢得了孩子的合作。

布拉德

我儿子始终是一个好学生。学习对他来说一直很轻松，而且，他高中毕业的成绩在班级名列前茅，并获得了大学的学术奖学金。相反，我女儿艾玛需要非常努力才能取得好成绩。最近，她在数学课上苦苦挣扎。我注意到她有几次作业不及格，所以，我们必须找到一个解决办法。

为了赢得她的合作，我首先表达了对数学有多么难学的理解。然后，我分享了自己在大学学习微积分的经历。我们第一天上微积分课时，讲师背对着全班同学开始在黑板上写字。随着他快速地讲解函数、导数和复杂的方程，粉笔在黑板上飞舞着。我靠近旁边的一个同学，问道："这是第一天上课吗？我是不是错过了什么？"

下课后，我找到老师问了同样的问题。他回答说："这是大学的微积分课程。你们应该已经阅读并学习了前两章。"这是我闻所未闻的，我意识到，如果得不到帮助，我绝不可能通过这门课。我马上去了数学实验室，在老师的帮助下完成了作业。那个学期，我每天都在数学实验室里努力理解微积分的概念，在那些优秀助教的辅导下，我的微积分课得了 A。

艾玛很喜欢这个故事。我问艾玛，在她学校的数学实验室做作业会不会对她有帮助。她同意试一试，并且开始提前去学校，或者为了做作业在学校待到很晚。最终,她成功地追上了进度,补上了没交的作业——就像她的爸爸一样。

玛 丽

在我和我的丈夫马克结婚之前,我们想出了成功婚姻的3C原则:沟通(communication)、妥协(compromise)、同情心(compassion)。成为父母之后,我们一致认为还需要增加一个C:合作(cooperation)。我们相信,每当我们的关系或者我们与孩子之间出了问题时,一定是缺少了4C中的一个。

赢得合作这个工具教给我们,当我们作为父母理解并尊重孩子的看法时,孩子就会感觉受到鼓励。比如,我的两个儿子很喜欢打棒球,他们希望每天都打。然而,我经常因为洗衣服、洗碗、打扫屋子等事情不堪重负。我没有感到怨恨,这通常只会变成愤怒,相反,我等待着自己的黄金机会,因为我知道他们一定会提出打棒球的要求。等到他们提出来的时候,我说,我一做完家务活就去。我已经计划好要说:"你们为什么不帮帮我呢,然后我们就可以去打球了?"可是,我还未开口,我的大儿子,当时年仅6岁的格雷森说:"我们可以帮助你清理洗碗机,我们还会整理好自己的干净衣服。"这几句话让我觉得我们做到了全部的4C原则,而且每个人都很开心。

在我想出办法赢得他们的合作之前,我会给他们一通长长的说教,继而又陷入自责。尽管如此,他们仍然会劝我和他们一起去打棒球,而我会感到疲惫和怨恨。但是,现在我能够感谢他们的帮忙、同情,以及耐心地解决问题。有了他们的帮助,做家务变得更有乐趣,之后我们一起打棒球也变得更有意义。

另一个赢得合作的例子:我的两个儿子很生气,因为他们不能喝汽水。我自己不喝汽水，因为我知道喝汽水有多么不好。我真希望不是这样，因为我很爱喝！格雷森第一个说："你不让我们喝汽水，这不公平。我的朋友总是喝汽水。为什么我们不能？"

我没有说教，也没有因为他一次次的要求而恼怒，而是讲了我自己小时候从来喝不到汽水并且多么渴望喝的故事，对他表达了理解和感同身受。然后，我们据此做了一个有趣的游戏，每个人轮流说出那些我们希望对自己有好处但实则没好处的东西。

他说："我真希望我可以把糖果当晚餐。"

我对他表示支持："我真希望我可以把冰激凌当晚餐。"

他说："我真希望糖对你有好处。"

我紧接着说："我真希望嚼口香糖和硬糖对我的牙齿有好处。"

比起说教、自责和恼怒，开玩笑、放声大笑和玩游戏带给我们两个人的乐趣要多得多。赢得合作对每个人来说都是双赢。

来自纽约迪尔派克的成功故事

有一天，我很沮丧，对我两岁的儿子提高了嗓门。像其他父母一样，我对此感觉很糟糕。我意识到自己正以伤害孩子为代价来赢得胜利。我立刻想起了矫正错误的三个 R（见第 125～131 页），这个方法可以赢得孩子。

在按照 3R 做的过程中，我感觉自己被赋予了力量和能力，而不是沮丧和无助。"很抱歉我对你大喊大叫，"我说，"这是我的错。这是不尊重的，我很抱歉这伤害了你的感情。下次我让你停下来的时候，我们可以怎么做呢？"

我给儿子和自己提供了一些再出现类似的挑战时我们可以选择做的事情。然后，我紧紧地拥抱了他，还把拥抱变成了挠痒痒。我对他说，当他希望我停下来并注意不要伤害他时，他可以告诉我。接着，他得到了挠我痒痒的机会。

我记住了当孩子们感觉到被倾听之后，才会倾听你。这真的非常管用！

　　　　　　——迪米特里奥斯·吉乌策普斯（Dimitrios Giouzepis）
　　　　　　　　　　　　　　　　　　注册正面管教家长讲师

工具提示

1. 你必须放弃"赢了孩子"的需要，以便你能赢得孩子。
2. 赢得合作可以结合一系列正面管教工具。
3. 要通过赢得合作，在纠正之前先建立连接（增强亲密感和信任）。

第 2 章
父母的指导

家庭会议

> 沟通在当今美国的家庭并没有消失；它是存在的，但并非总是为了有益的目的。
>
> ——鲁道夫·德雷克斯

孩子们在每周的家庭会议上学习社会和人生技能。家庭会议的程式如下：

1. 致谢和感激
2. 评估上次的解决方案
3. 列出需要解决的事项的议程
4. 日程表（特殊事件、饮食计划）
5. 娱乐活动和甜点

简

如果我必须选一个最喜欢的正面管教工具，那就一定是家庭会议了，因为孩子们从中能学会并练习那么多有价值的社会和人生技能：韧性、社会责任感（贡献）、相互尊重、如何从错误中学习、倾听技能、头脑风暴技能、解决问题的技能、解决问题前先冷静下来的价值、关心他人、合作、负责任，以及全家人如何在一起享受快乐。

本节开头引用的德雷克斯的那句话表明，为了达到鼓励的有益目的，需要改善家人之间的沟通。如果父母试图将家庭会议用来作为说教和控制的另一个平台，家庭会议就不会有效。是的，我们知道这有多难。不知为什么，父母们认为除了我们不停地说、说、说，我们就没有尽到自己的职责。父母需要少说、多听。他们需要确保让孩子参与用头脑风暴想出解决办法，并选出孩子们认为最管用的办法。孩子们在这个过程中感觉自己参与越多，他们就越可能坚持执行自己帮忙做出的决定。

最有效的做法是每星期召开一次家庭会议，并坚持每次时间不超过 20~30 分钟，即便没有讨论完议程上的所有事项。那些没有讨论完的事项可以"搁置"起来，直至下次会议讨论。这给了每个人时间理解每次会议所讨论的事情，尝试一致同意的解决方案，并且练习在两次会议之间自行解决问题。

我的孩子们从 4 岁到大约 12 岁这个阶段非常喜欢家庭会议。然后，就像典型的十几岁孩子一样，他们开始抱怨"愚蠢的家庭会议"。我让他们照顾我的心愿，并告诉他们，我们可以将会议时间从 30 分钟缩短到 15 分钟。有一天，玛丽——抱怨者之一——在朋友家过夜。第二天，她声称："那个家庭真是太糟了。

他们应该开家庭会议。"

当玛丽上了大学之后,她提议室友们定期召开"家庭会议",并且说,如果没有这些会议,她们就不可能坚持下来。要准备一份家庭会议记录本,这可能会像一本影集一样有趣。当你和家人一起回顾你们以前解决的那些挑战时,你们会乐得笑出声来。你可以在 www.positivediscipline.com 找到家庭会议记录本的模板。

有效召开家庭会议的 10 个步骤

1. 介绍。"我们一起来读这些步骤,直到每个人都理解。谁愿意从第二步开始?"(如果孩子的年龄足够大,他们可以轮流读这些步骤。)

2. 致谢或感激。"我们每个人都说一件感激每位家庭成员的事情。从我开始。我要向_____致谢,因为_____。"(向每位家庭成员表达一个致谢,然后让其他人依次致谢。)

3. 家庭会议议程。"这份议程将会贴在冰箱上,以便每个人在本周都可以把问题写在上面。你们会注意到议程上会有'水池里有未洗的盘子',这是为了帮助我们练习解决问题。"

4. 发言棒。"我们会传递这个发言棒,以帮助每个人记住一次只允许一个人发言,并且每个人都会轮到发言。"

5. 头脑风暴。"头脑风暴意味着要想出尽可能多的解决方案。在做头脑风暴时,任何主意都是可以的(哪怕是可笑的主意),无需讨论。"

6. 关注于解决方案。"让我们一起来练习解决议程上的问题吧。谁愿意做我们的记录员,写下每个人的建议?"(如果你的孩子的年龄还不够大,你可以承担起这个工作。)

7. 鼓励孩子们先发言。"谁愿意先来分享一些疯狂的主意?"(如果没有人发言,你可能需要用一些疯狂的主意和一些可行的主意来启发他们,比如:"把脏盘子扔到垃圾桶里怎么样?或者这周我们每人负责一天？"但是，先要允许有一段沉默的时间。）如果有人反对一个主意，你要说："我们现在只是在用头脑风暴提出解决方案。所有的主意都会被记录下来。"

8. 使用3R1H（见第327页）评估提出的解决方案。鼓励性的解决方案必须是：（1）相关的，（2）合理的，（3）尊重的，以及（4）有帮助的。"谁能看出我们需要删除哪些解决方案，因为它不是相关的、合理的、尊重的，或者有帮助的？在我们讨论过原因之后，记录员可以划掉它们。"

9. 选择解决方案。"大家希望把这些建议缩减成一个解决方案，还是希望尝试不止一个解决方案？我们可以在下周的家庭会议上对这一个或者几个方案在这一星期的执行情况进行评估。"

10. 娱乐活动。"我们将轮流选择一个活动作为每次家庭会议的结束。我已经为今天晚上选择了猜字谜活动。谁愿意来决定下个星期家庭会议的娱乐活动？"

要记住，学习诸如合作之类的技能是需要时间的。要避免遗漏每周的家庭会议，并要坚持下去。

布拉德

我们以前一直定期召开家庭会议，但会议组织得不好。我们只是看一看下个星期的日程表，然后计划全家的饮食。我决定从www.positivediscipline.com下载一份家庭会议模板，重新开始。之后，我才意识到我们缺少了一些重要的步骤。

遵循这些规则，我们以致谢开始了我们的家庭会议。我向两个孩子分别致了谢，然后问他们有没有要致谢的事情。我的女儿说有，然后就出现了类似下面这样的对话：

艾玛：我想向吉布森致谢，他这周没有骂我。
吉布森：艾玛，你在说什么？我在10分钟之前刚骂过你。
艾玛：我是指在那之前。
吉布森：随你便吧，艾玛。

我不知道这种交流是否算得上致谢，但这或许是你在十几岁孩子的世界里能得到的最好结果了。

我还决定张贴一份家庭会议议程，以便我们能在上面添加这一周要讨论的事项。有一天早晨，两个孩子因为使用 iPod touch 发生了争吵。我让吉布森把这件事写到家庭会议议程上。他对这个主意并没有感到很兴奋，但还是照做了。在他写上之后，家里的氛围就已经平静一些了——有时候，只是把某个问题放到议程上就足以缓和问题了。

下面是那一周我们的家庭会议议程上列出的事项：

1. iPod touch（两个孩子因为使用时间的分配，以及 iPod 总是很脏和需要充电一直在争吵）。

2. 水瓶（爸爸很沮丧，两个孩子会打开一瓶水，喝一次，然后就把它留在厨房的台子上；我们浪费了很多水）。

3. 骂人（艾玛很在意她和吉布森之间骂人的问题）。

艾玛作为记录员为会议做记录。

在致谢之后，我们开始专注于为议程上的挑战寻找解决方案。我们首先为 iPod touch 的问题做头脑风暴。我们想到的方法如下：

1. 艾玛在使用之前先洗手。

2. 吉布森要让艾玛轮流玩。
3. 使用的人要把它擦干净。
4. 每个人在使用之后都给它充上电。
5. 吉布森必须知道艾玛并没有挖鼻孔。
6. 让艾玛把她的 iPod nano 卖掉,再买一个自己的 iPod touch。
7. 把 iPod touch 扔掉。
8. 设定两个小时的时间限制。

两个孩子选择的解决方案是第 3 和第 4 个。我们决定,如果有人违反规则,就会失去在那一周剩下的时间使用 iPod touch 的权利。猜猜发生了什么?那一周他们一次也没有因为 iPod touch 而发生争吵。艾玛很认真地把 iPod 擦干净并且给它充电,吉布森也不再抱怨。

议程上的最后一项是"骂人"。我们想到了下面这些解决方案:

1. 吉布森不再试图惹恼艾玛。
2. 当你想骂人的时候,说"我爱你"。
3. 艾玛要尽量更有耐心。
4. 艾玛在感到沮丧的时候,使用她的减压球。

艾玛选择的解决方案是使用她的减压球。而吉布森则决定,在他想骂艾玛的时候,就说"我爱你"。

你或许在想:"得了吧,一个十几岁的孩子不可能同意说'我爱你'。"可是,一两天以后,我确实听到了吉布森在心烦的时候对艾玛说"我爱你"。而且,在那一周后来的几天,艾玛走到我身边说:"嘿,爸爸,猜一猜我和吉布森有多少天没吵架了?五天!"

我承认,我曾经怀疑过家庭会议能否解决我们的问题,但现在我对此深信不疑。

玛 丽

五年前,我和我的丈夫马克、4岁的格雷森、2岁的里德开了第一次家庭会议。我们都表达并且接受了致谢或感激。里德的年纪尚小,还不会致谢,但他每得到一次致谢,都会咧嘴一笑。

马克难以理解为何要致谢,他说:"这太像演电影了!"他想知道:"为什么我们必须要致谢?难道我们不能直接讨论议程上的事项吗?"

我瞪了他一眼,并且说:"只需要相信我就行了。"他不情愿地同意了。后来,他理解了表达和接受致谢有助于为鼓励和合作做好准备。

议程上的事项,是我们的儿子格雷森每天都想穿他的棒球裤。格雷森特别喜欢棒球。当时,他想长大后成为圣地亚哥的棒球明星,所以,他想每天都穿得像一名棒球队员。可惜的是,他的裤子是白色的,而他是一个4岁的男孩;因此,他的裤子不可能保持干净。我考虑过买五条裤子,但还是决定看看我们能否在家庭会议上找到其他解决方案。

我们首先让格雷森知道,我们很赞赏他按棒球选手行为和着装的热情,但是,妈妈很难让他的棒球裤始终保持干净。我们问他是否可以一起专注于解决方案,并想出一些如何穿棒球裤的其他主意。

他前不久刚刚制定了自己的日常惯例表,建议在这件事上也做一份表格。表格的内容如下:"周一,棒球裤;周二,牛仔裤;周三,棒球裤;周四,牛仔裤;周五,棒球裤;周六,棒球裤;周日,棒球裤。"

我赞赏他的创造性思维,并同意这是一个可行的解决方案。

所以，我们同意执行他的计划。第二天，他问："妈妈，今天是星期几？"当我说是星期二的时候，格雷森回答："哎呀，这意味着我今天不得不穿牛仔裤。"他有些失望，但他坚持实施了自己的解决方案，勉勉强强地上楼穿上了牛仔裤。

我的丈夫被儿子坚持执行约定的态度和意愿震惊了，他告诉我："我已经等不及我们的下一次家庭会议了。"

来自新泽西州上萨德尔里弗的成功故事

正面管教在很多方面改变了我的生活，并让我有了强有力的工具与我6岁的儿子、丈夫、朋友以及其他人建立连接。我发现，尤为强大的一个工具就是家庭会议。

我原来对于在自己的家庭中开始家庭会议是充满疑虑的。在第一次家庭会议之前，我很难想象我们一家三口要如何坐下来讨论任何家庭事务，甚至还要有意识地相互致谢。然而，我们的第一次家庭会议结果让我和我的丈夫大开眼界。

想到和爸爸妈妈坐在一起开会，让我的儿子感到被赋予了力量并且深受鼓励——这种感觉让他在开会时很自然地与我们畅谈并分享他的感受。他告诉我们，他感到很有压迫感并且很沮丧，因为我们总是不停地说教，告诉他该做什么以及如何做，而且不允许他自己做决定。

我无法相信自己在第一次家庭会议上从儿子那里了解到的一切。这次会议让我们三个人都落泪了，因为我们感受到了一种从未有过的特殊的连接。

——妮莎·马根（Nisha Maggon）
注册正面管教家长讲师

来自秘鲁利马的成功故事

一旦我熟悉了正面管教的各种工具,我就决定付诸实践并看看它们的效果如何。我觉得自己最急需尝试的工具之一就是家庭会议。

我是两个男孩的母亲,我的大儿子6岁,小儿子4岁。这一学年,我们需要调整惯例,因为我的两个儿子必须提前到校。因此,我们面临着一个很大的挑战:我们如何让这个过程更容易,以便他们能及时做好准备,同时还能让每天都有一个和平的开始?在正面管教进入我的生活之前,这简直就是"不可能的任务"。感谢正面管教,现在我相信奇迹是可能发生的。

我的丈夫、两个孩子和我一致同意开一次家庭会议。对我来说,第一个重要的变化是我们提出需要解决的家庭问题的方式改变了。对于我们的两个孩子来说,"我们有一个共同的问题"这件事——我们在早晨如何做才可以帮助他们准时到达学校——是一次全新的经历。我们以前总是习惯于把责任完全归咎于孩子。我们甚至为他们做错的事情而指责他们。所以,这种开始会议的方式对于我们每个人来说都是一种全新的体验。

孩子们最喜欢的环节是头脑风暴。尤其是我们的大儿子,听到我们询问他有什么解决办法时,他非常吃惊,并且很兴奋地说了他的观点。

我们四个人很容易就达成了一个约定,而且我们都很喜欢这个观念,即我们作为一家人是一个团队,需要共同努力履行我们的约定并为其承担起责任。对于我们来说,这次家庭会议的经历影响很大,自从那天起,我们家的早晨一直都很美好、顺利、快乐,两个孩子也都能准时到校。

我强烈推荐正面管教,无论是作为一种人际关系和养育孩子的理念，还是作为一套对父母和家庭有益的工具。

——琼·哈特利（Joan Hartley）
来自吉娜·格拉汉姆（Gina Graham）和
玛丽拉·薇佳（Mariella Vega）的
正面管教课堂的学员

工具提示

1. 要记住家庭会议的长期目的：教给孩子有价值的人生技能。

2. 让全家人围着桌子（不是在用餐时间）坐下来，或者选择另外一个舒适的地方围圈而坐，让每个人都能看到彼此。

3. 提前张贴一张议程表，让家庭成员可以把自己的担忧或问题写在上面。

4. 从致谢开始，设定基调。

5. 关注于解决方案，而非责备。

认可感受

当一个孩子犯了错误，或者未能完成某个目标时，我们一定要避免任何暗示我们认为他是一个失败者的言语或行为。

——鲁道夫·德雷克斯

1. 要允许孩子有他们自己的感受，以便他们认识到自己有能力处理这些感受。

2. 不要替孩子解决，不要解救孩子，也不要试图劝说孩子放弃其感受。

3. 认可孩子的感受："我能看出来你真的很生气（或不安、难过）。"

4. 然后，闭上你的嘴巴，相信孩子有能力自我修复。

简

比利很难过,因为他的朋友不想和他一起玩。比利的妈妈试图安慰他,说:"比利,别难过。你还有其他朋友,而且我很爱你。"

苏珊很生气,因为她不愿意收拾自己的玩具。苏珊的爸爸试图通过对她发怒来压制苏珊的怒气:"别表现得像个被惯坏了的淘气鬼。你指望我做所有的事情吗?你不能有点儿责任感吗?"

塔米讨厌自己的小弟弟,而且想打他。塔米的妈妈试图否认塔米的感受:"不,你不讨厌小弟弟。你爱他。"

难怪很多成年人难以表达自己的感受。在小时候,他们不被允许感觉自己的感受。下一次,当你想替孩子解决、压制或否认你的孩子的感受时,要尽量通过一个问题或一句话来认可他的感受,比如"你对此有什么感受"或"我可以看出来这让你非常生气"或"小弟弟有时真让人烦"。这会让孩子们发现,他们能够处理自己的感受并且从中学习。

要避免过度认可。我曾经见过有些父母认可、认可,再认可。他们认为反反复复的认可能够解决问题并且帮助孩子感觉好起来。父母们最难做到的事情之一,就是眼看着自己的孩子受苦,但是,允许孩子感觉自己的感受,以便他们能够知道自己多么能干,是很重要的。

要教孩子知道他们的感受和行为之间的区别

感受为我们提供有关我们是谁以及什么对自己重要的有价值的信息。孩子们需要知道他们的任何感受都是可以的。然后,我们可以教给他们:行为则是另外一回事。感到生气并不意味着逃避做家务或者打人没关系。感到难过并非一种永久的状态，而是一种重要的人生经历。当我们贬低孩子的感受时，他们如何能够理解感受和行为之间的区别呢？

认可孩子的感受，是建立情感连接的最佳方式之一。一旦孩子们的感受得到认可并有机会平静下来，他们往往就会愿意接受并考虑新的信念和行为。正如我们经常指出的那样，孩子们感觉更好时才能做得更好。

比利的妈妈可以说："我知道那让人多么伤心。当我的朋友们不愿意和我玩的时候，我也有同样的感受。"

苏珊的爸爸可以说："有时候当我不得不去上班时也是这种感受。玩具仍然必须收起来。我相信你可以想到一些快速完成这件事的好主意。"

塔米的妈妈可以说："我能看出来你现在对小弟弟很生气。我不能让你打他，但是你可以把自己的感受画出来。"

当我们尽早开始教孩子知道任何感受都可以接受时，我们就是在帮助他们理解感受和行为的区别。当你的孩子说"我饿"时，不要说："不，你不饿。你在二十分钟前刚吃完饭。"而要说："我很抱歉你饿了。我刚刚收拾完午餐，现在不想做饭。你可以等到晚餐时间，或者从健康食品架上选一些零食。"这对你和孩子的感受和需要都是尊重的。

布拉德

作为单亲爸爸，我需要这种提醒，因为感受并非我的强项。通常，母亲才是为孩子提供情感支持的家长。爸爸们通常会说一些深刻的事情，比如"咬紧牙关，振作起来"。

我知道自己有很多次告诉我的孩子停止感觉自己的感受。"别那么激动。""那件事不值得心烦。""立刻停止！你没有理由生气！"

但是，如果我们真诚地认可自己孩子的感受，我想他们会感觉被赋予了力量。他们可能甚至不知道自己为什么生气、心烦或伤心。我知道我自己也有过这样的时刻。有时候，你就是会有这种感受。

在我们每周采用一个正面管教的新工具的过程中，我会把这个工具的描述贴到冰箱上。有一天，我儿子因为一件事情情绪有些失控，而我正像往常一样试图劝他放弃他的感受。然后，我女儿走过来拍了拍我的肩膀。她一句话都没说，而是指着我贴在冰箱上的"认可感受"的提醒。这正是我所需要的推动力。我不再试图劝说吉布森放弃他的感受，而这似乎让局面缓和了下来。然后，艾玛问吉布森是否需要一个拥抱。

有时候，需要孩子的智慧给我们带来洞察力。这就是我为什么很高兴我始终让孩子们参与整个过程的原因。我们可以一起学习和成长。

玛　丽

认可感受这个工具让我每天——如果不是每小时的话——都有机会对我的两个儿子运用这一技能。最近，我格外努力地想出一些新方法在交谈中认可他们的感受，我通常会说："你真的很生气。""你不喜欢那样。"或者，"能看出来那件事真的伤害了你的感情。"还有："我能看出来你真的很生气。当你能接受一个拥抱或者准备再试一次时，你可以告诉我。"

我通过随后讲一个我自己有过类似感受的故事，来认可孩子的感受。我的大儿子格雷森非常喜欢听我讲述我小时候的故事。

在认可孩子们的感受时，我不会认为自己有必要解决孩子的问题。我知道，当我的朋友们或我的丈夫说"我能理解你所说的，而且完全理解你的感受"时，我会感到自己被认可了，即便这并没有解决问题，但有助于我感觉好起来。

在我的大儿子18个月大，并刚刚开始日托时，我的妈妈教给了我有价值的一课。对我来说，看着我的儿子哭着恳求我不要离开或者带他一起走，把他一个人留在那里是非常困难和痛苦的——绝对令人心碎！我在停车场哭着给妈妈打电话，觉得自己是世界上最糟糕的母亲。

我妈妈安慰我说，格雷森正在经历的每一种情感和感受都是正常的，并且是与其年龄相应的。她提醒我，我们已经非常认真地在圣地亚哥州立大学找到了一所很好的儿童发展中心，而且我陪伴格雷森的时间足够多，他感受到了安全的依恋。增强他的"失望肌肉"是他的成长过程中非常重要的一部分。

我立刻感觉好多了。作为一位母亲，我的全部希望就是我的孩子们健康、快乐，但是，直到我和妈妈通过电话之后，我才意识到让格雷森发展他的"失望肌肉"有多么重要——即使这意味着他暂时不快乐。不得不说，与没有这种经历相比，我的两个儿子因为每周离开我三天，都发展出了更多的自信和能力。

来自蒙大拿州波兹曼的成功故事

我不了解你的孩子，但是，我自己的孩子经常因为非常小的事情哭。如果他会说话，他或许会这么说："我不想坐那儿""我讨厌穿外套""我不想进车里"或者"我不要坐在这个儿童餐椅上"！

由于还不会说话，他就尖叫或哭闹。今天，当我试图给他穿鞋的时候，他哭着躺到了地上。我停了下来，想到他的啼哭是他表达感受的一种方式，我可以认可他的感受，即便他的这种沮丧感在我看来似乎微不足道。

我说:"哎呀,你很沮丧,因为我们现在要穿鞋了。你不喜欢穿鞋。感到沮丧没关系。花一分钟时间沮丧吧。我在这里。我会给你一个拥抱。我有时候也不喜欢做一些事情。"

我暂停了给他穿鞋,通过拥抱与他连接(另一个很棒的正面管教工具)。我的平静和认可缓和了他的沮丧感,直到他终于愿意接受我的帮助。在孩子尖叫的时刻,两分钟可能会感觉像永远,但是,当你想到你在帮助孩子理解和管理他们的情绪,给孩子带来终生益处时,这些时间就不算什么了。

——弗洛拉·麦考密克(Flora McCormick)
注册正面管教家长讲师

来自华盛顿州门罗的成功故事

我的儿子9岁,他的内心充斥着激烈的情绪。失望、愤怒、沮丧和尴尬——这些都会令他跌入绝望的深渊,而且,大家都知道他会把自己身边的人一起拖入这个深渊。

他还会出现身体的崩溃,真的。他会满脸痛苦地望着天空,然后身体会瘫软在地上。通常还会伴随着他的哭号,以表达他对当时情形的失望。当他崩溃的时候,真的很容易把人拖入他的情绪里。这会引起我的身体反应:胸口和腹部紧绷,下颌僵硬。在这种情况下,我无法想到任何有效的养育技巧。

昨晚就是一个很好的例子。我们在找适合全家一起观看的影片。当我搜索在线资源时,我说:"我不想看任何猴子滑雪或者主角是动物的电影。"我是在试图说点好玩的话,同时设定一个便于我们从中选择的界限。可是,我儿子没有感觉到我的幽默——他被激怒了,远远超出了情形的需要。

我可以感受到紧张在我的身体里蔓延,我知道我需要关注自己的呼吸，并保持放松，以便能和他连接。

"哇，你真的太激动了。"我说。

"是的！"他躺在地上大喊道。

"我提到猴子的时候只是想说得好玩一点。"我说。

"不好玩。"他告诉我，仍然躺在地上。

"好吧，看起来你在让这些情绪带着你去兜风。"我说。

这是我们经常谈到的——我们会发现自己登上了情绪列车，而且我们随时可以选择下车。

这时，我注意到他从无法摆脱的情绪状态中转向了可以走出来。这就是我儿子经历的过程。认可他的感受在我们之间建立了连接，让他可以基于以前的训练做出新的选择，能够从当时的情绪中走出来并换一种状态，能够清晰而有条理地思考如何解决问题。我将认可感受、纠正之前先连接以及花时间训练结合起来进行了运用。

纠正之前先连接，对于我和儿子之间的关系是至关重要的。这让我们的关系更牢固，帮助我儿子感觉到被看见，并给予了他改变的空间。

——凯西·欧罗蒂（Casey O'Roarty）
注册正面管教导师

工具提示

1. 承认你自己的感受，并承认看着自己的孩子受苦很痛苦。
2. 从长远考虑。让孩子了解他们有能力处理自己的情绪，岂不是更好？
3. 允许孩子"受苦"不意味着你在放弃他们。承认他们的感受，为他们提供了一个可以从生活的起起伏伏中学习的安全环境。

决定你怎么做

> 对孩子的发展来说,最大的激励是让他置身于看似超出其能力而其实不然的经历中。
>
> ——鲁道夫·德雷克斯

决定你怎么做,而不是陷入权力之争。

1. 计划好你怎么做,并提前告诉孩子:
   - "餐具摆好之后,我就开饭。"
   - "我会在星期二和星期四为你的作业提供帮助,但到最后一分钟不行。"
   - "当家务做完之后,我会开车送你去你的朋友家。"
2. 和善而坚定地将你的计划坚持到底。

简

我们相信，到这里，你已经发现了很多工具结合起来运用会更有效，或者在用过另一个工具之后更管用。我们其实很难决定应该先用哪个工具，而且几乎不可能确定哪个工具更重要。这些工具在整体上就像一个复杂的拼图，若没有全部拼块，画面就不完整。对于有些人来说，先按照轮廓找拼块更容易，但另一些人更喜欢先从相同的颜色或图案入手。正面管教的工具没有轮廓边缘或图案，但你需要将一些工具组合在一起，以便取得更好的效果。你会注意到，有时候，即便我们在专注于某一个工具，但也会涉及到另一个。有些工具可以被称作是基本原理的基础或代表，因为它们是所有其他工具都需要的。

关注于解决方案是正面管教的一个基础工具，与之结合的另一个基础工具是尽可能让孩子参与解决问题的过程。然而，有些时候，不让孩子参与做决定是恰当的，正如下面琼斯和史密斯两家的故事所说明的那样。

琼斯一家很兴奋。他们刚刚做好到海滩玩一天的计划。7岁的杰森和5岁的珍妮都承诺他们不打架。琼斯先生警告说："如果你们打架，我们就掉转车头回家。"

"我们不会打，不会打。"杰森和珍妮再次保证。

琼斯一家开车还没走出两英里，后座就传来一声哀号："杰森打我。"

琼斯太太说："关于打架我们是怎么跟你们说的？"

杰森为自己辩护说："可是，她先碰了我。"

琼斯先生威胁道："你们俩最好闭嘴，否则我们就回家。"

两个孩子齐声喊道："不——！我们会好好的。"

他们做到了——持续了大约 10 分钟。然后，就听到另一声哀号："他拿走了我的红色蜡笔。"

杰森回应道："可是，她一直霸占着。该轮到我了。"

琼斯先生说："你们想让我掉转车头回家吗？"

"不——！我们会好好的。"

这个故事就这样继续着。杰森和珍妮一整天都在打架，琼斯夫妇则一次次地威胁。这一天结束的时候，琼斯夫妇非常生气，并且威胁说再也不带两个孩子去任何地方了。杰森和珍妮为他们让自己的父母那么痛苦而感觉很糟糕。他们开始相信自己真的是坏孩子——而且会坚持去实现这个名声。

现在，让我们来看看史密斯一家。他们刚刚在每周的家庭会议上计划好去动物园玩。计划中包括讨论限制和解决方案。史密斯夫妇告诉苏珊和山姆，当两个孩子打架时，他们感觉有多痛苦。两个孩子发誓说他们不会打架。史密斯先生说："我很感激这一点，我想我们应该制订一个计划，以备在你们忘记时使用。"两个孩子坚持说他们不会打架。史密斯夫妇知道孩子们有良好的意愿，也非常熟悉良好的意愿会以怎样的方式出岔子。所以，他们已经决定了自己怎么做，而且会坚持执行。

史密斯夫人说："好，那么，如果你们忘记了，我们就把车停下，可以吗？我们认为在你们打架的时候开车不安全，所以我们会靠边停车，等着你们停止争吵。当你们准备好让我们继续开车的时候，可以告诉我们。你们觉得这个解决方案怎么样？"两个孩子都热情地同意了。

很正常，他们没过多久就忘记了自己的承诺，开始吵架了。史密斯夫人一句话也没说，迅速地把车停在了路边。她和史密斯先生拿出杂志，开始看起来。两个孩子都开始指责对方，并断言自己是无辜的。史密斯夫妇没理会他们，继续看着杂志。没用多久，苏珊就明白了爸爸妈妈一定会说话算数。苏珊说："好了，我们准备好继续出发了。"

史密斯先生说："我们要等到你们俩都说准备好了。"

山姆说："可是她打了我！"

爸爸和妈妈继续看杂志。苏珊打了一下山姆："告诉他们你准备好了。"

山姆喊道："她又打我了。"

爸爸和妈妈仍然在看杂志。

苏珊意识到打山姆没有用，于是，她试图跟他讲道理。"如果你不说你准备好了，我们就得永远坐在这儿。"苏珊学着父母的样子，开始涂色。

山姆坚持了大约3分钟，然后说："我准备好你们继续开车了。"

妈妈说："非常感谢。我感激你们的合作。"

大约30分钟后，又一次争吵开始了。妈妈开始将车向路边靠去，两个孩子不约而同地喊道："我们不吵了。我们准备好继续开车了。"

后来，这一天再也没有发生争吵，史密斯一家在动物园度过了非常愉快的一天。

琼斯家和史密斯家有何不同呢？杰森和珍妮真的是"坏"孩子吗？不。区别在于，史密斯夫妇是在帮助他们的孩子学会合作和解决问题的技能，而琼斯夫妇则在帮助他们的孩子学会操纵的技巧。史密斯夫妇通过和善而坚定地坚持到底，表明了他们说话算数并且说到做到。琼斯夫妇不是这样。他们运用了愤怒的威胁。这种做法有暂时的效果，但没用多久，孩子们就又开始争吵了。

史密斯夫妇没有说话，而是通过和善而坚定的行动坚持到底。对孩子们来说，这需要稍微多一点的时间才能明白，但一旦明白之后，其效果更加持久。因为他们是孩子，他们必须多试探一次。当他们的父母又一次开始坚持执行时，两个孩子就知道了父母会说到做到。这给他们的感觉不是自己是坏孩子，而是觉得自己非常聪明地为这个问题找到了解决方案，并感觉到合作是最有效的替代方案。

布拉德

我认为这个工具的关键在于"提前告知"。孩子们在一个知道会发生什么事情的有序环境中才能茁壮成长。我在前面已经承认过自己更容易被动反应，而非积极主动。但是，通过运用正面管教工具，我在努力弥补这种情形。

在孩子学习的问题上，我经常运用这一工具。我会提前告诉孩子们，上学是他们自己的责任。我已经在学校待了18年，不打算重来一遍。因此，我的孩子们知道他们需要自己计划如何完成家庭作业以及如何取得良好的成绩。

我儿子在高中非常擅长选择适合自己的课程，并且充分利用大学的学分，以至于他高中毕业时就取得了30多个大学学分。当你把责任交给孩子时，他们的成就会令你大吃一惊！

玛 丽

这一工具最重要的部分是坚持到底。孩子们知道你什么时候说的话是当真的，什么时候不是。毕竟，他们的责任不就是试探你和你的界限吗？当然是！这就是为什么只对你愿意执行的事情做出承诺（而不是威胁）如此重要的原因。

我经过不止一次的艰难才知道，我在大脑盖子掀开的状态下做出过一些在平静状态下从来不会执行的威胁，我的孩子们对此心知肚明。下面是我个人最常使用的一些威胁：

- 现在就关掉电视，否则你这一周都不许看电视。
- 你和弟弟最好停止打架，否则我就掉转车头回家。
- 如果你不开始跟你的朋友们分享，并且对他们友好一点，我们就离开了。
- 如果你不马上去刷牙，以后就别想再吃任何糖果。
- 如果你不改变态度，就别想去_____！
- 如果你不能更好地照料你的自行车（或者棒球手套、玩具，或随便什么东西），我就把它拿走，你再也别想用了。
- 如果你在商场再看见什么都想要，并且行为不守规矩，我们就回家。

当然，我的大儿子会试探我——当我坚持执行那些我希望自己并没有做出的威胁时，我的感觉和他一样糟糕。有一天，我向他解释说我们要去朋友家参加玩耍约会。我已经花了时间训练，并且还和他重温了规则——要分享、轮流玩、说话要友善、不打人，等等。然后，我又继续解释说，如果我们违反了这些规则，我们就需要回家。我的一个好朋友也会带自己的孩子来参加，所以，我自然和我的儿子一样想参加。更不用说他们住在距离约会地点45分钟车程的地方了。

果然，我们到那里还不到一个小时，我儿子就打了他的朋友，还骂了他。我决定要坚持到底。我不是在试图让他为其行为付出代价，而只是厌倦了每次玩耍约会都耗在那些我并不会付诸行动的威胁上。在内心深处，我知道这对于我们俩来说都是一次痛苦的教训，而且会浪费很多汽油和时间。（他在回家的路上一直哭到睡着。）

这也不是完全的浪费，因为他永远没有忘记这件事。我感觉自己赢得了他的信任，他知道我会说话算数。我还学会了不做任何威胁，而是要提前决定我怎么做。

我会永远记住我妈妈说的话："鞋子里的舌头胜过嘴巴里的舌头。"也就是说，说话要算数，说到就要做到。

如果可以重来一遍，我会提前告诉他，我们会坐在车里，直到他准备好使用温柔的动作和友善的话语。这同样会达到这一工具的目的，而且我们俩都会更轻松。

来自内华达州里诺的成功故事

我9岁的儿子对各个赛季的运动都不落下，作为他的母亲，我从体育馆内的篮球观众变成公园里的棒球观众，又变成草坪上的足球观众。他有得意的赛季，也有失意的时候，但是，他的运动生涯中一个永恒不变的问题是洗衣服：他有很多很多脏袜子。

如果你从来没有为一个精力充沛的男孩子洗过衣服，那么你可能从未见过"又臭又硬的一团东西"，这在我的家庭生活中是很常见的。菲利普会从上往下将袜子从汗漉漉的脚上剥下来，袜子湿乎乎地卷成一团，里面裹的全是土和草，然后，他会把这团脏袜子扔进洗衣篮。

当我每周洗衣服时，都要花上令人厌烦的几分钟整理他的脏袜子，在清理的时候，土和草会不可避免地落到洗衣房的地面上。每周我都会变得愤怒和暴躁。

就像全世界的妈妈们一样，我认为自己已经试遍了所有方法。我说教过。我请求过他帮助。我检查并确保菲利普知道如何把手指伸到脚后跟那里把袜子正面朝外脱下来。（这让我得到了大大的白眼。）情形会暂时有所改观，但是，一团团脏袜子很快就会回来。

终于，我想到了正面管教的一个工具：提前决定你怎么做。有一天，我平静而尊重地告诉菲利普，我不喜欢整理卷成一团的脏袜子，从现在开始，我会把他放在洗衣篮里的袜子按照原样洗涤、烘干并放进他的抽屉里。对于一个有洁癖的妈妈来说，这可不是一件容易做到的事。但是，我把一团团脏袜子直接扔进了洗衣机。而且，我把洗完的一团团袜子直接扔进了烘干机。最后，我把烘干的一团团袜子扔进我儿子装袜子的抽屉里，什么都没说。他从未提起过他的袜子的变化，但是，有一天早晨，当我走过他的卧室时，他正坐在床边穿鞋。他展开一团洗过的袜子，嘴里在嘟囔着什么。信不信由你，从那以后，一团团脏袜子的问题解决了。当然，偶尔还会有一团"漏网之鱼"，我会照原样清洗。

决定我怎么做，并且不加说教地坚持执行，彻底解决了脏袜子的问题，而且提醒了我，我唯一能够控制的人是我自己。

——谢丽尔·欧文（Cheryl Erwin）
几部正面管教书籍的合著者

工具提示

1. 要让这个工具有效，需要另外几个养育工具：表现出对孩子的信任（第 4 章）、放手（本章的最后一节）、错误是学习的大好机会（第 3 章）、和善而坚定（第 1 章）、自然后果（第 9 章）、控制你自己的行为（第 10 章）、坚持到底（本章的下一节），以及只做不说（第 8 章）。

2. 一个关键是要和善而坚定，提前告知孩子你将怎么做，然后，闭上你的嘴巴。

3. 在大多数情况下，让孩子参与寻找解决方案，对他们是最好的激励，但有时候，要允许孩子决定他们需要怎样做来回应你的做法。

坚持到底

人不再是奴仆,而是自己的主人。

——阿尔弗雷德·阿德勒

如果你说了,就要当真;如果你当真,就要坚持到底。

1. 孩子知道你什么时候是当真的,什么时候不是。
2. 如果你说"穿好睡衣,刷完牙,八点钟我会给你读故事",而你的孩子到八点还没有准备好,你要和善地指出时间,安顿孩子上床睡觉而不讲故事。
3. 要通过说"你可以明天再试试"来鼓励孩子。

简

朱莉抱怨4岁的儿子查德在爸爸带他睡觉时就会积极响应和配合,但当朱莉安顿他睡觉并试图离开时,查德就会大声喊她回去,并且想让她和他一起躺下来。每当朱莉试图离开时,他就会喊她回来。朱莉感到精疲力尽并且很怨恨晚上总是没有自己的时间,或无法享受与丈夫共处的时光。她想知道自己为什么不能像爸爸那样得到查德的合作。

孩子们为什么在一方父母面前是一种行为,而在另一方面前又是另一种行为呢?因为他们知道父母中哪一方是他们可以操纵的,哪一方无法操纵。孩子们知道你什么时候说话算数并会坚持到底,什么时候不会算数。真的就这么简单。如果你是当真的,就说出来;如果你说了出来,就要坚持到底。你坚持到底(或未能坚持到底)的方式体现了你的养育风格。简单重述如下:

娇纵型父母不会坚持到底,因为他们害怕如果不满足孩子的每一个愿望,孩子在其后的一生中都会有心理创伤。这种养育风格强调没有秩序的自由。这些父母不理解他们的孩子已经形成的信念对其未来的影响。如果孩子形成了"爱就意味着其他人应该照顾我并且满足我的一切要求"的信念,他们的一生将遭受更多的痛苦。当他们不知道自己可以经受生活中的失望,并在这个过程中发现自己多么能干时,他们就会感到痛苦。

严厉型父母想确保自己的孩子不会变成被宠坏并认为一切都理所当然的成年人。但是,那些只关注秩序却忽视自由的父母也不理解孩子形成的信念的长期影响。他们的孩子往往会走两个极端,要么叛逆("我不会按照你的想法去做,哪怕这对我好。我拒绝被指使得团团转"），要么变成总是寻求别人赞同的人（"我会不惜一切代价得到你的赞同，哪怕这意味着放弃自我"）。

权威型父母能够平衡自由和秩序。这就是正面管教的养育方式。这些父母理解孩子形成的信念的长期后果，并且想为孩子提供解决问题的机会，通过解决问题而让他们学会责任感和能力感（以及第1章所提到的其他品格和人生技能）。本节开头所引用的阿德勒的话的含义正是如此。正面管教的一个重要目标就是帮助孩子们成为"他们自己的主人"。研究表明，相较于认为自己的父母是专制型风格的青春期孩子，那些认为父母是权威型风格的青春期孩子更加机智。研究还表明，权威型养育方式始终与孩子优秀的学习成绩显著相关。

我们知道，大多数父母会基于自己所相信的对孩子最好的方式选择养育风格。然而，太多的时候，他们的选择是建立在对自己的行为的长期效果缺乏认识的基础之上的。在本书中，我们大量谈到了孩子需要学习的技能，但是，成功地教给孩子这些技能则取决于父母。这是一个双向道。

玛　丽

对我来说，运用这个工具最困难的时刻是在孩子们两岁左右的时候，他们的职责似乎就是每天都试探我。我知道不应该做出自己无法付诸行动的威胁，更重要的是，说做的事情就要坚持到底。我把这个阶段称为"坏妈妈阶段"。我妈妈只是提醒说，那是我的"坚定妈妈阶段"。

尽管我知道正面管教工具是既和善又坚定的，但我第一个承认自己通常过于和善，直到完全忍无可忍。然后，我变成了这种真正坚定的妈妈，忘记了和善。

这个"坚定妈妈阶段"的最大好处是，我的孩子没用很长时间就知道了妈妈说话是当真的。我在99%的时间里能够说到做到。像惩罚一样，没有和善的坚定会管用，但我们没有一个人能感觉很好，我们都感到自己无能。当我既和善又坚定时，我和我的孩子们都感到自己很能干。

我仍然在致力于和善而坚定地坚持到底。一天晚上，我的大儿子在睡觉前开始大发脾气。这是我的错，因为我任由他观看前一晚录制的电影而睡得比平时晚（他没有睡午觉）。当电影终于结束，到了他该刷牙并换睡衣的时候，他开始大发雷霆。

他变得越失控，我也感到越失控。我告诉他（这是我的第一个错误）："如果你不能平静下来并控制自己的行为，我就把你的电影删掉，而且你明天上午不许看任何电视节目。"

毫无疑问，他的行为更加歇斯底里了，而我在大脑盖子打开的状态下怒气冲冲地下楼删了他的电影。自然，这只是使情形更加糟糕了，可是，我是那么在意将自己的威胁坚持到底，以至于没有关注通过在纠正之前先连接而真正帮助他平静下来。

等到我走开，去自己的积极暂停区平静下来之后，我们才重新建立了连接，为各自的行为道了歉，最终上床睡觉。

第二天早晨，他下楼后又给了我一个大大的拥抱，并且说对前一晚有多么抱歉。我也向他道了歉，并且解释说我当时同样很疲惫，行为失去了控制。遗憾的是，他的电影已经被删掉了。尽管我并不后悔删掉了电影，但我后悔自己做出这个行为的时机和方式——缺少了和善。

然而，我坚持做到了上午不许看电视，并且用一种和善的方式提醒了他为什么这样做。他对这个决定感到不开心，但是我们用一起度过的一个有趣而活泼的上午扭转了局面。

这个故事说明：在期望孩子控制他们的行为之前，你要控制你自己的行为。记住纠正之前先连接这个基础工具是有帮助的。

当你运用这两个工具时，和善与坚定并行就成了自然而然的结果，而且，你将能够说到做到，而不感到内疚。

布拉德

与孩子们达成约定很容易。坚持执行这些约定却很难。我妈妈解释说孩子们优先考虑的事情与父母的不一样。作为父亲，我优先考虑的是料理家务。这包括洗衣服、洗餐具、扔垃圾、分类回收、吸尘、购买生活必需品以及准备一日三餐。难怪孩子们优先考虑的事情与大人的不一样。我也不想让这些事情成为我优先考虑的！但事实是生活会包括处理这些家务琐事。

在家庭会议上，我会和孩子们在家务事上达成一致。但是，我的孩子们通常都不会坚持到底。因此，坚持到底成了我的另一件需要优先考虑的事情。问题是，与孩子们一起执行要比我独自完成更困难。

比如，我在楼上准备晚餐，而我儿子忘了倒垃圾，垃圾桶满了，我可以花 30 秒时间自己清空垃圾桶，或者花 10 分钟时间找到我儿子，让他执行我们的约定。我相信大多数父母都经历过这样的窘境。

那么，这意味着我们应当放弃让孩子们执行约定吗？绝对不是。但是，我们什么时候收获为坚持到底付出的努力所带来的好处呢？根据我的经验和观察，坚持到底的益处通常会出现在孩子们离开家之后。这在现在并不令人很欣慰，但是，正面管教是基于长期效果的。

偶尔，我们会发现成功的惊喜，孩子们未经提醒就执行约定。这在我们家大概一周出现一次，而这些小成功使得付出的努力都是值得的，而且提醒着我，我的孩子们终有一天会依靠自己的力量在这个世界上取得成功。

来自俄克拉荷马州的成功故事

不太久以前，我女儿就知道她很难在爸爸那里侥幸得逞。她会像个圣徒一样听爸爸的话去上床睡觉。然而，对于我，她知道她可以把我逼到无路可走，得到她想要的一切，即便整个过程都令人不快。晚上，我们会耗上好几个小时，她会不停地提要求，比如，"帮我按摩后背""给我的腿抹润肤露""把我的毯子裹好"——都只是她在与我的较量中炫耀其权力的一部分。我感到内疚，所以，就继续着这种让我精疲力尽并且无暇完成每晚该做的事情的冗长而烦琐的睡前惯例。

自从读了正面管教的系列书籍后，我了解到孩子的自我价值在很大程度上来自独立完成事情，并从中获得成就感。这让我茅塞顿开。我停止了所有特殊服侍，因为我知道她能自己做事情，而我的职责在于和善而坚定地鼓励她这么做。

我们每晚都遵循同样的睡前惯例。我给她读一本书，然后提醒她，她已经是大姑娘了，可以自己入睡了。如果她下床，我会一句话也不说，带着她回到床边。如果这种情形出现不止一次，我会提醒她，我将不再帮她盖毯子或倒水。她知道我说话算数。在这样做了两个晚上之后，就寝时发生了彻底的变化。我非常感谢从正面管教中学到的这一切。曾经让我畏惧的时刻，如今变得安静、美好，让我可以从忙碌的一天中放松下来。

——克丽丝汀（Christine）

来自加利福尼亚州卡尔斯巴德的成功故事

我们已经在家庭会议达成了不在卧室里使用电子产品的约定。有一天，我走进13岁女儿的卧室找她说事。她迅速关上了衣柜门，但我瞥见了一丝蓝光。我让她打开柜门，里面放着她的iPad。我问她在做什么，她说在给朋友发信息。我问她我们对电子产品的约定是什么，她回答："不在房间使用。"

我的女儿并不完美，正如所有孩子一样，她以前也有过不当行为。这次却和以往不同。我以前从未感到这么生气和痛苦，因为她不仅不遵守约定，而且还偷偷摸摸。我让她把iPad给了我，并且告诉她，我会和她爸爸一起决定如何对此做出回应。

我们确定了两个问题：对约定承担的责任，以及因为试图掩盖错误而造成的对我们以及她自己的不尊重。那天是星期五，我们告诉她，她在接下来的三天里将失去使用iPad的权利，这意味着她这个周末不能使用iPad，而这通常是她与朋友联络较多的时间。我们告诉她，她仍然可以使用自己的台式电脑做家庭作业。

她的反应是我没有料到的。她说："这很公平。"我的泪水涌上了眼眶。她以前很少以偷偷摸摸的行为给我们挑战（除非她非常善于此道，以至于我们从未发现过），所以，我们不习惯采取如此坚定的立场。我们需要像这样坚定地回应不当行为的次数屈指可数，但这足以让她了解我们会在需要的时候坚定地采取行动了。

我感谢了她的理解。我感激她理解并接受我们的决定。由于我们用正面管教工具建立了良好的家庭关系，我做到坚定就更容易了，而她也容易理解和接受了。

这次经历帮助我明白了为什么父母们有时候难以运用正面管教工具，这是由于我们自身信念的干扰。在那三天里，她没有使用iPad，而是全身心地投入到了其他活动中，以至于我认为她根本就没有想起过用iPad！

——英洛（Lois Ingber）
注册正面管教导师

工具提示

1. 要记住你作为父母的长期目标——帮助孩子学习技能和能力。

2. 技能不是在一天之内学会的。这就是孩子们需要你至少18年的原因。

3. 要给孩子们示范你希望他们学习的技能。如果孩子们不需要反抗你的说教和惩罚，或因为无法达到你的期望而有自卑感，他们会更快地承担起责任。

放 手

知道不做什么,对于决定应该做什么是有极大帮助的。

——鲁道夫·德雷克斯

放手并不意味着放弃你的孩子,而是意味着让你的孩子学会承担责任,并感到自己有能力。

1. 放手时要每次迈出一小步。
2. 要花时间训练,然后就不要插手。
3. 要信任你的孩子有能力从他或她的错误中学习。
4. 过你自己的生活,以便你的身份认同不需要依赖于掌控孩子的人生。

简

"吉米，该起床了！……快点儿，吉米，赶紧起床！……这是我最后一次叫你！"

听着熟悉吗？吉米家的早晨很像全世界其他家庭的早晨——忙碌、争吵、一堆麻烦事。吉米还没有学会承担责任，因为妈妈太忙于替他承担责任了。日复一日，情况变得越来越糟。

"我怎么知道你的书在哪儿？你把它们放哪儿了？我告诉过你多少次要把它们放到该放的地方？……如果你不赶紧吃饭，你就只能饿着肚子上学了……你还没穿好衣服呢，校车还有五分钟就到了！你要是赶不上校车，我不会送你去学校——我是当真的！"然后，在上学的路上，"吉米，你什么时候才能学会？这绝对是我最后一次在你赶不上校车的时候送你去学校。你必须学会更有责任感！"

你怎么看？这会是吉米的妈妈最后一次开车送赶不上校车的吉米去学校吗？吉米非常聪明。他知道妈妈的威胁毫无意义。他已经听过很多遍了，并且知道妈妈还会在他迟到的时候开车送他上学。吉米的妈妈有一点是对的：吉米应当学会更有责任感。然而，通过早晨的这种场景，她其实是在教给他更没有责任感。当她对吉米需要做的每一件事情都不断提醒时，她才是承担责任的一方。

父母们可以享受没有麻烦的早晨，而同时教给孩子们自律、责任感、合作和解决问题的技能。关键在于放手。很多父母担心，放手意味着放弃自己的孩子，或者对孩子娇纵。在正面管教的词汇中，放手意味着允许孩子发展他们的合作意识和能力感。下面的很多建议在本书的各章都有所涉及，但重要的是要理解它们的各种变化，以及通常怎样结合在一起。

放手、避免早晨的麻烦，并教给孩子责任感的七个建议

1. 要让孩子们参与解决问题的过程。当孩子们参与寻找解决方案时，他们就有了遵循自己参与制订的计划的主人意识和动力。

2. 要让孩子们参与创建日常惯例表。吉米的睡前惯例可以包括提前选好衣服、把书包放在门边，以及把第二天的午餐放在冰箱里。

3. 要通过允许孩子们体验自然后果或逻辑后果来放手。当吉米的妈妈置身事外，并允许吉米体验迟到的后果时，吉米就会学着承担责任。

4. 决定你怎么做。事先让孩子知道你打算怎么做。如果你是当真的，就说出来，而如果你说了，就要坚持到底。

5. 避免陷入权力之争或报复循环。当你不放手时，孩子们通常会以抗拒表现出他们对于独立的需要。

6. 事情在变好之前可能会变得更糟。孩子们可能会努力让你为他们负责，即便他们怨恨你的权威。

7. 要信任你的孩子。当你教给孩子技能、对他们信任，并且放手时，他们就能学会成为有能力的人。

如果你想将早晨的烦恼变成喜悦，并避免很多其他方面的权力之争（就寝时间、家务活、家庭作业、收玩具、倾听、假期，等等），就要练习上面概括的放手的步骤。在实行过程中，你和你的孩子都会感到更有能力，并且会享受到责任感、合作和自律的益处。

布拉德

我尤其需要注意本节的第一句话："放手并不意味着放弃你的孩子。"我对于放手没有任何问题。作为一个忙碌的单亲爸爸，我非常乐意放手让孩子们承担更多责任。但是，有时候（当孩子们特别烦人的时候），我的放手看起来更像是放弃。

这里有一个很好的例子。我们被邀请去滑冰并且和朋友们共进晚餐。我女儿和我在收到邀请时都非常兴奋。不幸的是，我十几岁的儿子却没什么兴致。他嘟嘟囔囔地抱怨："为什么我们必须要去？我们要离开很长时间吗？我真的不想去！"

当我们开车准备走时，我儿子还在抱怨，他把背包扔到车里的地板上，摆出一副挑衅的架势，试图让每个人都像他一样痛苦。我们甚至还没离开所在的那条街，我就掉转车头开回了家，我让他下车，并祝他玩得开心。那个下午，我对他放手了（放弃），以便我和女儿能享受一段快乐的时光。我们确实很快乐！

我并不认为这是这个工具的精神。这个工具更多地是让我们的孩子承担更多责任，以便他们能变得更有能力，成为对社会有贡献的一员。如果那天我与儿子探讨他不愿意去的原因，然后在不生气的情况下让他有尊严地不参加这个活动，就会有效得多。

我女儿在我们开车离开的时候却能够正确地看待这件事。她说："爸爸，十几岁的孩子们就是这样。我的老师说她的女儿就行为无礼、脾气暴躁，直到她18岁，而现在和她相处就很快乐了。所以，如果我到了十几岁也这样的话，不要认为那是针对你的。我也许会说我讨厌你，但那不是我的真心话。那只是十几岁孩子的做法而已。"

玛 丽

放手不仅在于要允许孩子承担更多的责任,还要真正放下自我,不在意别人怎么想或怎么说。正面管教教给我,放弃让其他人赞赏我的养育方式的需要,意味着要更关注我的孩子们获得自信和能力感。

我的两个儿子都在两岁左右证明了自己能独立穿衣服。放手,意味着允许他们选择自己想穿的衣服,即便这意味着他们穿睡衣、去年的超人斗篷,或者把衣服穿反,当然更谈不上搭配。在过去的几年里,我拍过一些照片,捕捉到了他们在自己梳完头发或穿好衣服之后脸上露出的自信的表情。

当我还是个小女孩的时候,我妈妈经常默默地为我奇怪而有创意的着装鼓掌。我现在看到那些时候的照片会感到很没面子。妈妈会逗我,并且不仅提醒我想起我作为一个成年人的时尚品味,更重要的是,让我想起了我的自信。

我想通过放手让孩子们学会本领。有一天,我两岁的儿子在挣扎着自己穿 T 恤。我有一种强烈的冲动要跑过去帮助他。但是,我耐心地看着他在 T 恤里挣扎,努力寻找领口和衣袖。当他终于从衣服里露出小脑袋时,他带着满足和自信的微笑说这是"他自己"做到的。如果我冲上去帮忙,而不是等着他自己做,那该有多么遗憾啊!我所理解的挣扎(因为他似乎花了那么长时间)只不过是他在享受征服挑战的过程。

来自田纳西州纳什维尔的成功故事

妈妈的故事

我们的大儿子今年 12 岁，上初中。他就读于一所以学术见长的公立学校①，每天都有家庭作业，而且经常有大型作业。他上五年级的时候，为了让他的功课能跟上，我们之间有很多摩擦，而到了六年级，我们其实开始了权力之争。有时候，我们每天都会因为家庭作业而争吵。

我的丈夫决定，是时候在圣诞节之前彻底停止这种争执了。他们写了一份双方都同意的协议，明确规定，如果儿子需要我们的帮助，他就来找我们；如果我们得到通知他的成绩下降到了 C，我们就去找他。我们每个人都仔细看了这份协议。

有几次，我又开始唠叨家庭作业，而我丈夫会提醒我注意协议的条款。在新方法实施之后，我们收到了第一份成绩单，他得了全 A。第二次，他得了一个 B，其余都是 A。有一天，在早餐时，我们都在肯定他的努力，那一刻，我突然意识到他完全依靠自己取得了这些成绩。我认识到，如果是我们"在掌舵"——这么说吧——他的成功就会被轻视。

到了七年级，分数和成绩可以确保你进入学术高中。同样是在那次早餐时，他说："只要再等一年。我要全力出击，因为我不会让 84 分使我进不了休谟·福克高中。"看到他的态度发生变化真是太棒了。几个月前，他还不想进入那所高中呢——很可能是因为我们坚持让他上那所高中。

---

① 原文为 Academic magnet School。——译者注

爸爸的故事

在丽莎前面提到的那次谈话中,我告诉儿子,我不喜欢自己在和他讨论家庭作业时对待他的方式,我希望我们能够达成共识。我还具体地说了自己担忧的那些方面:提前安排好项目的时间还是等到最后一分钟,他能否记住每天做家庭作业,他忘记提交重要的作业以及在得到他的成绩通知时我的职责。然后,我直接问他在这些方面需要我们的哪些帮助。

以下是他在经过简短讨论之后所说的:

1. 如果他的成绩下降到 B 以下,并且我得到了通知,我们会提醒他我们已经得到了通知,而他要登录网站,找出问题出在哪里,并在一周之内解决这个问题。如果他未能在一周之内解决,我们会经他允许与他讨论,并帮助他针对这个问题的解决方案进行头脑风暴。

2. 每周二,我们会检查他的每周任务表。如果有遗漏的作业,他需要在一周之内解决;然后,我们继续遵循上述步骤 1。

3. 我们约定,如果他未能在一周之内完成作业,他就要取消一次体育训练,并利用那段时间赶上进度。

4. 项目方面,我们会在周二检查每周任务表的时候为他提供指导,并提前安排好我们双方都方便的时间。

我们三人都签署了这份协议,日期是 2012 年 12 月 26 日。此后,再也没有出现过权力之争。

——奎恩夫妇(Mr. and Ms. Quinn)

工具提示

1. 看着你的孩子受苦是很难的，即使你知道孩子在这个过程中学到的教训从长远来看会给他力量。通常，这对你比对孩子更难。要坚持住。

2. 想一想，当你在孩子身边并提供支持时孩子犯错，比孩子独立生活时犯错好多了。

3. 放手，会让你的孩子通过锻炼自己的"失望肌肉"并培养解决问题的能力而获得力量。

第 3 章
关于犯错误

理解大脑

> 人们看到的并不是现实本来的样子，而是他所理解的现实，他的理解有可能是错误的或者有偏见的。
>
> ——鲁道夫·德雷克斯

1. 不要试图在你或孩子生气的时候解决问题。
2. 要等到经过一个冷静期（积极的暂停）后，你和你的孩子都能运用自己的理性大脑时。
3. 把问题放到家庭会议的议程上（或者让孩子写上去）是为冷静期留出时间的另一种方式。

简

当你"掀开大脑盖子"——你完全失去冷静——的时候，你的大脑由"爬行动物脑"控制，理性思维消失了。如果两个人（你和孩子）的盖子都掀开了，你认为对解决问题会有多大帮助？谁在倾听呢？

说教，在最好的情况下也是没有用的，而在最糟的情况下是有害的，因为孩子们在盖子掀开的状态下要么会对说教充耳不闻，要么通过中脑（杏仁核，存储非理性信念和恐惧的地方）对其进行处理，而且，他们可能会决定报复，计划以后如何不被抓住，或者认为"我是一个坏孩子"。

当你理解了大脑后，你会认识到，孩子们在感受到威胁时无法学习任何积极的事情。他们只能战斗、逃跑或吓呆——表现为叛逆或情感退缩。

要学会自我调节（下一节的积极暂停），然后将其教给你的孩子。这并不意味着你将再也不会掀开盖子，但是，至少你会知道在这种状态下你无法教给孩子任何有用的东西；你会更快地让自己停止，并且通过道歉与孩子重新连接，并在你平静下来之后专注于解决方案。

布拉德

现在，你们或许已经注意到，我经常是如何不实施这些正面管教工具的例子。还记得我们说过没有完美的父母吗？无论如何，在读过我的故事之后，至少你们很多人都会觉得自己完美多了。

我们来举手表决，看到前面提到的不要在你或孩子心烦时解决问题的观点，有多少人会说"是的，没错"？我们大多数人会在我们生气的时候解决与孩子之间90%的问题。或许，我不应该说"解决"我们的问题，但是，我们会在生气的时候做出这样的尝试——而且很可能弊大于利。下面的故事就是我如何在大脑盖子掀开的状态下试图解决问题的一个好例子。

我买完东西回到家，正在整理买回来的东西，这时，听到了吉布森和艾玛的如下对话。

吉布森：艾玛，你为什么玩我的热火软弹枪？
艾玛：我没有！
吉布森：你玩了。我原来不是放在这儿的。
艾玛：我没有玩你的枪！
吉布森：你玩了我的枪，所以我要射击你！

我正要走过去平息他们的争执，吉布森扣下扳机，射中了艾玛的脸。

我一把抓过玩具枪，怒火中烧。我对着吉布森大吼，告诉他如果他再敢对着艾玛开枪，我就把他的枪摔得稀巴烂！（我的大脑盖子完全掀开了。）

然后，我下楼去看篮球比赛。接下来的一个小时，我对吉布森没有说一句话，而他一直躺在楼上的沙发上。后来，所幸的是，他受到邀请去朋友家过夜。在我开车送他去朋友家的路上，吉布森确定这是我们俩建立连接的好机会。

"现在？"我想，"我正气得冒烟并且很沮丧，恨不得把他踢下车，他却想连接？"

他开始问我为什么一直不上楼。我告诉他我很生气他对着妹妹的脸开枪。

他说:"拜托,爸爸,艾玛都原谅我了。为什么你不能?"艾玛之前走到吉布森身边给了他一个拥抱。

我告诉他,对妹妹刻薄在我这里很难得到品行奖分。这时,我们已经到了他朋友家的门口。我猜他感觉到了我正在试图摆脱他,因此,他坐在车里继续和我聊。终于,过了几分钟之后,他说:"拜托,爸爸,抱一下怎么样?"我心软了,给了他一个拥抱,然后他就下了车。

第二天,当我儿子从朋友家回来之后,我们都感觉好多了。我们能够平静地讨论前一天的事情,谈论我们的错误,并且再次发誓要做得更好。

玛　丽

当我不得不每天都阻止自己掀开大脑盖子时,我就知道夏天到了,因为学校放假了。一方面,我真的很感激拥有一种能够让我每天陪伴我的儿子们的职业;但另一方面,我每天都在数着学校还有几天开学。

我曾经幻想有一个充满乐趣和活力的暑假,孩子们可以游泳、参加玩耍聚会、在公园野餐、打篮球、在附近散步,等等。然而,在这些有趣的活动之间,是去商店、完成每天的家庭作业,以及外出办一些其他无聊的琐事。在一天结束的时候,我精疲力尽,因而我更容易掀开盖子。

但是,还有一线生机。有很多正面管教工具能够帮助我和我的孩子回归理性的思考:纠正之前先连接、积极的暂停、拥抱,以及这里所介绍的理解大脑。

我看过人际神经生物学家丹尼尔·西格尔博士的一个视频，该视频显示了如何用手掌解释大脑，以及在我们生气时大脑会出现什么情况。我用下面这些说明把视频的内容教给了我的儿子格雷森：

1. 通过让每个人把一只手的手掌张开，介绍手掌中的大脑。让大家跟随你的动作。

2. 指着从你的手掌到手腕的区域，向大家解释这一区域代表的是脑干，负责"战斗—逃跑—吓呆"的本能反应。

3. 把你的大拇指收向掌心。大拇指代表的是中脑（杏仁核），存储着造成恐惧和渺小感的早期记忆。它与脑干协同工作。

4. 然后，将你的其他手指盖住大拇指（这样就形成了一个拳头）。这代表的是大脑皮层。前额叶皮层（指向拳头前端你的指尖触碰到掌心的地方）是产生理性思考和情绪控制的地方。

5. 当我们的按钮被触动并且大发脾气的时候，大脑会发生什么？我们就掀开了盖子（打开你的拳头［四个手指朝上］，露出大拇指［表示露出了你的中脑］）。

6. 这时，我们的前额叶皮层无法发挥作用了。在这种状态下，我们无法做出理性的思考或行为。

现在，当我掀开盖子的时候，格雷森喜欢伸出手掌用位于掌心的拇指提醒我。

我经常需要提醒自己，如果我不能控制自己的行为，就不能指望控制孩子的行为。好消息是，错误是学习的大好机会。谢天谢地，我的孩子们是如此愿意原谅我，并且愿意与我一起找出解决方案。

来自加利福尼亚州欧申赛德的成功故事

我们整整一个星期都在计划去快餐店用餐的特殊安排——非常难得的一次外出。当我让 11 岁的儿子知道我们已经准备好出发时，他突然告诉我他不去了，并且让我把食物给他打包带回家。

我欣然答应会把食物带回来，并建议他在我们回来之前切几个苹果，以便和快餐一起吃（我认为这是尊重他的情绪波动以及花时间平静下来的需要）。他回答说他不做，还说这是一个愚蠢的要求。就在我平静地告诉他我愿意做时，他站了起来，冲进他自己的房间，用力关上了门，吼出了一个难听的词——冲着我！

我深吸了一口气，想了想自己对大脑的了解。很明显，他的盖子掀开了，尽管我刚才没有意识到这一点，也不清楚其中的原因。

他的妹妹看着我，明智地说："我要出门了。"

我和她一起去了餐厅。当我回到家的时候，我期望他会给我道个歉，但发现他还在责怪我，看来时机还没到。他整个晚上都在回避我。我想和他谈谈这件事，但想到了合上盖子需要时间，他在遵循他自己的时间表，而不是我的。

第二天早晨，他径直走出房间，给了我一个前所未有的最真诚的道歉。我们一致认为，如果我们的关系像我们认为的那么牢固，他就不会那样对我出言不逊。我们决定最好的做法是拿走所有干扰我们建立关系的物品，包括电视和电子游戏。我们决定，我们一起玩几天，然后他再把这些东西要回去。

令我惊讶的是，两个星期之后，他才过来对我说想看电视！避免在事情发生之后脱口而出"不许再像那样对我说话"并不容易，但我做到了。

——克丽丝汀·索科洛夫斯基（Christine Salo-Sokolowski）
注册正面管教家长讲师

工具提示

1. 要教给你的孩子了解大脑和"掀开盖子"。

2. 在理性状态下,想一些一旦你意识到自己需要就可以采用的平静下来的方法(积极的暂停)。要教给你的孩子也这样做。

3. 平静下来之后,如果需要,就做出弥补,并且(或者)寻找那些使你"掀开盖子"的挑战的解决方案。

积极的暂停

> 培养孩子的正确方式,与对待人类同伴的方式是一样的。
> ——鲁道夫·德雷克斯

人在感觉更好的时候,才会做得更好。积极的暂停会帮助我们冷静下来并感觉更好。

1. 和孩子一起建立一个积极暂停区。让他们决定这个地方看起来什么样以及里面放些什么。
2. 让他们给这个地方起一个特别的名字。
3. 在他们生气的时,问:"到你的_____地方去对你有帮助吗?"
4. 当你生气的时候,去你自己的特殊区域,为孩子做出积极暂停的榜样。

关于犯错误

简

大多数父母在使用惩罚性的暂停时都有良好的意愿。他们真的相信惩罚和羞辱是激励孩子做得更好的最佳方式，或者他们只是不知道还能怎么办。如果什么都不做，他们会觉得自己是在娇纵孩子。

我们从哪里得到一个如此疯狂的念头，认为要让孩子做得更好，先要让孩子感觉更糟？这个疯狂的念头是所有惩罚的基础，包括惩罚性的暂停。这对孩子就像对大人一样不管用。

如果你是已婚人士，想象一下你的配偶走过来对你说："我不喜欢你的行为。回你的房间去，直到你能表现得更好。"在这种情况下，你会有什么想法、感受和决定？你会说"哦，太感谢你了。这太有帮助了。我感觉到了鼓励，被赋予了力量，并且迫不及待地要做得更好"吗？不大可能。你更有可能申请离婚——或者以某些其他方式报复。

当孩子们被要求坐"淘气椅"时，有些孩子会想着如何报复或者避免下一次被抓到。更糟糕的是，有些孩子会对自己产生怀疑和羞耻感。令人惊讶的是，成年人如果遭到这种责难和羞辱，会更快地垮下来。孩子们是很有韧性的，他们会为保持自我意识而抗争。这种抗争通常看上去就像是叛逆或屈服，即直到他们长成大人并被所有这些沮丧所捕获。他们在今后的人生中会抑郁或者不断地尝试证明自己的价值。

积极的暂停在以下几个方面与惩罚性的暂停不同。

1. 其目的是帮助孩子们拥有一个有助于他们感觉好起来的地方，而不是要让他们遭受痛苦并"想想自己都做了什么"。

2. 让你的孩子帮助建立一个有助于他或她感觉好起来——做自我调节——的地方是至关重要的。

3. 为让孩子将这个地方当作是自己的，要请你的孩子给这个地方起一个特别的名字。

4. 在可能有益的时候，要让你的孩子有机会"选择"使用自己的特别的地方，而不是送他去那里。你可以说："现在去你的特别地方对你有帮助吗？"

你可以对孩子说："我们来布置一个让你感觉很特别的地方吧——一个在你感到生气或难过，或需要时间平静下来的时候，你可以去的地方。你想在自己的房间还是在家里的其他房间找个地方？"

当孩子选择了一个地方之后，要问："你喜欢在这个地方放哪些能帮助你感觉好起来的东西？放一个枕头、一个毛绒玩具、一些书，还有音乐，怎么样？"

然后，要问你的孩子希望给这个专属区域起一个什么名字。很多父母分享说他们的孩子给自己这个冷静下来的地方起了很特别的名字，比如亚马逊丛林、春天的花园、树屋或者海底世界。

一旦这个积极的暂停区建好后，不要送你的孩子去这个冷静区。这会使自我调节的目的落空。要允许你的孩子自己选择去其特别的地方。在发生冲突时，你可以说："你去自己感觉好起来的地方会有帮助吗？"如果孩子说不，要问："你愿意我和你一起去吗？"通常，这会让孩子受到鼓舞，并有助于增强与孩子的连接，并且有助于孩子平静下来。如果你的孩子依然说不，或者正在大发脾气以至于根本听不见你在说什么，你要说："好，我要去我自己的暂停区了。"孩子会注意到你的离开，并且可能会跟上你。

关于犯错误

我们出版了一本名为《杰瑞的冷静太空》[①]的绘本。读这本书有助于孩子们对建立自己的自我调节的冷静区感到兴奋。很多父母都给自己的孩子读过这本书，并且把自己的孩子建立的冷静区的照片发给了我们。

即使是积极的暂停，也很少会适用于3岁以下的孩子。如果一个孩子的年龄还不足以设计自己的积极暂停区，他就不足以理解任何形式的暂停。

有时候，积极的暂停就足以改变行为了。没有必要进行"我告诉过你"的说教（或任何其他形式的说教）。然而，有时候，后续跟进是必要的，要通过启发式问题引导孩子解决问题。在很多情形中，另一个正面管教工具可能更适合，比如让孩子看看在选择轮上找一找是否会有帮助（见第5章），或者把问题放到家庭会议的议程上，等到大家都平静时再讨论。

玛　丽

很多年来，我都回避与我的儿子一起建立积极暂停区。我发现，太多的时候，我是那个为平静下来而需要暂停的人。我认为给孩子做出积极暂停的榜样就足够了。我会说："妈妈真的很生气，我要去暂停一下，冷静下来。我需要至少花五分钟时间，以便我能做几次深呼吸并平静下来。我不想说任何自己会后悔的话。"

三个儿子中的一个或他们三个往往会说："我们能和你一起去吗？"我会回答："当然可以，如果你们也想深呼吸并且平静下来的话。"我们三个人几乎立刻就能平静下来并且想和好。

[①]《杰瑞的冷静太空》，中文版由北京联合出版公司于2012年出版。
　　　　　　　　　　　　　　　　　　　　　　　——译者注

最近，我意识到，我不仅需要给孩子示范花时间平静下来，还需要让孩子们有机会建立自己的积极暂停区，以便他们能练习这一重要的自我调节的技能。

在读了《杰瑞的冷静太空》之后，我有点担心三个儿子也建立一个复杂的冷静太空，并且把墙刷成黑色。我真的不想把任何地方刷成黑色，而且我不确定如何对待家里有限的空间，因为他们共用一个房间。如果他们在他们自己的房间里建立积极暂停的地方，而且同时需要使用会怎么样呢？我想到了要表现出对孩子自己找到解决方案的能力的信任——而他们确实找到了。

9岁的格雷森说："妈妈，如果你或爸爸请我去我的房间，而不是吩咐我，那我就会去。"

我能说的只是："哇！"我继续问他："当你在房间里的时候，什么东西会帮助你平静下来？"

格雷森：嗯，你知道音乐总是能让我心情好起来——而且是马上。

我：当然。所以你的CD播放器会有帮助？

格雷森：是的。

我：还有什么能帮助你平静下来？

格雷森：看我从小到大的相册。

我：这也能帮助我平静下来。如果你想到了其他任何东西，一定要增加到你的暂停区。

格雷森：好的，妈妈。你有些时候会陪我一起去吗？因为当你摸我的后背并拥抱我的时候，我总是能平静下来。

我：我很乐意，只要你不介意等待几分钟，直到我先平静下来。

第二天，格雷森因为弟弟里德违反游戏规则而生气了。我问他:"到你的房间去会帮助你平静下来吗?"

格雷森说:"会,你可以陪我一起吗?"

我说我需要找些东西分散他4岁的弟弟帕克的注意力,要不然就得带上弟弟一起去。格雷森说帕克可以一起去。

在我和帕克都给了格雷森一个拥抱,并且他做了几次深呼吸之后,他很快就平静了下来。然后,我们谈了他这么生气的原因。一旦平静下来,他就想出了对这个问题的一个合乎逻辑的解决方案。他平静地走下楼,让里德知道了他的感受,以及他们对游戏规则发生了怎样的误解。里德说:"好吧。"两个人就继续平和地玩了起来。

7岁的里德决定建立一个"里德的开心城堡"。帕克的床下有一个可以爬行的空间。那里有一扇小门,可以建一个完美的城堡。

里德说:"我可以在那儿放上毯子和一个枕头,还有一个手电筒、几本书,还有一些乐高玩具。"

他问是否能带上他的平板电脑。我提醒他,尽管电子产品很容易让人转移注意力,但在我们努力处理感受并解决问题的时候,电子产品并没有帮助。电子屏幕会麻木你的感受,并消除处理感受的过程。我解释说,一个没有电子屏幕的积极暂停区会帮助他形成处理感受和解决问题的良好习惯,一个在他长大后让他很受益的习惯。他很合作并且很理解。

没有几个小时,里德就因为哥哥或弟弟生气了。我还没有问,他就说:"妈妈,我要去我的城堡平静下来。"

我很欣慰他记住了,更欣慰他没有让我和他一起去。用力挤着才能通过那扇小门,尽管那会带来很多欢笑。

现在,情况已经反转了。我的儿子们使用积极暂停的时候甚至比我还要多。

来自加利福尼亚州帕萨迪纳的成功故事

　　有些父母抱怨"恼人的两岁",但我发现三岁的孩子更有挑战性。我的女儿克莱尔独立性越来越强,并且总是以极大的热情表达自己的见解。大多数时候,我喜欢她的这种精神和令人惊奇的幽默感。但是,有时候,她很固执,并且会对抗。那个阶段很容易被称为可怕的三岁。

　　一个秋天的下午,我的丈夫约翰和我计划带克莱尔去公园,享受美好的天气。这一天,一开始就很不顺。克莱尔的状态很罕见,充满了淘气的能量。我们在早上有一些日常的事情要做,可是克莱尔想出无数方式逃避与我和约翰合作。我们没法让她穿好衣服。她不吃早餐。她把玩具扔得满地都是……而且,她一直是笑着做这一切的。我们永远都不可能出门!

　　她脾气很坏,我们很难让她平静下来听我们说话。最后,我把她抱到我的腿上,平静地说:"我看得出来你现在不愿意做我们在出门前需要做的事情。我们需要穿好衣服,吃完早餐,然后才能去公园玩。如果你不穿衣服、不吃饭,我们就不能出门。"

　　克莱尔开始假哭。很有戏剧性的是,她说:"妈妈,我要去我的床上哭。"她慢慢地走进她的房间,爬到了上铺。

　　约翰和我差点儿大笑起来,我们俩赶紧跑进了自己的卧室。她戏剧性的退场太滑稽了!然而,这一策略很有效。她在自己的床上坐了几分钟,然后若无其事地出来了。她用积极的暂停帮助自己平静了下来,重新调整了状态。

　　我们甚至及时去了公园!

——艾米·诺布尔(Amy Knobler)
注册正面管教家长讲师

工具提示

1. 在教孩子学习积极的暂停之前,你要认识到做一次暂停并平静下来的重要性。

2. 要记住问孩子去积极暂停区对他们是否有帮助,而不是送他们去。

3. 提供选择是有帮助的:"是去你的积极暂停区对你有帮助,还是把这个问题放到家庭会议的议程上?"

错误是学习的大好机会

我们不能为保护孩子而让他们免于生活。因此,我们有必要让他们为生活做好准备。

——鲁道夫·德雷克斯

要把错误看作是学习的机会。

1. 要以和善和同情对孩子的错误做出回应,而不是羞辱、责备或说教。
2. 在合适的时候,要用启发式问题帮助孩子探究其错误造成的后果。
3. 在晚餐时间,要让每个人说说自己白天所犯的一个错误,以及从中学到了什么。

关于犯错误

简

许多孩子都被教育得要为错误感到羞耻。那些因为错误而责备孩子的大人的本意是好的。他们相信羞辱会激励孩子做得更好。或许吧——但对于孩子健康的自我价值感却是一种极大的代价。如果你是在这种养育方式下长大的，现在可能是时候"重新养育"你自己了，以便你能对错误形成新的信念。

1. 闭上你的眼睛，回忆一下你小时候从父母和老师那里接收到的关于错误的信息。你接收到的信息是你很笨、无能、坏、令人失望、笨手笨脚吗？

2. 在听到这些信息时，你对于你自己以及今后如何做出反应，做出了什么决定？记住，你当时并没有意识到自己正在做出一个决定。但是，如果你审视一下自己现在犯错误时的反应，那些信息的长期效果往往是很明显的。

3. 有些孩子会认定自己坏或者无能。有些孩子决定如果自己的努力达不到完美的结果，自己就不应该冒风险，因为害怕受到羞辱。很多孩子决定要变成一个"总是寻求认可的人"，并且努力以自尊为代价取悦大人。有些孩子会痴迷于证明自己的价值。还有些孩子决定要将自己的错误遮盖起来，并要想尽办法避免被发现。你当时的决定是什么？

4. 在教给你的孩子知道错误是学习的机会时，你将能够对自己做出一些新的决定。

当父母和老师给孩子传递关于错误的负面信息时，他们是在试图激励孩子做得更好，是为了孩子好。他们没有花时间思考这种方法的长期后果，以及孩子做出的决定对于他们的成长有多么重要。

有那么多的养育和教育都是建立在恐惧之上的。大人害怕如果不迫使孩子做得更好，他们就没有尽到责任。太多的人更担心邻居对他们的看法，而不是孩子学到了什么。还有的人害怕如果不向孩子灌输恐惧和羞耻，孩子就永远学不会做得更好。大多数人之所以害怕，是因为他们不知道自己还能怎么办——害怕如果不让孩子受责备、羞辱和痛苦，他们就是在娇纵孩子。

事实上，还有另一种方法：教给孩子把错误看作是学习的机会。这不是娇纵，是在真正激励孩子们做得更好，而又不让孩子付出低自我价值感的代价。

把从错误中学习的观念变成一种家庭传统是很有帮助的。每周至少一次，要在晚餐时间让每个人都说说自己犯过的一个错误以及从中学到了什么。听到一个大人对孩子说"你犯了一个错误——太好了！我们能从中学到什么？"，是非常美妙的。而且，我说的确实是"我们"。很多错误都是因为我们没有花时间训练和鼓励孩子。我们经常激起孩子的反抗，而不是激励孩子改进。

孩子们需要每天都有机会认识到错误的价值——而且他们需要在安全的环境中从错误中学习。当孩子们能够笑对错误并且从错误中学习时，他们才能真正获得不完美的勇气。

玛　丽

我要再一次说，我从小就了解到错误是学习的好机会有多么幸运。在我的整个童年时期，我们总是会庆祝我们所犯的错误。（当时，我以为所有人都这么做。）我的父母教给我，人生就是学习，当我们犯了错误时，我们就可以从错误中学习，也可以继续犯同样的错误，直到我们最终能从中学习。

我想，我们都能说出自己在生活中犯的一次痛苦的错误，而这个错误最终成了宝贵的学习机会。直到离开家上大学，我才发现人们多么经常不愿意承认自己是错的、不完美的，或者犯了一个错误。

作为三个男孩的母亲，我每天都有机会犯错误。即便我是一个运用正面管教的母亲，但我仍然是个普通人。幸运的是，当我不断地从每一个错误中学习和成长的时候，我的孩子们对我非常宽容，并且完全能接纳我。

每天晚上，在安顿孩子们睡觉的时候，我们都会分享当天最快乐和最伤心的时刻，而且至少分享一个错误。然后，我们会讨论从中学到了什么。这是一个互相学习的好机会，而且能够持续地传递无条件的爱和支持的信息。

不要感到惋惜，也不要解救或羞辱孩子，或者期待完美，要想一想当孩子们将自己的错误看作是学习的机会时，他们培养出的勇气和自信。

我的大儿子格雷森最近犯了一个错误，尽管他非常惭愧，以至于不愿意提起。我从校长那里得知他在操场上对另一个学生说了一些非常不合适的话。当我试图和他谈这件事时，他说："我不想谈这件事。"

那天，我好几次试图谈这件事，但意识到了时机和连接的重要性。我不可能在车里或餐桌上和他谈，所以，我一直等到了睡前我们两个人单独在一起的时候。我们谈了一些其他的事情，直到我感觉彼此之间有了连接。于是，我说："格雷森，你认为妈妈说过一些不是出于我的本意的话吗，尤其是在我生气的时候？"

格雷森回答："嗯，可能不像我说的那么糟糕。"

"那可不一定，"我说，"当我生气的时候，我可能会说一些自己在没生气时想都没想过的话，更不用说说出来了。我确切地知道，当我感到伤心的时候，我会说一些让对方伤心的话。你先来说说让你伤心的事情怎么样？"

格雷森说了操场上有几个男孩子在玩壁球时不遵守规则，而且对他很刻薄，他们排挤他，对他说一些难听的话。他仍然不愿意把自己说的那些话告诉我。我知道他感到尴尬和惭愧。

我告诉他："格雷森，你才8岁。你正处于每天都犯错误的年龄。我已经39岁了，仍然几乎每天都犯错误。我努力从错误中学习，以免我犯同样的错误，而有时候，我还是会一而再再而三地犯同样的错误。我之所以每天都犯错，是因为人非圣贤，而且你知道，我并不完美。"

格雷森——这个喜欢数学和应用题的孩子——说："妈妈，这意味着你已经犯了超过一万个错误啦。"

我说："完全正确。而且，我仍然不完美，依然继续在犯错并且从每一个错误中学习。"

格雷森在认识到自己并不是唯一会犯错误的人，以及我对他的错误有多么接纳后，给了我一个大大的拥抱，并且把他说的话告诉了我。

我们继续谈论了当时的情形，并且专注于下次他在面对类似情形时可以采取哪些积极有效的方法。我想到了自己一次又一次从正面管教中学到的东西——承认不完美，是我给予孩子们的一个多么美好的礼物啊。

布拉德

我犯了很多错误。我作为父亲犯过错误。我在工作中犯过错误。上帝知道我对女人也犯过错误。如果错误是学习的大好机会，我现在应该是当地最聪明的人了。

我的孩子们也犯了很多错误。有时候，在事情发生的当时，"以和善和同情做出回应而不是羞辱、责备或说教"是很难的。

在我儿子小时候，我们有一次去商店买一些点心作为他在学校的午餐。我们选完商品之后，走向自助结账台。正当我开始扫描这些东西时，我注意到，每扫一件，电脑语音就叱责我。"请将商品放在装袋区！如果您不需要装袋，请点击'跳过装袋'按钮！我们已通知工作人员过来帮助您！"

我站在那儿烦躁地按着按钮，试图满足语音的要求。终于一位工作人员走过来说："先生，您的儿子正倚在秤上。"我看了一下，向吉布森解释说他不能倚在秤上，因为这会干扰商品称重。

我开始扫描其余物品，这时，电脑语音又开始冲我喊叫。我看了看吉布森，他正在轻轻地摸电子秤。我说："吉布森……你不能摸电子秤！"我猜他是想试一试施加多少压力会引发报警，但我可没有心情测试电脑语音。

我好不容易又扫描了几样东西，这时，电脑语音又开始指责我。你可以想象我这时有多么沮丧。我看了看吉布森，看到他正在摸秤的顶部。我有一会儿都说不出话来了。最后，我说："吉布森！"然后意味深长地看着他的手。

他说："哦……我不知道这也是秤的一部分。"

终于，我们把所有商品都结了账，离开了商店。

正如你看出来的那样，我在这个工具的第一部分做得不好，所以，我采用了后面的建议："在合适的时候，要用启发式问题帮助孩子探究其错误造成的后果。"

我问吉布森："你理解我在商店为什么生气吗？"

"理解。"他说。

然后，我问："你认为下次我们怎么做才不会遇到同样的问题？"

他说："你可以让我来扫描商品。"

我回答："这是个好主意！我们下次就这么做。"

在下一节，我们会讨论矫正错误的三个 R。其中的一个步骤就是通过道歉来和好。我承认了自己在商店结账时的惨败，并且为自己那么生气而向吉布森道了歉。后来，我们一起去购物时，吉布森扫描了所有商品，电脑语音一点儿也没发作。

来自哥斯达黎加的成功故事

一天早晨，我的二儿子丹尼尔（8 岁）来到我的房间告诉我："妈妈，待在床上。我要给你做早餐！"

我按照他说的待在床上，我可以听到他自己在厨房里忙碌的声音。突然间，我听到有东西打碎的响声。我没有起床，也没对他说任何话。

过了一会儿，他喊道："妈妈，早餐准备好了。"

我走到餐桌旁，看到他已经把盘子、叉子、餐巾、果汁等所有东西都摆好了。他为自己、我以及一个朋友做了煎蛋，为弟弟做了炒蛋。他真贴心，能够想到我们每个人爱吃什么，并且把所有东西都摆到了餐桌上。

"丹尼尔，谢谢你的早餐，"我说，"真好。"

我开始吃，过了一会儿，我问他："丹尼尔，刚才我听到的厨房里的声音是什么？"

他说："没什么。"

我说："你确定？"

"嗯，妈妈，我把黄油罩摔坏了。但是，别担心，妈妈。我都打扫干净了。"

我说："哦，好的。谢谢。那你从中学到了什么？"

他回答："我得更小心，还有，在犯错误之后我可以打扫干净。"

我说："好极了。"然后继续享用早餐。

——乔治娜·古尔迪安（Georgina Gurdian）
注册正面管教家长讲师

来自加利福尼亚州维斯塔的成功故事

作为一位母亲，我很感激能庆祝自己的不完美，并且为孩子做出勇敢做自己、勇于犯错等方面的榜样。

当我的大儿子上四年级的时候，他有一次带回家一份不及格的测验。这让我大吃一惊，因为这与他一贯的成绩不相称，我倒吸了一口气。

他的反应是："怎么了，妈妈？这只不过意味着我需要更努力地学习。"

我很庆幸自己一直在用正面管教的方法养育他，并且完全理解错误是学习的好机会。我们立即在桌旁坐了下来，开始检查每一道错题。

——乔伊·萨科（Joy Sacco）
注册正面管教导师

工具提示

1. 要把你犯的错误告诉孩子，不要感到羞愧或指责别人，以便给孩子做出为自己所犯的错误感到兴奋的榜样。

2. 要把从错误中学习的观念变成一种家庭传统。每周至少一次，在晚餐时间，让每个人说说自己犯过的一个错误以及从中学到了什么。

  3. 要运用矫正错误的三个 R（见下一节），并将其教给你的孩子。

矫正错误的三个 R

完美在现实中从来不存在，只存在于我们的梦想中。

——鲁道夫·德雷克斯

犯错误不如我们如何对待错误更重要。在你有机会平静下来之后，要运用以下步骤：

1. Recognize（承认）：带着责任感而非自责，承认你的错误。
2. Reconcile（和好）：通过道歉和好。
3. Resolve（解决）：通过一起寻找一个相互尊重的解决方案，解决问题。

简

把错误看作学习的机会，说起来容易，做起来难。当我们犯了一个错误时，感觉自己不够好，这是天生的本能还是后天习得的？在任何情况下，矫正错误的三个 R 都是有帮助的，因为它们提供了你可以学会并教给你的孩子弥补错误的技巧。

做出榜样并不是这些步骤中的一步，但是，孩子们确实是从观察你的行为中才能学得最好。要发觉你自己正在犯的错误。要说："哎呀——我想知道我会从这个错误中学到什么。"然后，要按照上述步骤去做。

因为你是人类的一员，我敢肯定你不会每次都能够及时发觉并避免所有错误。有时候，你会说和做一些自己后悔的事情——尤其是对你的孩子。尽管你爱他们，但你仍然会在无意中表现出对他们做的一些事情感到生气或失望。

好消息是，按照矫正错误的三个 R 去做，永远都不会太晚。一旦平静下来之后，你要先向自己承认你犯的错误。然后，去到孩子面前，为你的错误承担起责任，并且道歉。这是你了解你的孩子们的真实本性的时刻。他们会立刻原谅你："没关系，妈妈。"

当你的错误涉及到其他人时，你需要做出的弥补可能不只是道歉，你还需要想清楚如何解决问题。这可能需要用头脑风暴找出解决方案（见第 5 章），或者把问题放到家庭会议的议程上，以便每个人都参与头脑风暴。

教给孩子知道犯错误没关系，并且教给他们矫正其错误的技巧，可以将他们从完美主义的误区中解救出来。

玛　丽

幸运的是，我在承认自己犯了错误并道歉方面从来没有遇到过问题。

最近，一位父母问我："当你的按钮被触动时，有办法不做出反应吗？"

我回答说："我希望有！如果我知道答案，我就会让自己免于那么多心痛和内疚了。"由于我是简·尼尔森的女儿，是一位正面管教的家长讲师，还是婚姻和家庭治疗师，我经常给自己施加压力，要求自己完美地展现正面管教的技巧。

我妈妈不断地提醒我，当我说出下面这番话时，让父母们知道我说的是真话，对他们会是极大的鼓励："根本就不存在完美的父母。幸运的是，矫正错误的三个R为我们提供了弥补错误的一个工具。我们还可以将这个技能教给我们的孩子，以便他们能学会在犯错时做出矫正的技能和方法。"

我最容易被触动的按钮就是儿子们打架。我大约有一半的时候能够置身事外，并运用我所教授的技巧。当我做到这一点时，我对于相信他们能够自己解决问题会感觉很好。但是，当我卷入他们的争执时，我就会运用矫正错误的三个R。

首先，我会承担起责任（承认）：我会承认自己的行为，并且反复说妈妈又发脾气了。我刚才提高了声音，或者威胁要拿走某样东西，当然，是与他们争吵的事情完全无关的东西。

然后，我会道歉（和好）："妈妈的按钮又被按动了，而且我没有数到十，也没有走开，而是让自己的情绪失控了，并且做出了被动反应，而不是尊重地回应。我道歉。"

我真的很擅长道歉，而我的儿子们像大多数孩子一样非常宽容。我的道歉从来不只是说"对不起"，我会具体说出自己抱歉的地方。然后，我们会专注于解决方案（解决）。当我们建立起连接并且平静下来后，我们会专注于我和（或）他们在他们下次打架时会有什么不同的做法。我们最近想到的一些方法包括：

1. 一个暗语（"小矮妖"）。
2. 一个无言的信号（四个手指朝上，这是盖子掀开的手势）。
3. 把问题放到家庭会议的议程上。
4. 幽默感（挠他们的痒痒，或者做一些彻底分散他们的注意力的疯狂的事情）。
5. 我把车停靠在路边，看书，直到他们都告诉我他们准备好了停止打架。
6. 播放音乐，并开始跳舞（在听到你最喜欢的音乐，或者看到疯狂的妈妈开始跳舞时，你是很难生气的）。
7. 离开房间，让他们自己解决问题（只要没有身体暴力冲突的危险）。

如果他们试图让你参与其中，不要上钩。要让他们知道，你信任他们解决问题的能力，或者如果他们想把这个问题放到家庭会议的议程上，等到每个人都平静之后再讨论，你很乐意到时候参与。

当他们出现一些身体暴力而我又没有干预时，感受他们真诚的懊悔和同情一直让我很惊异。伤到哥哥或弟弟的人会赶快取来冰袋，给对方一个拥抱，或向对方道歉。而当我介入时，他们会扮演受害者或欺凌者的角色，并且开始为自己辩护或指责对方。

布拉德

终于……我有了一个机会矫正自己的很多养育错误啦！唷！我确信我不是唯一如释重负的人。我们都是人类的一员，因此，错误是不可避免的。不要痛责自己，而要用矫正错误的三个 R。

如你想象的那样，我经常需要向我的儿子道歉。当我们俩都平静下来的时候，我通常会走进他的房间，在他身边坐下来，并运用这些步骤。

爸爸：儿子，对不起，我今天发怒了。

吉布森：没关系。

爸爸：你认为我们今后怎么做才不会让事情走到这一步？

吉布森：我不知道。

爸爸：你想听听我的主意吗？

吉布森：当然。

爸爸：或许，当妹妹让你烦的时候，你可以走开？

吉布森：不管用——她会跟着我。

爸爸：你有什么主意吗？

吉布森：是啊——她可以不再这么烦人！

爸爸：哈！我不确定会不会这样。妹妹们通常都会让哥哥们心烦。或许下次我可以带你去其他地方，让杰西卡过来照顾一下艾玛？

吉布森：那太好了。

爸爸：好，我们试试这个方法。

来自中国深圳的成功故事

我让4岁的女儿小美收拾她在地板上搭起的乐高花园。我告诉她，小猫苏皮会踩在上面，把那些小块积木弄得到处都是。

她自信满满地说："苏皮不会的！我告诉过她了，她听懂了！"

"小美，把乐高全部收起来，拜托！把它们都放进盒子里，免得弄丢了，拜托。"

"不！我就把我的花园留在地板上。我想让它在那儿！"

"小美，你想自己收拾？还是想让妈妈帮你？"

"我什么都不想！这是我的选择！不是你的选择！"她像我一样意志坚强。

我提高了嗓门："小美！收拾干净！马上！"

小美看着我，很生气，而且有一点害怕（我猜），开始向自己的房间走去，她说："我生气了。我要去我的帐篷里让自己平静下来！"（她的帐篷是她的积极暂停区之一。）

这个4岁小女孩说出来的话温暖了我的心！有多少大人能够这么说并这么做呢？

我的声音立刻柔和了下来："亲爱的，请回来。妈妈有话对你说。"

我蹲下来，把手轻轻地放到她的肩上。小美说："妈妈，你提高了嗓门，你大声说话，你伤了我的感情。"

我给了她一个大大的拥抱，真诚地轻声说："小美，很对不起。请原谅我伤了你的感情。"

她给了我一个拥抱："没关系，妈妈。我现在感觉好多了！"

后来，我问她："如果你不想让苏皮弄坏你的乐高花园，你可以怎么做呢？"她想出了解决办法。

我们把它放到了一个架子上！

——甄颖（Elly Zhen）
注册正面管教导师

工具提示

1. 使用这个工具永远都不晚，但可能会过早。要等待一段冷静和平静下来的时间。

2. 要记住，父母和孩子所犯的大多数错误都发生在大脑盖子掀开的状态下。要花时间接通你的理智大脑，并在之后运用鼓励——这是矫正错误的三个 R 的精髓。

3. 要解决你自己对错误的认识问题。这可能需要你在养育孩子的同时重新养育你自己。

4. 给孩子读一些伟人犯错误的故事。爱迪生有一个著名的故事，他告诉记者，在努力发现电的过程中，他并非犯了一万个错误——他只是了解了一万种行不通的东西。

5. 要放弃对过去错误的内疚感。超过几分钟时间的内疚是无用的，并且会让你和他人感到无力。要用矫正错误的三个 R，继续前行。

第 4 章
如何建立情感连接

特别时光

如果我们要让孩子们变得更好,父母们就必须成为更好的教育者。

——鲁道夫·德雷克斯

要安排不同于常规时间的特别时光。

1. 要挂断电话或者将你的手机静音。
2. 轮流从你们一起用头脑风暴列出的活动清单中,选择一个你和孩子都喜欢的活动。

简

你可能已经花了很多时间与孩子在一起。然而,必须在一起的时间、随意在一起的时间,与预先安排好的特别时光是不同的。对于特别时光,重要的是要让孩子们明确地知道他们可以期待的特意为他们定期留出来的具体时间。

我们建议父母挂断电话,是为了强调这是特殊的、不受打扰的时间。然而,有一位妈妈在与3岁女儿共度特别时光时,会把电话保持畅通状态。如果电话铃响了,她会接起电话说:"对不起,我现在不能和你通话。这是我和罗莉的特别时光。"当罗莉听到妈妈告诉对方与女儿在一起有多么重要时,她咧开嘴笑了。

你多么经常说"不行,我现在太忙了"?增加一句话,对你的孩子就会完全不同:"现在不行,但是我期待着我们俩的特别时光。"

当孩子们能够期待与你的特别时光时,他们就能感受到一种连接感。他们会觉得自己对你而言很重要。这会减少他们将不当行为这一错误的方式作为一种寻找归属感和价值感的错误方式的需要。

玛 丽

与我的爸爸和妈妈的特别时光是我童年时期最美好的回忆。我们称之为"约会之夜",并且每周轮流形成不同的组合。比如,这一周是我和妈妈、哥哥和爸爸出去"约会"。下一周我们会交换,所以,我会和爸爸一起,而哥哥会和妈妈一起。第三周,我们会有一个全家人的约会之夜,而最后一周是爸爸妈妈两个人单独的约会之夜。

我们的很多约会之夜都不需要外出或花钱。我很喜欢那些我和哥哥、爸爸一起搭城堡,或和妈妈一起烤饼干的夜晚。这些夜晚是特别的,因为我和哥哥一起用头脑风暴把我们想做的事情列成了一份清单，而爸爸妈妈都很热情地同意了。

我在自己的家庭与我的儿子延续了这一传统。当我的小儿子还在襁褓中时，我和大儿子每周至少有一次特别时光。在小儿子入睡之后，我们俩就开始约会之夜——通常是玩他选择的一个游戏，然后躺在床上看电影、吃爆米花。

我认识到，尽管在床上看电影、吃爆米花对我来说可能并没有什么特别的，但将之称为我们的约会之夜，为之做计划，并且对之充满期待，使之对我的儿子来说非常特别。他整个星期都会问我星期六是不是到了，我们的约会之夜是不是到了。

特别时光的一个关键因素是要确保孩子提前知道这是他和你的特别时光，并且要让他参与到计划中。

布拉德

我花了很多时间陪伴我的孩子们。事实上，我很可能花了太多的时间和他们在一起。但是，这里说的"特别时光"是不一样的。如果我花时间和两个孩子在一起，就会仍然有争夺我的情感的因素。因此，我想知道如果单独与每个孩子共度特别时光，是否会减少我们家的同胞竞争。

我们已经计划好了周五的特别时光。孩子们在这一天不上学，所以，我要和吉布森一起打网球，和艾玛一起练习垒球。然而，我们周五醒来打开前门一看，地上全是白雪！这种天气并不适合打网球和垒球。

结果，这成了一件好事，因为我的电脑出了问题，我可以利用这一天把这些问题解决掉。我们不得不灵活应对，并决定把时间改到周六，等到雪化了，吉布森和我再去打网球。

只有一个问题。你知道，当你让孩子们参与运用正面管教工具的过程时，他们其实比你能更好地理解这个过程。当吉布森和我到达网球场时，我们连续对打了10~15分钟，然后我说："好，开始打吧。你来发球。"

我根本不知道我和吉布森对于网球的理解完全不同。我用了大约30分钟时间才明白他对于网球的理解，在这个过程中，他提醒了我好几次："爸爸，这是我的特别时光。我想玩趣味网球。"

如果你不熟悉"趣味网球"，且听我慢慢道来。首先，你不能喊出比分："0∶15"，"0∶30"，等等。我最先学到了这一点，当时，吉布森说："爸爸，安静！"

"什么？"

吉布森说："别说话！"

"我只是在喊比分。"我说。

吉布森说："是的……别那么做了。我想玩趣味网球。"

好吧，学到了第一课。

然后，吉布森发了两次球，都失误了，我说："双发失误——到另一边去。"

对此，吉布森的回应是："爸爸……别那么做。"

我说："别哪样做？"

吉布森说："别告诉我该怎么做。这是我的特别时光！"

好吧，学到了第二课。在趣味网球中你永远都从右发球区发球。

然后，轮到我发球了。吉布森站在球场的中央，我说："吉布森，你最好挪远一些。"

吉布森没动。所以，我从右发球区发了球，球落下来弹过了球网。

吉布森说："爸爸，你这样做只是为了证明自己厉害。"

我说："不，我没有。网球就应该这么打。"

吉布森说："我只想玩趣味网球。"

学到了第三课：在趣味网球中，所有正常的网球规则都不适用。

终于，在几次出错之后，我学会了趣味网球的所有规则，我和吉布森玩得很开心。打完网球之后，我带他去吃了些东西，我们的特别时光非常成功。

由于草地上的雪还没有完全融化，艾玛和我决定去橄榄花园餐厅共进晚餐。这是周六的晚上，我们到达之后需要等位一个小时。

艾玛说："没关系——这是我们的特别时光。我不介意等候。"她的话让我很开心，于是我们等到了座位，一起度过了一段美好的时光。

关于特别时光，我最后只强调几点。作为一个忙碌的单亲爸爸，我以前发现自己把与孩子们安排的特别时光当成了要从已经令我难以承受的日程表中划去的另一项。我认识到，我需要改变自己对于与孩子们的特别时光的心态。没有人想成为等待从日程表划去的一项。让孩子看到我们对于共度特别时光很兴奋，是更有益的。然后，他们会认识到，他们比我们每周安排的其他所有事情都要重要得多。

来自加利福尼亚州圣地亚哥的成功故事

当我们的两个女儿分别是 4 岁和 6 岁时，我和我的丈夫非常认真地参加了正面管教的父母课堂。我们决定安排定期的家庭会议。

我们做的第一件事，就是列出家里的所有家务。两个女儿很喜欢帮助我们想出需要做的所有事情。

然后，我们开始分配家务活，比如做饭、购物、洗衣服和打扫卫生。接着，我们写上了与爸爸或妈妈一起完成具体任务的孩子的名字。我们调整了任务，并调整了爸爸或妈妈与孩子组合的方式，直到大家都一致同意。我们列出了四个星期要做的各种事情，包括与爸爸或妈妈外出度过的特别时光。在很多年里，我们都喜欢一起购物、游戏以及共同做很多事情，直到孩子们离家去上大学。每个女儿都会与我们分享她的兴趣，我们也会向她们展示自己爱做的一些事情。

家庭会议不仅帮助我们完成了家务事，还帮助我们计划了特别时光。那些日子是最特别的，是我们一家人的分歧最少、快乐时间最多的时候。

——约吉·帕特尔（Yogi Patel）
注册正面管教导师

工具提示

1. 定期的特别时光会提醒你想起当初为什么要孩子——是为了喜爱他们。

2. 当你忙碌而你的孩子想要你的关注的时候，如果你说"亲爱的，现在不行，但是我非常期待我们俩在 4∶30 的特别时光"，他们会更容易接受。

3. 要与孩子一起计划你们的特别时光。要用头脑风暴列出你们想在特别时光一起做的事情的清单。在刚开始作头脑风暴时想到的主意，不要评估或删除。之后，你们可以一起看这份清单并进行归类。如果有些选项需要花很多钱，就把它们放到需要存钱再做的事情中。

表现出对孩子的信任

我们必须认识到，我们不能着眼于缺点，只能着眼于长处。如果我们不信任我们的孩子——或者其他任何人，我们就无法帮助他们信任自己。

——鲁道夫·德雷克斯

我们严重低估了我们的孩子能做哪些事情。

1. 当我们表现出对孩子的信任时，他们就会培养出勇气以及对自己的信任。不要解救、说教或为孩子解决问题，而要说："我信任你。我知道你有能力解决这个问题。"

2. 通过亲身经历，孩子们会培养出解决问题的能力，并发展他们的"失望肌肉"。

3. 要认可感受："我知道你很难过。我也会这样。"

简

有些父母在决定尝试正面管教的时候，犯的最大的一个错误是变得过于娇纵，因为他们不想惩罚。这是错误的，因为娇纵孩子是不尊重的。然而，认可孩子的感受是尊重孩子："我能看出来你很失望（或生气、心烦）"。相信孩子能够熬过失望并在这个过程中发展出能力感，也是对孩子的尊重。

要信任你的孩子处理自己的问题的能力。你可以通过认可其感受或给一个拥抱给孩子提供支持，但不能通过解救或替孩子解决问题。

耐心或许是我们在对孩子表现出信任时最难做到的。替孩子解决问题几乎总是更方便。当我们时间紧迫时，尤其是如此。在这些情况下，我们可以在之后花时间探究将来的解决方案。要问你的孩子探究性的问题："发生了什么？""什么导致了其发生？""你学到了什么？""你以后可以怎么做？"

每天都要做到信任你的孩子。要允许他们自己解决问题。要允许他们感到一点失望。要允许他们处理自己的感受。他们将来会需要这些技能。

记住你的孩子的今天并不是他们的永远，可能是有帮助的。有一天，他们会唠叨自己的孩子把餐具放进水槽以及打扫房间。要记住，榜样是最好的老师。要为孩子作出你想让他们成为的样子的榜样，要花时间训练，以帮助他们学习技能，要定期召开家庭会议，然后要充分信任孩子能成为他们最好的自己。

玛　丽

对于我的大儿子和二儿子,我没有意识到我可以完全不用拉拉裤或夜间训练尿布。对于他们,我接受他们会有一些小意外,但他们会解在训练尿布里,所以我不必洗床单。我不知道让他们在夜间穿着训练尿布会延长夜间训练的时间。他们形成了穿纸尿裤的习惯,而不是在成长到适当的阶段时放弃使用纸尿裤,并体验到自我控制所带来的能力感。

等到我的第三个儿子帕克开始如厕训练时,我决定不再使用拉拉裤和夜间训练裤。我想,如果我不允许他在睡前至少一个小时内喝水,会对他有帮助。但是,不知道他是真的渴了,还是因为感觉到了我的能量和恐惧,他坚持要喝水。我越努力转移他的注意力或者告诉他喝水会导致他尿床,他越要喝水。我越坚持,他越反抗。

我意识到这是我对他表现出信任的机会。我知道,如果他通过自己的经历(尿床)和认识来学习,会更加有效。也就是说,我需要放手,我要表现出信任,并允许他体验自己行为的自然后果。

果然,他狂饮了大约500毫升的水,而且——如你所料——他尿床了。他得到了教训,没用我进行任何说教或"我告诉过你"的唠叨。第二天晚上,他喝了一小口水,并说:"我只喝一点点,这样就不会尿床了。"

对他将通过自己的经历学会睡前少喝水表现出信任,再次加速了这个过程。他后来在夜里只尿过一次床,就再也没有出现这个问题。

我知道,我们很容易向孩子解释我们知道将会发生的事情,但是，允许他们自己去体验，要有价值得多。

我还允许他帮我一起收拾残局——没有羞辱，只是换上新床单和清洗旧床单的任务。他喜欢任何帮忙的机会。这也为启发式问题留出了余地。尽管我知道答案，但我仍然问他，以使我能吸引他真正地思考并回答这些问题。

我：你认为你昨晚为什么尿床？
帕克：我喝水太多了。
我：你认为你今天晚上睡觉前应该喝水吗？
帕克：只喝一点点。

因为我对帕克表现出了信任，他学会了睡前少喝水，而我了解了试探和探究是与他的年龄相称的行为。他头几次绝对是在试探自己的权力。我知道这一点，因为我立刻就被拖入了权力之争。我试图坚持让他不喝水，只是使得他更想喝水了。我仍然确信他根本就不渴，而只是为了探究我的反应。

我不得不问自己："什么更重要，是让他与我战斗并且每晚都进行权力之争，还是处理一个早晨的脏床单？"后者在我们之间建立起了一种尊重的关系，并且让孩子有了一种完全自主的意识。

布拉德

我发现，对每个人都坦诚自己作为父母的不足是很难的。这个工具说的是对我们的孩子表现出信任，以便他们能培养出勇气和对自己的信任，但是，我认为正是父母们需要勇气和信心。让我们面对现实吧——对我们的孩子有信心，是需要很大勇气的。

而且，有时候，表现出信任意味着要允许我们的孩子犯错误。

有一天，我接儿子放学回家，他兴奋地说他要做奶酪蛋糕。我也很兴奋，因为奶酪蛋糕是我最喜欢的甜点。所以，我说："太棒啦！"

然后，吉布森解释说，他观察了他的朋友做奶酪蛋糕。他开始向我描述配方。大致是这样的：你拿出一些全麦饼干，磨碎，把它们与黄油混合做成饼底。（到这时还很好。）然后，你用一些搅拌起泡沫的奶油与一些糖混合，再融化一些巧克力碎片并混合其中，然后再加一些搅拌起泡沫的奶油。（我听到的就是……糖，糖，糖。）最后，放进冰箱里。

我看着吉布森。我尽最大努力表现出对他的信任，并且克制着说话的冲动，但是，有些话还是脱口而出："那不是奶酪蛋糕。"

吉布森说："爸爸，你为什么总是这样？"

我说："大家之所以称之为奶酪蛋糕，是因为其中的一种原料是奶油干酪。"

吉布森说："爸爸，这就是奶酪蛋糕！"

我们的对话就这样持续着，直到我们到了家，我试图给吉布森看网上的奶酪蛋糕配方。可是，他拒绝看，所以，我最后放弃了。

吉布森想立刻制作奶酪蛋糕，但我解释说家里没有生奶油。他想让我去商店买，但我告诉他我还有工作要做，我会把它加到购物清单上。

很快就到了周五。我已经买好原料，当我出门去办事顺便买晚餐的时候，吉布森开始制作奶酪蛋糕。当我回到家的时候，他正挽着袖子忙着搅拌奶油、融化巧克力碎片。尽管我相信这次经历会让我很闹心，但我很支持他的努力。他想让我品尝他的巧克力奶油混合物，但我告诉他，我会等到他烤出蛋糕再尝。吉布森做好了奶酪蛋糕，并把它放进了冰箱。

晚餐后，我们终于可以品尝奶酪蛋糕了。吉布森为每个人切了一块。艾玛咬了一小口，说："嗯，不错。如果五分是满分的话，我给2.5分。"但是，她没有吃第二口。

由于不想看到这个青春期孩子再一次发脾气，我吃掉了自己的整块奶酪蛋糕。我努力对他鼓励和支持。然后，我开始收拾晚餐和这个蹩脚的奶酪蛋糕实验留下的残局。

这时，到了整个晚上最宝贵的部分。吉布森的朋友来了——你知道，就是引发这次蛋糕争论的人。当吉布森自豪地展示他的奶酪蛋糕时，我正在厨房里收拾。

吉布森的朋友谈起了他第一次尝试制作奶酪蛋糕的故事：他为即将参加的派对做了几个奶酪蛋糕，结果做出来的蛋糕都是碎块。但是，他妈妈仍然让他带着去派对，而他是唯一吃这些蛋糕的人。他们俩都大笑起来。

吉布森的朋友尝了一口他做的蛋糕，他们开始讨论做出一个好奶酪蛋糕的原料和步骤。突然，我听到了"奶油干酪"。我抬起头来看着吉布森，他很不好意思地看了我一眼。所以，我走到吉布森的朋友身边，用胳膊搂着他的肩膀，说："你是说在制作奶酪蛋糕的时候你会使用奶油干酪？"

吉布森的朋友说："是啊。"

我开始控制不住地大笑起来。

吉布森说："呃……我不知道那是奶油干酪。在我看来全是一些白色的东西而已。"

我还在大笑，吉布森说："爸爸……你不必在这儿闹。"

我说："吉布森，你责备我胆敢提出奶酪蛋糕里面有奶油干酪的事实。难道你爸爸真有你想的那么笨吗？"

吉布森说："爸爸，我没认为你笨。"

把这次经历记录下来确实会有帮助。我现在明白自己不幸地违背了表现出对孩子的信任这一工具的全部三个原则：

1. 不要解救、说教，或为孩子解决问题，而要说："我信任你。我知道你有能力解决这个问题。"

2. 孩子们会在亲身经历中培养出解决问题的能力并发展他们的"失望肌肉"。

3. 要认可感受："我知道你很难过。我也会这样。"

下次我就知道了。谁会介意他第一次制作奶酪蛋糕的尝试失败与否呢？我只需要在药柜里备一些罗雷兹（Rolaids）胃药就行了。

来自埃及开罗的成功故事

我 14 岁的女儿经常心烦，而且很少愿意告诉我出了什么事或者她烦恼的原因。我感到很沮丧、很内疚，因为我不知道该做什么，也不知道如何帮助她。

我会问："怎么了？"然后，如果她不告诉我，我就开始猜测。我会问她是不是我做了什么让她心烦的事情。我会小题大做地试图搞清楚出了什么问题，以便我能帮助她感觉好起来，可是，她的反应是更加退缩，什么都不告诉我。我决定试试下面的做法：

· 相信她有能力处理自己的感受，而不需要我焦急地试图解救她。

· 当她准备好的时候，主动与她谈谈她心烦的事情，并等待，以便她有时间迈出第一步。

相信她处理自己生活中的起伏的能力，让我有机会看到了她多么能干。而且我相信这个方法开始起作用了，因为她似乎也开始相信自己能行。

她仍然会心烦并伤心,有时候会哭。我会在她准备好的时候给她一个拥抱,主动和她聊天。我发现,她最终都能处理自己的担忧,并在绝大多数问题上都能过一会儿就继续前行。

由于我现在不再小题大做,而是等待,并确保她知道在她需要时,我始终在她身边,因此,她在准备好的时候会主动找我。有时候,她会来到我身边,把她的担忧告诉我。在这种时候,我们会好好讨论。我们经常分享各自解决问题的主意,享受彼此之间愉快的连接,这正是我一直希望的。

——萨扎·萨拉贺丁(Shaza A. S. Salaheldin)
注册正面管教家长讲师

来自加利福尼亚州圣地亚哥的成功故事

我的孩子们学会走路之后,我和家人就立刻开始了一起露营(我从来没有勇气带着不会走路的孩子去露营)。不过,这个周末的露营变得尤其特别。

我的丈夫出差了,老大在东海岸上大学,因此,我和15岁的儿子阿德里安决定我们两个人去露营。他根据我们的清单准备了所有物品,并且自己把所有行李都装上了车,他甚至因为我没有准时出发而对我有点恼怒!给孩子发现自己能力的时间和空间,真的很值得。

在我的孩子小的时候,我就给他们时间解决问题,而我会在一旁观察他们的努力。像其他任何父母一样,有时候,我会没耐心,并且会试图帮助他们或替他们做。但是,我认识到如果我们花时间引导他们,并且让他们看到如何努力解决,其回报是巨大的。在露营中,我们认识了一对不停地告诉孩子要做什么、不要做什么的夫妇。当我的儿子注意到这一点,并感谢我没有那样做时,我对自己的养育方式充满了自豪。

我们很容易落入一个陷阱,认为我们需要指挥孩子的一举一动。但是,让他们自己解决问题,更能够赋予他们力量!正如蒙特梭利博士所说:"要跟随孩子。"要退后一步,观察你的孩子;你会为他们能够完成的事情大吃一惊。

——珍妮-玛丽·佩内尔(Jeanne-Marie Paynel)
注册正面管教家长讲师

工具提示

1. 要注意你因为试图控制孩子而不是相信他们,会招致孩子多么强烈的反抗。

2. 要征服你的自我。

3. 要遵循鲁道夫·德雷克斯的建议,别再低估你的孩子。

4. 要对你自己和你的孩子更有信心——你们能从错误中学习,并使犯错误变得更有趣。

致 谢

鼓舞信心、造成一种亲密无间的感觉,并将纠葛视为需要理解和改进的课题而不是鄙视的对象,这样做所产生的有益影响会超过其可能造成的任何伤害。

——鲁道夫·德雷克斯

致谢和感激使我们更亲近。要关注于成就以及对别人的帮助:

1. "感谢你这么快就穿好了衣服,并准备好了去学校。"
2. "我注意到,在安娜伤心的时候,你那么体贴地照顾她。我敢肯定这帮助她感觉好了起来。"
3. "谢谢你布置餐桌。"

简

兄弟姐妹之间很容易互相斗嘴和奚落，但是，说来奇怪，他们很难接受相互感激的主意。给予和接受致谢是一种需要教给他们并加以练习的技能。家庭会议提供了这种机会。

听着我的孩子们相互之间恶言相向，是我很难接受的，所以，当我们定期召开的以致谢开始的家庭会议使那些伤人的话语显著减少时，我非常兴奋。

太多的时候，我们关注的是孩子做错的事情。关注他们做对了的事情并向他们恰当地致谢要好得多。这种简单的举动将改变你们的家庭氛围。

布拉德

我们所有的家庭会议都从致谢开始，这有助于为更积极的体验设定基调。在一次家庭会议上，我感谢吉布森学了两首新的钢琴曲。那一个星期里，我对他的创造性思维都给予了积极的反馈，并且告诉他我对他的首创精神印象很深刻。如果你关注值得致谢的事情，你就总能发现这样的事情。在家庭会议上，有一些需要花时间使之更有意义的具体的致谢。

我曾经感谢艾玛在我参加一个非常重要的会议即将迟到时，帮助我完成了一件家务活。（我所说的"重要的会议"是指上午8点我在高尔夫球场的开球时间。）艾玛并不喜欢洗碗，但她很乐意帮助我，因为我们需要在有客人来访之前把厨房打扫干净。我当时就感谢了她，但我在家庭会议上仍然会向她具体地致谢。

你应该看看我的孩子们在受到具体的致谢时脸上的喜悦表情。永远不要低估一个致谢的力量，尤其是你当着全家人的面给予的致谢。

玛 丽

造成我立即失去冷静的一件事情，就是我的儿子们打架。今天早晨，他们在一起玩得很好。但是，我知道他们一定会开始争吵，这只是时间问题。因此，在冲突发生之前，我向他们致谢："看看你们在一起玩得多好啊！我真的很感激。"

我接着说："格雷森，我喜欢你对弟弟那么友好地说话，还有你对他那么耐心和平静。"

我又对里德说："我注意到你能很好地和哥哥合作——多好的团队啊！"

我几乎可以看到他们的脸上在放光，他们在一起很合作地玩了相当长的一段时间，然后开始吵起来。一声叹息！我妈妈总是让我把他们当作小熊——打架正是他们要做的事。家庭会议可以教给他们关注相互感激的地方，所以他们至少会知道怎么做。

另一个让我失去冷静的情形，是在出门前需要唠叨他们很多次。今天早晨，他们俩在一起玩得特别开心，而且跳起了舞。我把计时器设置了20分钟，并且问他们在计时器响起来的时候需要做什么才能准时出发。让我惊讶的是，他们竟然说出了几件我没有想到的事情——多大的额外收获啊！当然，他们一直等到最后5分钟才发疯般地行动起来。

我当然会向他们致谢，说他们"收拾得有多么快"以及"他们穿衣服有多么快"。然后，我问他们能否在三分钟之内刷完牙并梳好头发。他们做到了。我告诉他们,我有多么感激,以及我对于我们一起计划好的这一天有多么兴奋。

当我运用这些工具时,它们非常管用。是的,这需要很多思考,尤其在一开始。但这比唠叨和生气要好多了。

我的希望是,"小熊们"打架的阶段有一天将会结束,并且他们将学会致谢和感激的技能。而且,我肯定他们的妻子会感谢我。

来自加利福尼亚州帕萨迪纳市的成功故事

你知道在得到真诚的致谢时那种温暖的感觉吗?我们所有的人在日常生活中都需要更多的那种感觉!

表达由衷的感激也同样令人满足。当我让我的女儿克莱尔知道我多么感激她的努力时,我们之间立刻就产生了连接。

克莱尔喜欢帮助我为家人准备晚餐——这是我们最喜欢的共处方式之一。最近,她问我晚餐是否可以做油炸玉米粉饼,以便她能准备最拿手的鳄梨酱放在旁边。这只需要把鳄梨捣碎,甚至两三岁的孩子在少许协助下就能完成。我们俩都开始忙碌起来。

等到油炸玉米粉饼和鳄梨酱都做好的时候,克莱尔兴奋地告诉我,她安排了一个惊喜,她让我去洗手间等着!我笑着按照她说的去做了。我能听到她用碟子和托盘忙着什么的声音。几分钟之后,她说:"好了,出来迎接你的惊喜吧!"

克莱尔把我从厨房领到我的卧室,她用托盘把我们的晚餐布置在了床上!(她甚至先把我的床铺好了——这是我从来不会做的事情!)她说:"我想让你假装这是在酒店房间,我们正在享受客房服务!"

我被克莱尔的体贴(以及她细心地帮我铺床)深深地感动了,以至于眼睛里有了泪花。我由衷地感谢她安排了这个惊喜,并赞美她铺床的技巧,很显然她不是从我这里学到的!她的脸上绽放着笑容。

克莱尔简单贴心的举动让我的内心涌起一股暖流,我又以由衷的感激把这种好感觉传递给了她。刹那之间就有了连接!而且这只是一起烹饪让我们更亲近的很多次经历之一。

——艾米·诺布尔(Amy Knobler)
注册正面管教家长讲师

工具提示

1. 致谢和感激会建立连接。

2. 孩子们在感觉更好时,才能做得更好。帮助他们感觉好起来的一个方式,是基于他们的优点向他们致谢。

3. 准备一个感激日志,写下你感激每个孩子的事情。当你说出具体的感激之后,就在旁边打个勾。

4. 在定期的家庭会议上要给孩子提供大量的机会练习给予和接受致谢。

陪伴式倾听

用另一个人的眼睛去看,用另一个人的耳朵去听,用另一个人的心去感受!

——阿尔弗雷德·阿德勒

与你的孩子待在一起,而且不要通过问问题强迫孩子交谈。他们或许会开始说话。

1. 在一个星期的某一天,花一些时间安静地坐在孩子身旁。
2. 如果他们问你想干什么,你就说:"我只想陪你待几分钟。"
3. 如果他们开始说话,只需倾听,不评判、不辩解、不解释。
4. 如果他们不说话,只需享受陪伴的过程。

简

你有过尝试和孩子交谈，结果只是被他们只有一个词、毫无热情、听上去很厌烦的回应搞得很沮丧的经历吗？

"你今天过得怎么样？"

"还行。"

"你今天做什么了？"

"没什么。"

试试陪伴式倾听（closet listening）。陪伴式倾听是指你找时间坐在孩子身边，希望他们和你交谈，但不要做得太明显。当你避免"拷问"——这很容易惹恼孩子——你听到孩子交谈的机会就会增大。

当我的女儿玛丽十几岁时，我试过陪伴式倾听。当玛丽做好上学的准备，对着洗手间的镜子梳头和化妆时，我会走进去，坐在浴缸边上。我第一次这么做的时候，玛丽问："妈妈，你想干什么？"我说："没什么，只是想陪你待几分钟。"玛丽等着看接下来会发生什么。什么也没发生。她梳完头发，化好妆之后，说："再见，妈妈。"

我每天早晨继续这么做。没用多久，玛丽就习惯了我待在那儿。我什么问题都没问，但是，不久，玛丽就聊起了她生活中发生的各种事情。

当你准备好聊天而孩子们还没准备好时，他们通常会感觉自己在被质问。你只需坐在那儿。当你陪在孩子身边并且只是倾听时，那些抗拒你问问题的孩子或许会做出回应。

玛　丽

陪伴式倾听应当是最简单的工具之一，而我却发现它是最难的一个工具。你真正需要做的只是坐在孩子身边，什么都不说。我发现这很难，因为只是坐着而不发起任何谈话不是我的个性。事实上，即便是和我的孩子们待在一起，沉默也会让我感到不舒服。当我静静地坐在他们身边时，我会感觉自己好像是在忽视他们。六岁的格雷森甚至问我："出什么事了？"我回答："我只想坐在你身边陪着你。"与我平常的行为相比，这让他感到很奇怪。

我们最后会一起玩拼图。我有意识地努力不先说任何话，只是等着看会发生什么。这时候，我发现了倾听而不评判、不辩解或解释有多么困难。

他问我，我们是否能去商店多买一些玩具。他不停地说自己的玩具不够，我们绝对需要至少给他买一套新拼图。我只是点点头，做几个充满爱意的举动，比如抚摸他的头发和对他眨眨眼。

我没有因为我们的交谈又是关于他想要或想买什么而感到心烦和恼怒，我只是倾听着，并避免会导致连接中断的说教。很快，我就不再焦虑地想着说服他放弃想要那些东西，也不再为需要列举理由说明他为什么不能得到那些东西而焦虑。我真正放松了下来，只是享受他的陪伴。

布拉德

对于我的女儿，我根本不需要为陪伴式倾听做出努力，因为她总是在说。我发现坐在旁边倾听她的各种胡思乱想让我很愉快。

对于我的儿子，我不得不有意识地努力"倾听，而不评判、不辩解、不解释"。

有一天晚上，我对吉布森尝试了陪伴式倾听。我们的交谈过程如下：

吉布森：我不知道该拿数学怎么办。

爸爸：哦？

吉布森：是啊……我的数学以前从来没有过不完整。

爸爸：什么是不完整？

吉布森：如果你没有通过课堂测验，就会得到一个不完整。

爸爸：哦。

吉布森：嗯，如果你在课堂测验中答错两个题以上，就会得到一个不完整。

爸爸：哦。

吉布森：我确实不理解现在做的这些题。

（这时，吉布森开始详细解释他不理解的那些数学方程。这些细节我就饶过你们吧。）

爸爸：哇！这听起来真难。

吉布森：我猜我明天可能需要去找数学老师，向他求助。

爸爸：这个主意听起来不错。嘿，你在睡觉之前想不想打乒乓球？

吉布森：当然！

现在，我不确定在和孩子们交谈时，"哦"是不是最好的回应。这就是当我的儿子聊起数学时通常会出现的情况。我会像受惊的小鹿那样表情慌张，并且说"哦"。关键在于我花时间陪伴式倾听吉布森，并允许他处理并大声说出自己的想法和感受。

吉布森是一个全优生，所以得到一个不完整对他来说是一件大事。我没有试图解决这个问题，我只是倾听，他能够自己找到解决办法。

来自北卡罗来纳州的成功故事

我每天晚上都会在每个孩子的房间与他们单独待一会儿。在他们小的时候，我会给他们读故事书，但是现在，是大量的陪伴式倾听。这是我能听到他们在车里或餐桌上可能没有与兄弟姐妹分享的事情的时刻。

作为初中生和高中生，我的孩子们每天晚上通常都需要学习或者追赶阅读进度。但是，即便在他们忙得不可开交的时候，我们最后也会再聊一会儿。我发现，如果我在厨房里做着自己的工作，他们也更愿意在厨房做功课。很快，他们就会开始聊天，不用我问任何问题。

即便在最忙的时候，比如要参加俱乐部足球比赛、越野赛、踢踏舞以及其他活动的时候，陪伴式倾听也是一种帮助我们保持亲近的工具。现在，他们更大了，我注意到他们相互之间非常善于倾听。我看到他们用正面管教工具在彼此之间建立连接，真是太棒了。

——佩奇·奥凯利（Paige O'Kelley）

工具提示

1. 找出时间与你的孩子在一起，心无旁骛地享受他们的陪伴——甚至不必期待他们会和你交谈。

2. 要有意识地努力避免发起谈话。只需待在孩子身边。

3. 要练习，直到你能够对你和孩子之间的沉默处之泰然。

4. 如果你的孩子开始说话，"哦"可能是能让孩子提供更多信息的一种回应。"还有吗？"是让孩子分享更多的另一种回应方式。

第 5 章
解决问题

解决问题

在给孩子们提供了平等意识的民主发展的过程中,我们的孩子已经变得不再受成年人专制的影响。

——鲁道夫·德雷克斯

要把日常的挑战作为和你的孩子一起练习解决问题的机会。

1. 在家庭会议上或单独与一个孩子用头脑风暴寻找解决方案。
2. 问启发式问题,让你的孩子探究解决方案。
3. 当你的孩子们开始打架或吵架时,告诉他们自己想出解决办法,并带着想好的计划来找你。
4. 对需要完成的家务活作头脑风暴,请你的孩子制订一个计划。要愿意用他们的计划尝试一个星期。

简

当我们给孩子们机会作头脑风暴并提出解决方案时，他们会是解决问题的能手。我们可以把日常的挑战（这是父母和孩子之间必然经常会遇到的）当作和孩子一起练习解决问题的机会。

一年夏天，我们和几个朋友一起背包徒步旅行。我们10岁的儿子马克很擅长运动，背着背包跋涉了十公里到达一个山谷。当我们为漫长而陡峭的回程做准备时，马克抱怨说他的背包硌得他疼。他爸爸开玩笑说："你能受得了。你可是海军陆战队队员的儿子。"马克太痛苦了，一点也不觉得这句话好玩，但他还是开始攀登了。他在我们前面没走出多远，我们就听到他的背包从山上朝我们滚了下来。我以为他摔倒了，关切地问他怎么了。

马克生气地喊道："没什么！太疼了！"他不顾自己的背包，继续往上爬。

其他人都饶有兴致地看着这一幕。一位朋友提出替马克背着背包。我觉得尴尬极了——而且，因为写过一本论述正面管教的书籍，更有了额外的社会压力！

我很快战胜了自己的虚荣心，想起了最重要的事情是以一种能帮助马克感受到鼓励并承担起责任的方式解决这个问题。我先请其他人继续往前走，以便我们能私下处理这个问题。

我对马克说："我敢肯定你一定很生气，你在开始爬山之前就想告诉我们你硌得很疼，可是我们并没有给予认真关注。"

马克说："是啊，我不想再背那个背包了。"

我告诉他，我不会责怪他，而且在那种情况下我的感觉可能会和他的一模一样。

他的爸爸向他说了对不起，并让他再给爸爸一次机会来解决这个问题。

马克的怒气转眼间就消失了。他变得能够合作了。他和爸爸想出了一个办法,把他的外套塞在他酸疼的地方当护垫。马克背着背包走完了全程,只有很少的几次小小的抱怨。

玛 丽

如果说我学到了什么的话,那就是不要在大脑盖子掀开的状态下解决问题。我和我的家人一次次认识到,当我们的大脑由"爬行动物脑"控制时,就不会有理性的思考。

我通过向孩子们表明我需要冷静下来并做积极的暂停,来向他们做出这方面的榜样。我需要平静下来,这也给了他们平静下来的时间。正是在这段冷静下来的时间之后,我们才能转换到解决问题的模式,找到解决方案,作头脑风暴,进行角色扮演。

在我的大儿子 5 岁、他弟弟 3 岁时,有一天,我接到一份时间很紧的邀请,邻居一位英勇的超级爸爸邀请我带我的两个儿子参加晚上的玩耍约会。我的第一直觉自然是说"当然可以"!但是之后,紧接着我就开始感到犹豫,担心他们俩的行为举止。里德在那个阶段最喜欢说的词是"蠢"(这完全是另外一个故事)。巧合的是,他那一天说的次数似乎比平常任何时候都多。此外,他们俩那一天打架的次数也比平常多,而且不听话。

不管怎样,我没有替他们(和我自己)拒绝这次玩耍约会,而是决定开一次小型家庭会议,并针对他们的行为以及我对他们的期望做几次角色扮演。让我 5 岁的儿子领头为他们想出的几种解决问题的办法作角色扮演,真是太可爱了。

比如,我问他们:"如果你们的朋友不想分享他正在玩的玩具,你们怎么办?"

格雷森说:"如果他不想分享,我就问他我可以玩哪些玩具,或者问他什么时候轮到我。"

然后,我继续问:"如果里德说'蠢',该怎么办?"

格雷森说:"我会在他耳边轻声提醒他把这个字换成'傻'。"

我们接着角色扮演了晚餐的场景,并练习了餐桌礼仪。我甚至怀疑自己的这些谈话和角色扮演是不是有点过分了。

在这些讨论和角色扮演之后,我的邻居说他们度过了非常愉快的一个夜晚,我的两个儿子都表现得很好。我自豪地松了一口气,并且对我们通过角色扮演解决问题的效果留下了深刻印象。

布拉德

我们的大多数问题都是通过每周的家庭会议解决的。家庭会议记录本(见 www.positivediscipline.com)里有一份解决问题的表格。其格式是:

1. 把问题或挑战写下来。
2. 用头脑风暴想出主意。(把所有的主意都写下来是很重要的,即便是一些荒唐的主意。)
3. 选择一个解决方案。
4. 在下一周跟进,看看效果如何。

我拿出我们家的家庭会议记录本,看了以前的一些解决问题表格。这非常有趣。以下是两个例子:

问题1:使用马桶

当你家里既有女孩,也有男孩时,不可避免会出现男孩怎样使用马桶的问题。艾玛提出了男孩尿到马桶外面或者不冲马桶的问题。

我们用头脑风暴想出的主意是：

1. 更好地对准马桶。
2. 不要喝那么多水。
3. 吉布森可以去后院尿尿。
4. 使用楼下的洗手间。
5. 洗手间换一个新马桶。

我们选择的解决方案是使用楼下的洗手间。在我们一周的跟进中，艾玛说这个办法效果非常好！

问题2：吉布森打艾玛

对于这个问题，我们用头脑风暴想出的主意如下：

1. 穿上"和睦相处"的T恤衫（是社交媒体上一张很流行的照片，两个争吵的小朋友被要求穿上同样的T恤衫）。
2. 让吉布森禁足。
3. 住在不同的楼层。
4. 给艾玛报名去学空手道。
5. 艾玛不再骂吉布森。
6. 吉布森不再那么敏感。
7. 吉布森离开房间，冷静一下。

最后选择的解决方案是吉布森离开房间去冷静一下。在第二周的跟进中，大家一致认为这个办法有一次效果还可以，但这个问题应该再次放到议程上。正如你看到的那样，这个约定需要进一步跟进。

我们重新看了解决问题的表格，又看了一遍我们上一次用头脑风暴想出的主意，决定将同样的解决方案换一种方式。我们不再依靠吉布森离开房间冷静下来，而是认为艾玛离开房间可能也会有帮助。

在接下来一周的跟进中，艾玛说，当吉布森让她恼怒时，她离开房间这个办法非常好。简单，但是有效。

来自加利福尼亚州奥克兰的成功故事

周四是我家两个孩子的钢琴日。临时保姆会去学校接她们，然后直接送去上钢琴课，所以，她们需要在早晨把钢琴书放进书包带到学校。

有一天早晨，上车的时间到了，但是她们还没有把钢琴书放进书包。我提醒她们带上钢琴书。杰西什么也没说就照办了。然而，瑟琳娜认为自己的书包已经太满了，于是她让杰西帮她带上钢琴书。

杰西说不。"今天有艺术课，我想在我的书包里给艺术课的作品留出空间。"

瑟琳娜抗议道："你的书包是空的，我的超级沉，你看看？"

瑟琳娜试图把她的书包放到妹妹肩上。杰西躲开了，并且说："别动，瑟琳娜。我今天想在书包里留出一些空间。"

"得了吧，杰西，别这么小气，"瑟琳娜回答说，"你的书包里还有很多地方呢。另外，我总是忘记我的钢琴书。如果我把它们锁到学校的柜子里，我就会忘掉的。"

杰西没有回答，开始下楼从厨房朝车库走去。瑟琳娜站在楼梯上，把她装着钢琴书的袋子朝下面的妹妹扔去，砸到了杰西的脑袋。杰西开始揉着头大哭。

你或许会问："妈妈在哪儿？"我正站在楼梯下面，睁大眼睛胆战心惊地看到了这一切。我决定干预。

"哇，好了！这是怎么回事？我很肯定我听到了杰西说不！好吧……我必须安静一分钟，因为我现在太生气了！"

在做了几秒钟深呼吸之后，我说："我很遗憾发生了这种事。杰西，你需要一个冰袋吗？"

杰西含着泪摇了摇头，直接向车走去。我们上车的时候都很安静（或者默默地哭泣）。但是，一进到车里，瑟琳娜就说："杰西，你为什么不能帮我带钢琴书？"

我在这之前一直保持着平静，但这时我失控了。"你在开玩笑吗，瑟琳娜？你刚刚用书砸了杰西的脑袋，现在你又开始纠缠吗？你怎么还在只关心你自己？"

"可是妈妈——"瑟琳娜试图插嘴。

"你刚刚砸到了她的头！现在更应该说的是'对不起，我打了你。你还好吗？'这样行不行？"我沮丧地提出建议。

瑟琳娜用机器人一般单调的声音说："对不起，我打了你。你还好吗？现在，你可以拿着我的书了吗？"

我被激怒了，再一次干预。"瑟琳娜！我听到好几次'不'了。看起来你需要想出另一个解决办法。你能做到吗？还是需要一些帮助？"我们出了车库，朝学校开去。

杰西提议："你给自己写一个便条怎么样？"

瑟琳娜立刻否定了。

然后，我提议："你把活页夹拿出来之后，就把钢琴书放进书包里，怎么样？"

瑟琳娜再次拒绝了。"我每节课都要背着书包里的所有东西。这个方法不行。"

我深吸一口气，然后说："瑟琳娜，我知道你很有创意、很有办法。你怎么做才能确保自己记住带钢琴书呢？"

瑟琳娜说:"杰西可以拿着。"

"好吧,就这样,"我说,"瑟琳娜,我要把车停在路边,一直等到你打消这个念头。"

我把车停到路边,等待着,怒火中烧,但一言未发。过了大约两分钟,瑟琳娜说:"好吧!我把钢琴书塞到书包里!我们可以走了。"这时,她已经眼泪汪汪了。

"谢谢你,瑟琳娜。"我说着把车开上了路。

过了一会儿,尽管我努力克制,但还是忍不住说教起来。"瑟琳娜,你知道,有时候你只能接受别人说不。我不确定这对你为什么这么难。在生活中你不可能总是为所欲为,而无论如何你都得继续前进……"等等等等。

我们终于到了学校,我停好车让孩子们下去。我转过身去说再见,但瑟琳娜正要出车门,她看上去既伤心又生气。她转过身进了学校。

我离开学校时心情非常糟糕,在开车上班的路上,我开始重新思考整件事情。我可以换一种做法吗?杰西为什么不想帮忙?是什么原因让瑟琳娜这么难合作?我为什么没有想到更有帮助的做法?

我给我的朋友和正面管教同事莉莎·弗勒(Lisa Fuller)打电话,想听听她的见解。在听完我的讲述后,她告诉我,在如此棘手的情况下,我已经做得很好,也很难想到其他方法了。我们花了一些时间列举出了我做得好的地方,比如在生气时忍住不说话并且做了深呼吸,通过对瑟琳娜找到建设性的解决方案的能力表现出信任来鼓励她,用"什么"和"如何"的问题引导她们解决问题,在靠边停车时保持和善而坚定。

然后,我们又找出了我可以做得更好的事情,比如与瑟琳娜共情,省去长篇大论的说教——或者至少把说教留到我们俩都平静下来的时候。

然后，莉莎说："你知道，你可以把马领到水边，但不能强迫它喝水！"

哇。好观点！

这是我对自己做对和做错的事情的思考，我认为我控制了最后的结果，但我的孩子们对那天早上事情的结果也有控制权。我已经努力帮助她们为问题找到一个建设性的解决方案，但是最后，我无法强迫她们"做正确的事"。这个早晨的问题没有得到很好的解决，但正如所有的事情一样，这次经历对我和两个孩子都是人生的一课

我从中得到的教训是：我无法强迫我的孩子们谅解、和善或尊重他人。我可以尽我所能为此打下基础，教给她们并做出榜样。而且，我不得不接受她们的失败，并相信她们在这个过程中学到了一些东西，正如我一样。

——玛塞丽·史密斯·波义耳（Marcilie Smith Boyle）
注册正面管教导师

工具提示

1. 花时间教给孩子头脑风暴——并且对疯狂的、愚蠢的主意以及切实可行的和尊重的主意都要感到开心。

2. 在头脑风暴之后，要让孩子参与排除那些不切实际的、不尊重的、没有帮助的主意。

3. 孩子们更愿意按照他们帮忙想出的解决方案去做。

达成约定之后的坚持到底

人们一定会很快在某些事情上达成一致——既使是一致认为有分歧。

——鲁道夫·德雷克斯

1. 展开讨论，让每个人都能表达自己对一件事情的感受和想法。
2. 用头脑风暴想出解决方案，并从中选择一个大家都同意的。
3. 对一个具体的期限达成一致。
4. 如果约定没有得到遵守，要避免评判和批评。要用非语言信号，或者问："我们的约定是什么？"
5. 如果约定仍然得不到遵守，再从第1步开始。

简

在我的课堂上,当我演示让孩子遵守约定——在这个例子中是清理洗碗机——遇到困难所采取的以下步骤时,我喜欢邀请一位志愿者角色扮演孩子。

尊重地达成约定的四个步骤
1. 做一次友好的讨论,让每个人都能表达自己对一件事情的感受和想法。
2. 用头脑风暴想出解决方案,并从中选择一个你和孩子都同意的方法。
3. 对一个具体的期限(精确到分钟)达成一致。
4. 要很好地理解孩子们,知道他们在到时间期限时可能不会去做,然后,要坚持到底。(我们在角色扮演中不做最后这一步,但会在后面讨论这一步的重要性。)

然后,我设定场景2,让扮演孩子的这个人假装自己正忙着玩电子游戏,我来扮演父母。

有效地坚持到底的四个提示
1. 要让你的话简洁明了:"我注意到你没有清理洗碗机。请你现在去做。"
2. 如果孩子反对,就问:"我们的约定是什么?"
3. 如果孩子继续反对,就闭上你的嘴巴,用非语言沟通。指指你的手表。带着"想得美"的表情,会意地微笑。给孩子一个拥抱,然后再次指指你的手表。

4. 当你的孩子作出让步，并遵守约定时（如果你重复步骤 3 的时间足够长，他或她就会让步），要说："谢谢你遵守我们的约定。"

通常，有一些父母会插嘴说这对他们的孩子没有用。这时，我会和这个"孩子"查看以下四个步骤，看看我遵循每个步骤的情况。

挫败有效地坚持到底的四个陷阱

1. 希望孩子对事情优先顺序的安排与大人的一致。清理洗碗机通常不在孩子优先做的事情中。（我问这个"孩子"，清理洗碗机在他优先做的事情中的排名有多高。通常都不高，如果在他优先做的事情中的话。）

2. 进行评判和批评，而不是只说这件事。（我问这个"孩子"是否在这个过程中感觉到我在评判或批评他，他的回答是没有。）

3. 没有事先达成包括具体的时间期限的约定。约定中包含具体的时间，会使孩子不太可能觉得自己可以摆脱。（我问这个"孩子"，约定一个具体的时间对于他有多么重要。答案是"非常重要"。）

4. 没有对孩子和你自己保持尊严和尊重。（我问这个"孩子"，我是否没做到对他和我自己表现出尊重。答案是"做到了"。）

这时，旁边观察的有些学员抱怨说他们不想总是提醒孩子。他们希望孩子承担起责任。

我开玩笑地问："你们那么做的效果怎样？"

当然，并没有产生预期效果，但是，大多数父母宁愿一次又一次地重复不管用的做法（唠叨、惩罚、说教），而不是花时间和努力和善而坚定地将约定坚持到底。

如果孩子们是有责任感的，他们为什么还需要你呢？你难道没有注意到他们长大成人并且有自己的孩子要唠叨时，他们多么神奇地变得负责任了？

我们会反复提到正面管教的一个基本前提：帮助孩子们培养有价值的社会和人生技能，以及对自己能力的强烈信念。通过让你的孩子参与达成约定，坚持到底，并允许他们从错误中学习，并不意味着你是一个坏父母。这意味着你是一个允许你的孩子培养出勇气，最终培养出责任感的勇敢的父母。

布拉德

约定和解决问题是密切相关的。解决问题的目标是找到一个解决方案。通常，这种方案就是一个约定。在约定达成之后，就该坚持到底了。

在家务活上就是这样。原来，当我们试图解决如何分工的问题时，我让孩子们做了一个选择。后来，他们厌烦了这么做，我也厌倦了不停地提醒他们。所以，我们把这个问题放到了家庭会议的议程上。

我们开始为不需提醒就完成家务活这个问题的解决方案而做头脑风暴。尽管从我们第一次做的头脑风暴中所选择的方法并不成功，而且需要我的太多跟进（完成家务活之后才能使用电子产品），但我们从第二次头脑风暴中选择的方法很受欢迎。

我们在家经常玩棋盘游戏，所以有人提出用掷骰子的方法完成日常家务。我们将需要完成的家务活列成了一份清单，并标上从1到5的数字。数字6表示休息一天。孩子们每天放学回到家都会掷骰子。掷到哪个数字，他们就要做清单上相应数字所代表的家务——或者，如果他们幸运地掷到了6，他们就休息一天。

我的孩子们都迫不及待地回家掷骰子。根本不需要我提醒，家务活就完成了。

玛 丽

这个工具帮助我认识到了我和我的丈夫多么经常决定约定应该是什么，并在之后要求儿子们说他们"同意"——无论是否情愿。然后，我会跟进说："我们的约定是什么？"既使他们从未真正参与做出约定。其实，如果我说："那不是我告诉你要做的。你为什么不听话？"才更准确。

我经常忘记正面管教最重要的理念之一是让孩子参与解决问题，这真让人尴尬。他们参与的越多，就越有可能坚持到底——尤其是对于达成的约定。

最近，我发现自己很讨厌电视，并讨厌孩子们想看电视。每次到了该关电视的时候，他们中的一个或全部三个就会发牢骚或者伤心。我正打算彻底不要电视，但我意识到我们从未对此达成过任何约定。是时候重新开始了：

我：孩子们，我意识到你们有多么喜欢看电视，以及电视一旦打开你们有多么愉快，并且多么容易不想去做任何其他事情。对我来说，重要的是要有一个平静、准时的睡前惯例时间。当我说该关电视而你们不关时，我会生气，与其这样，我更愿意听听你们的想法。

格雷森：我们只是不喜欢你在我们正看一个节目的时候把电视关掉。

我：有道理。如果我看一个节目正看到一半的时候就不得不准备睡觉，我也会生气。

里德：这么做怎么样，你不要提前 5 分钟提醒我们，而是提前 30 分钟，或者让我们知道我们需要在下一段广告时关掉电视？

我：如果到了我们约定的时间，你们仍然不关电视怎么办？

孩子们：那你就把电视关掉，我们不会为难你……我们保证。

我：这看起来非常公平。我甚至可以用录像机把节目录下来，以便你们能在第二天把它看完。

我们的约定非常成功。我知道这在很大程度上与我们一起达成了约定有关，而且与孩子们感觉自己得到了倾听和尊重有关。当做到相互尊重时，孩子们合作的意愿真让人惊异。

来自华盛顿州门罗的成功故事

在我们家，约定是一个很重要的工具。我喜欢这个过程展开的方式，它允许双方在一定的期望内共同控制。

在我们家出现过的一个约定是与发信息有关的约定（而且需要尽快重新讨论）。我的女儿快 13 岁了，她想在自己的 iPad 上安装一个发信息的应用软件。我说不，但她反复提起这个问题。很明显，我是为了掌握控制权而掌握控制权，并没有真正地倾听她。所以，我们达成了一个约定。

我把我的担心告诉了她：我担心她会对发信息着迷，会导致各种各样的问题。然后，她有机会告诉了我为什么她希望能够发信息——主要是因为这是与朋友保持联系的一种有趣的方式。

我们开始做头脑风暴。这时，我跟她说了一个讨价还价的主意。我说："让我们先说各自希望的结果，然后慢慢调整，直到双方都同意。"

于是，她首先说："我可以在自己想给朋友们发信息时就发。"

我还价说:"你不需要发信息。"

哈!她苦恼地看着我,然后我说:"你可以还价。"

她说:"我可以在放学到家之后、吃晚饭之前给我的朋友们发信息。"

我还价:"你可以在完成下午的事情之后给朋友们发信息,而且只能发半个小时。"

如此你来我往,直到我们最终达成一致。

这也帮助我认识到,发信息对她来说就像我打电话一样。我在她那个年龄时,经常给我的朋友们打电话。她并非只是为了发信息而发信息;她实际上是为了与朋友交谈。呃,妈妈啊。

所以,我们约定,她可以在回家之后的头20分钟给朋友发信息。之后,她需要完成自己该做的事情,然后,她可以用自己的其他屏幕时间(这是之前的另一个约定)发信息。

我之所以喜欢这个过程,是因为它不是一成不变的。我们始终可以重新讨论、调整并修改我们达成的约定。这就是其最终意义所在。通过这个过程,孩子们是在运用他们的发言权,感觉到被倾听,练习协商技巧,并且真正地探索筹划自己人生经历的空间。我的接纳、沟通以及不评判使得我们能建立一种更牢固、更真诚的关系。

——凯西·欧罗蒂(Casey O'Roarty)
注册正面管教导师

工具提示

1. 如果你指望孩子记住做你认为需要优先做而他们不这样认为的事情,你会让自己很痛苦。

2. 如果孩子们有责任感，他们或许就不需要父母了；而他们至少在 18 岁之前都需要父母。

3. 用一种和善而坚定的方式提醒并坚持到底，是比唠叨更容易、更有效的做法。

寻求帮助

> 做"好"母亲的欲望使她们成了最糟糕的母亲。这些"好"母亲是美国的悲剧。
>
> ——鲁道夫·德雷克斯

告诉孩子他们很能干,是不起作用的。他们必须有感觉到自己很能干的经历。

1. 当孩子们做出贡献时,他们会感觉到自己能干、有归属感和价值感。
2. 要寻找一切机会对孩子说:"我需要你的帮助。"
3. 要确保让你的孩子知道你有多么感激他们的帮助。

简

母亲们（和父亲们）没有意识到，当他们以要做一个好父母的名义以及爱的名义为孩子做得太多时，他们对孩子的品格会造成多么大的损害。

当父母替孩子做每一件事情时，孩子很可能会认定"我没有能力"或"爱就意味着让别人替我做事情"。然后，父母就会奇怪："在我为我的孩子做了一切之后，为什么她还有这么多过分要求？"

阿尔弗雷德·阿德勒教给我们，心理健康的衡量标准是 gemeinschaftsgefüel，这是他创造的一个德文单词。这个词的含义如此丰富，以至于很难翻译成英文，但是"social consciousness"（社会意识）和"social interest"（社会情怀）的含义与之相近。阿德勒相信，心理健康的人有为自己所在的社会共同体——始于家庭——做出贡献的欲望。研究一再证实着阿德勒的教诲：允许孩子在家里做出有意义的贡献，是培养健康的自我价值感和能力感的一个关键。

布拉德

这个工具在我们家的晚餐时间是最常使用的。我确实不是世界上最好的厨师。我的厨艺让人倒胃口。因此，当我让孩子们帮忙准备晚餐时，他们非常乐意接手。

最近，我们分派给女儿的任务是计划和准备两周的晚餐。这两周的晚餐是我们家吃过的最好的晚餐。你们应该看看我女儿每天晚餐时脸上洋溢着的自豪!

玛 丽

我相信,孩子们想要帮忙的愿望从很小的时候开始就有了——早在他们开始会走路和说话的时候。我对我的三个儿子说"我来做"的情景仍然记忆犹新。

是的,这需要大量的耐心和一些训练,但是,我的儿子们做得越多,他们就变得越自信。下面是你可以尝试的在我家很有用的例子。

1 岁的孩子可以做的
- 把纸尿裤拿走并扔进垃圾桶
- 收拾玩具(需要大量示范和模仿)
- 用抹布清理残渣
- 在别人受轻伤或感觉到难过时,亲一亲伤处或者给对方一个拥抱

2 岁的孩子可以做的
- 扣上自己的汽车安全座椅的安全带(或者至少尝试这么做)
- 搅拌制作松糕的混合物(甚至打鸡蛋)
- 自己穿衣服,从睡衣开始(他们或许需要你帮忙拉上拉链、扣上纽扣或按上按扣)
- 从餐桌上收拾起自己的碗碟
- 收拾玩具
- 按洗碗机和干衣机的按钮

- 把洗好的衣物叠起来（从毛巾和袜子开始）
- 推婴儿车（或者至少尝试这么做）
- 提购物袋（要确保装几个轻的袋子）
- 在商店里寻找食品杂货（比如，让孩子帮忙寻找牛奶、香蕉或面包）
- 打扫和清洁（准备一些适合小孩子使用的工具，比如儿童用的扫帚或装满水的小型喷雾瓶，让他们觉得自己在帮忙做家务）
- 扔垃圾（学步期的孩子很喜欢扔东西）
- 在浴缸里自己清洗身体和头发

7~9岁的孩子可以做的

- 帮忙列购物清单
- 帮忙准备一日三餐
- 把洗好的衣服叠起来放好
- 把垃圾桶从外面拿回来
- 打扫自己的房间（这一项需要用到很多正面管教工具）
- 在吃完饭之后清理碗碟
- 清理洗碗机
- 吸尘
- 扫树叶
- 为生日聚会包装礼物
- 为无家可归者准备装食物的纸袋子
- 在每个季节进行装饰

孩子们做某些家务会比做其他家务更有热情。我自己完成其中的很多事情可能更容易，但我始终记着长期效果。我希望我的儿子们成为对社会有贡献的人，而不是被宠坏的淘气鬼。有一天，我的儿媳们会感谢我的。

需要记住的一个重要提示：上面的清单是我和孩子们一起列出来的。所用工具包括请求帮助——而不是你自己做。

我的儿子们喜欢打棒球，而我喜欢做一个棒球妈妈。我们有一个座右铭：团队里没有"我"（There is no "I" in team）。TEAM 代表 "together everyone achieves more" 的首字母缩写，意即"众志成城"。当我们一起做事的时候，我们都会感受到一种团队合作意识。

来自宾夕法尼亚州联合市的成功故事

我的女儿累过了头，洗完澡之后就一直哭，而且不好好待着。我尝试给她穿纸尿裤，尝试用一个气球分散她的注意力，尝试给她一本书看，但她跑了，爬到了沙发上。

因而，想到我也没什么可失去的，我便深吸一口气，说："莱妮，妈妈需要你的帮助！"她怀疑地看着我。"你需要穿上睡衣，可我总也穿不上，除非你帮助我。你能让我看看你的胳膊要伸到哪里吗？"

她看上去很好奇，但我不确定她是否会试试。

"你的胳膊是要伸到这儿吗？"我举起一只袖子，她微笑着伸出了胳膊。然后，我让她给我看看如何穿纸尿裤。我把纸尿裤放到她屁股下面，她静静地躺着，并且说"啪嗒"，告诉我该扣上纸尿裤的按扣了。然后，我把她的一条腿放进睡裤，她自己把另一条腿放了进去，并且说"拉链"，于是我拉上了拉链。这时，她的脸上露出了大大的笑容！

我很惊讶这个方法居然有效！自从我尝试让她"帮忙"做一些事情，比如拿着东西上车或下车，把买回来的东西收起来，甚至坐在厨房的台子上帮我搅拌做面包的面团或其他东西，我就发现我们之间的冲突总体上减少了许多。所以，我不再期望她别碍我的事，而是尽量让她参与我做的每一件事。这种做法现在看起来是如此简单，但在我开始阅读养育书籍之前，我不会这么想。我以前只是一直很沮丧并且奇怪："为什么她什么事情都不让我做？"我真希望自己能早些明白这一点！

——莉莉·希姆劳特（Lilly Himrod）

工具提示

1. 要把你的最高目标设定为给孩子提供机会感觉到自己很能干，并体会到贡献所带来的内在喜悦。
2. 要认识到孩子们在有机会感觉到自己很能干时所形成的信念——以及当别人为他们做得太多时所形成的信念。
3. 孩子们通常都会对真诚的帮忙请求做出回应。
4. 即便孩子们一开始拒绝做出贡献，但当他们做到时，他们仍然会感觉到能力感和成就感。

关注于解决方案

有时候,通过与孩子们一起讨论,看看他们有什么办法,甚至就能解决问题。

——鲁道夫·德雷克斯

不要责备,而要关注于解决方案。

1. 确定问题所在。
2. 通过头脑风暴想出尽可能多的解决方案。
3. 选择一个对每个人都管用的方案。
4. 将这个方案试行一个星期。
5. 一星期后评估。如果方案不管用,从头开始。

简

人们经常会问:"这种行为应该适用什么样的惩罚?"这是一个错误的问题。惩罚是要让孩子为他们过去已经做过的事情付出代价。

"什么样的方案能够解决这个问题?"是一个更好的问题。关注于解决方案,会帮助孩子为将来而学习。

教给孩子关注于解决方案,是一种极其重要的人生技能。需要记住的另一个问题是:"问题是什么,解决方案是什么?"

要为刚开始的抗拒做好准备。当孩子们没有被提供机会发现和运用他们解决问题的技能时,他们不知道自己有多么能干。如果你的孩子说:"我不知道。"你要说:"花时间想一想。你可以在几分钟之后把你想出来的办法告诉我。"

当然,如果你们定期召开家庭会议,让孩子们每周都能练习解决问题的技能,并且,如果你经常问启发式问题,让你的孩子思考并寻找解决方案,是非常有帮助的。

玛 丽

在我的成长过程中,有两句正面管教名言使我铭记于心:(1)错误是学习的好机会;(2)我们是在寻求责备,还是在寻求解决方案?

我最喜欢的一个童年记忆是我妈妈抱怨被丢在水槽里的盘子。我哥哥马上回答说:"你是在寻求责备,还是在寻求解决方案?"

我想,妈妈只能回答:"说得好。"

这个星期我特意反复问了这个问题——"我们是在寻求责备,还是在寻求解决方案?"在我的两个儿子争吵时,我几次打断他们,并且和善地提醒他们,我相信他们能够自己找到问题的解决方案。如果他们无法解决这个问题,我们就要停下他们正在做的所有活动,直到他们俩对一个或几个解决方案达成一致。我的小儿子很愿意参与这个解决问题的"游戏",并提出了使用一个计时器的办法。看到我一直在播的种子终于发芽,真是太棒了。

关注于解决方案是成功召开家庭会议的基础。它能够帮助父母避免对议程上的议题进行说教,同时能帮助孩子们停止抱怨。

布拉德

在专注于解决方案的时候,需要记住的最重要的事情之一,就是让孩子参与这个过程。我在试图找到解决儿子扔在浴室地板上的衣服的办法时,历尽艰难才学到这一点。

关注于解决方案:第 1 部分
吉布森打算凭借浴室地板上的衣服创造一项吉尼斯世界纪录。每天早晨,我都看到他浴室地板上的衣服都越堆越多,而他卧室里的脏衣篮却是空的。我决定对他在这个自然栖息地的情况再观察一段时间,看看他能否不用我提醒就把衣服捡起来。

关注于解决方案:第 2 部分
我儿子在这个世界上或许终究是能生存的。没用我的任何提示,他终于捡起了浴室里的衣服,并将它们转移到卧室的脏衣篮里。当然,他随后又在浴室的地板上新堆起了一堆衣服。但是,尽管他没有遵循我们约定的办法,他显然确实有一套自己的办法。有时候,我想我们需要允许十几岁的孩子自己想清楚这些事情,即使他们的办法与我们的安排或者喜欢的方法不完全一致。

关注于解决方案:第 3 部分

在我的博客上,有人建议在吉布森的浴室里放一个脏衣篮,来解决地板上的衣服问题。毕竟,把自己的衣服扔进几步远的脏衣篮里能有多难呢?我终于有时间去买了一个脏衣篮,你们或许会以为这个问题应该就此解决了。可是,第二天,浴室地板上又有了更多衣服,就在新买的(但空空的)脏衣篮旁边!

关注于解决方案:快乐的结局

你有没有注意到在上述所有情形中谁没有参与寻找解决方案?我从未问过吉布森是否有办法解决这个问题。最终,我把这件事放到了家庭会议的议程上。

在家庭会议上,我问吉布森有没有办法解决浴室地板上的衣服问题。他说:"当然——你可以买一块浴室地垫。我把衣服放到地上,只是为了避免在淋浴出来时踩到湿漉漉的地板上。"

什么?你能相信这有多么容易吗?这个问题的解决方案是如此简单。我自己与浴室地板上的衣服问题战斗了好几个星期,而我需要做的是让我的儿子参与寻找解决方案。在买了浴室地垫后,我把脏衣篮从浴室里拿走了,而从那以后地板上再也没有出现过脏衣服。

正面管教养育工具

来自加利福尼亚州米申维耶霍的成功故事

在我们家,晚餐时间曾经是我们都害怕的事情。我的小儿子一直非常挑食。

我丈夫的理念是做了什么,你就吃什么。我的理念是你不要吃你自己不想吃的。有一段时间,我试着为小儿子单独准备和我们的不一样的食物——而他往往碰都不碰一下。

终于,我们不再寻求责备,而是开始关注于寻找一个尊重、合理、相关且有帮助的解决方案。结果令人吃惊。

我们的决定是,在我做晚餐的时候,我的小儿子和我一起在厨房使用同样的原料准备他自己的晚餐。他那时只有6岁。

他现在15岁了,而且厨艺精湛。我的很多宝贵记忆都来自于我们俩在厨房一起度过的那些时光。

——乔伊·萨科(Joy Sacco)
注册正面管教导师

工具提示

1. 邀请孩子一起寻找解决方案,他们的能力会令你大吃一惊。

2. 要知道,当你通过尊重的方式让孩子参与寻找解决方案时,你是在帮助他们培养更强的能力感。

3. 不要期望解决方案能够像魔法一样彻底解决问题。一旦一个解决方案不再管用,就要重新开始寻找另一个方案。

选择轮

孩子是未经我们发掘的最佳资源。当我们邀请孩子一起解决问题时，他们拥有丰富的智慧和才能。

——鲁道夫·德雷克斯

运用选择轮，是教给孩子解决问题技能的一种方式。

1. 和孩子一起做头脑风暴，列出对日常冲突或问题的可能的解决方案。

2. 在一张饼图的每个区域分别写下一个解决方案，让孩子画上图或符号。

3. 当发生冲突的时候，建议孩子用选择轮找一个能解决问题的方案。

简

关注于解决方案是正面管教的一个首要的主题，当孩子们被教给技能并且有机会运用这些技能时，他们将很擅长关注于解决方案。

选择轮提供了让孩子参与学习并运用解决问题的技能的一种有趣而令人兴奋的方式，尤其是在他们参与制作的情况下。

要确保孩子能够在制作选择轮的过程中起主导作用。你做得越少越好。你的孩子可以发挥创意，并且决定是否愿意画上图或符号来表现各个解决方案，还是上网找一些图片。然后，要让你的孩子选择在合理的范围内把他或她的选择轮挂在哪里。

大一点的孩子或许不想制作选择轮，但是，他们会从关注于解决方案的头脑风暴并将所有想法列成一个很方便拿到的清单的过程中受益。如果你们有寻找解决方案的其他方式——比如家庭会议——会很有帮助。这样，你就可以提供一个选择："现在对你最有帮助的方法是什么——使用选择轮，还是把这个问题放到家庭会议的议程上？"

帮助你的孩子制作一个选择轮，会增强他或她的能力感和自律。从玛丽的下面这个故事中，你会理解为什么最好让孩子从头开始制作自己的选择轮，而不是使用模板。

玛 丽

我的儿子里德 7 岁时，我们一起制作选择轮的过程非常好玩。我们提前购买了一些用品：硬纸板、贴纸、有香味的马克笔、剪刀和彩纸。这些材料都不是必需的，但我知道这样会更有乐趣。

结果，其好处超出了我的预料，因为3岁的弟弟帕克也想参与进来。他很高兴地制作着自己的选择轮（尽管他并不真正理解）。这对里德的弟弟来说是一种很好的消遣，他觉得自己参与了这个过程。

我先问里德："在遇到挑战的时候，你会做或者能做哪些事情？"

我很佩服里德轻而易举就提出了那么多解决方案。他以前就运用过其中的很多技能，因此很快就列出了自己的清单。

1. 走开或者去另一个房间。
2. 深呼吸。
3. 把问题放到家庭会议议程上。
4. 换一种语调。
5. 让妈妈或爸爸帮忙。
6. 数到10，冷静下来。
7. 按"重启按钮"，再试一次。

他开心地把这些方法都写到了自己的饼图上。那些带香味的马克笔更是增加了他的热情。他想先在草稿纸上"练习"一下，再正式画到硬纸板上。

我很喜欢他在写错单词或者圆圈画得不均匀时的处理方式。他会划掉错误的单词，然后重写。我很想帮助他，替他解决问题，但我想起了独立完成对他来说有多么重要。我可以从他的笑容以及在椅子上开心地做出的手舞足蹈的小动作中看出他的自豪。当里德耐心地允许弟弟帮忙在已经完成的作品上贴贴纸时，我松了一口气。

当里德举起自己的选择轮时，他是那么自豪。就连帕克也很自豪。他们都摆出姿势拍照，里德甚至想让我为他拍一个描述选择轮的视频。

大约两个小时之后，他遇到了第一个挑战：他的哥哥格雷森说"里德闻起来臭烘烘的"，然后开始模仿里德说的每一句话。

里德过来对我说："格雷森一直烦我。"

我说："你遇到了挑战。去看看你的选择轮，从中选择一个你可以做的事情，对你会有帮助吗？"

他去看自己的选择轮，开始了小小的排除法。他说："我已经走开了，可他一直跟着我。我在寻求你的帮助。"

我问："你还可以尝试什么方法？"

里德开始做深呼吸。然后，他说："我要试试用平静的语调请他停下来，然后躺在床上听你给我们俩读一本书。"

有效了！

我还没来得及充分感受这一神奇的时刻，三个男孩就全都躺到了我的身边一起读书了。

我学到的最宝贵的一课是，里德有了独立解决问题的工具和技能。知道他有自己的选择轮，会提醒我不要参与解决他的问题。毕竟，让我参与并不是他的"解决方案"之一。（是的，寻求我的帮助是他的一种解决方案，而根据我的判断，我知道他有能力找到无须我介入的办法。如果他处于人身危险之中，我会帮助他。）

来自北达科他州的成功故事

我 3 岁的儿子杰克在我的帮助下制作了一个选择轮。杰克选择了他喜欢的剪贴画来呈现自己的解决方案。他称之为杰克的选择轮。

没用多久，他的选择轮就派上了用场。杰克和他的妹妹（17 个月大）正坐在沙发上一起看一本书。妹妹把书抢了过来，杰克立即掀开了大脑盖子。他冲妹妹大吼，抢回了书，把妹妹弄哭了。她又把书抢了过去。

我慢慢走过去，问杰克是否愿意使用选择轮——他竟然说愿意！他选择的是"分享玩具"。他给了妹妹一本更适合她的书，而妹妹高兴地把他的书还给了他。他们坐在那儿看了一会儿书，然后互相交换。

拥有这些能帮助我的孩子在这么小的年龄学习解决问题的工具，真是太好了。

——劳拉·贝丝（Laura Beth）

来自佛罗里达州布雷登顿的成功故事

在我的班级，我们每年都会制作一个选择轮。在一个学年的某个时刻，我注意到选择轮不像我希望的那样经常得到使用了。因而，为了激起全班同学对这一工具的兴趣，我提出做一些调整。我尤其想到一个4岁的男孩，他总是拒绝我让他使用选择轮的邀请，而我知道他当时确实需要选择轮，并且会让他从中受益。

孩子们使用小纸盘制作了各自便于携带的迷你选择轮，他们选出自己需要解决一个问题时愿意做的四件事情，然后写下来并且画在选择轮上。然后，他们在选择轮上穿一个孔，并用一根毛线把选择轮挂在脖子上。

每个孩子都从制作过程中得到了很多乐趣，而且他们对自己的选择轮很开心。制作并戴上选择轮的举动让大家更有参与感，而且对于我想到的那个男孩起到了出人意料的好效果。

当这个男孩把他的选择轮带回家时，他的妈妈告诉我，他非常兴奋，并且把使用方法告诉了妈妈和奶奶。她说，当她那天晚上看到他和他的父亲由于一件事情发生冲突时，她都不敢相信自己的眼睛了。这个男孩差点掀开大脑盖子。他通常的反应是大发脾气。而这一次，他直接跑到选择轮那里，说："我选择走开。"他真的走开了！

——赛利亚·哈菲兹（Saleha Hafiz）
注册正面管教家长讲师

工具提示

1. 在一次家庭会议上，你或许想练习解决"假想的"挑战，并角色扮演如何从选择轮上选择一个解决方案。
2. 邀请你的孩子制作另一个选择轮：愤怒的选择轮。
- 邀请他或她说一说人们表达愤怒的一些不尊重或伤人的方式。写在一张白板纸上。
- 一起做头脑风暴，想出表达愤怒的恰当方式。让你的孩子选择他或她最喜欢的方式，放到愤怒的选择轮上。
- 当你的孩子生气时，你可以问："从选择轮上找一种方式来表达你的怒气会有帮助吗？"

启发式问题（激励型）

要激励孩子自己找到解决方案，而不要告诉他们。

——鲁道夫·德雷克斯

提问而不是告诉，会让孩子思考并感觉到自己很能干。

1. "你需要怎么做才能为按时上学做好准备？"
2. "哎呀！牛奶洒出来了，你需要怎么做？"
3. "你和弟弟怎样才能解决这个问题？"
4. "如果你不想出去受冻，你需要带什么？"
5. "你计划如何完成家庭作业？"

正面管教养育工具

简

"不听话"在引言所描述的挑战清单上居于首位。当被问到其具体含义时,大多数父母会承认:"我的孩子不服从。"这提供了介绍一个体验式活动并帮助他们理解自己的孩子不听或不服从的好机会。你现在可以间接地参与到这个活动中。

假装你是一个孩子,正在听你的父母说下面这些"告诉式"语言。注意此刻你的想法、感受以及学到了什么。

"去刷牙。"
"别忘记你的外套。"
"去做作业。"
"不许和弟弟打架。"
"把你的餐盘放进洗碗机。"
"快点穿衣服,否则你就赶不上校车了。"
"别再哼唧了。"
"收拾好你的玩具。"

作为一个孩子,你感觉受到了尊重,感觉自己很能干吗?不大可能。

你学到了什么?去看看引言里的品格和人生技能清单。你学到了清单上的任何一项吗?不大可能。

然后,看一看引言里的挑战清单。作为一个孩子,你感觉有做出其中某种行为的冲动吗?很可能。

参与这个活动能够帮助父母们进入孩子的世界,从而理解他们如何促成了自己所抱怨的某些挑战。

现在，假装你是一个孩子，在听你的父母对你说以下这些"提问式"话语。同样，要注意你的想法、感受以及学到了什么。

"你需要怎么做才能让牙齿干净整洁？"
"你需要带什么，在外面才不会觉得冷？"
"你计划如何完成家庭作业？"
"你和弟弟可以如何解决这个问题？"
"我们对于吃完饭后怎么处理餐盘的决定是什么？"
"你怎样做才能准时赶上校车？"
"玩过玩具之后你的职责是什么？"

作为一个孩子，你有什么想法、感受，并且学到了什么？如果再看看品格和人生技能清单，你学到了其中的什么吗？当我们在工作坊和课堂上做这个活动时，扮演孩子的志愿者总是告诉我们，她从"告诉式"话语中学不到任何品格和人生技能，但从"提问式"话语中学到了很多。

这个活动说明了脑科学和生理学。告诉会造成身体的生理紧张，向大脑发送的信息是"抗拒"。难怪孩子们不听或不服从。

另一方面，听到一句尊重而真诚的询问（"提问型"话语）会让身体放松，向大脑发送的信息是"寻找答案"。当孩子们寻找答案时，他们感觉受到了尊重，感觉自己有能力，并且更可能感觉受到激励进行合作。

父母们似乎有一种根深蒂固的"告诉"而不是"提问"的习惯。他们会告诉孩子发生了什么、是什么原因导致的，孩子对此应该有什么感受，以及应该怎么办。所以，孩子们学会了不予理睬。然后，大人还奇怪为什么孩子对他们的说教左耳进右耳出。我开玩笑地挑战父母们，让他们用两周时间注意自己多么经常"告诉"，并且每次都要在一个玻璃罐里放一枚25美分的硬币。

两周之后，玻璃罐里的钱会超出他们的预料。一旦注意到自己在"告诉"孩子，他们就能开始思考如何换一种提问的方式。

激励型的问题是非常简短的，而且不必要求孩子给予言语回应。这些问题邀请孩子思考并作出决定。如果问的问题未能激励孩子合作，要尝试一个不同的工具。交谈型的启发式问题（见第6章）是为了引起交谈并解决问题。要记住，没有任何一种工具适用于所有情形。

玛　丽

我的丈夫马克和我都发现自己因为激励型的启发式问题没有取得期望的效果而感到沮丧。在与我妈妈讨论之后，我们很快认识到，自己对于这些问题应该如何起作用的期望是错误的。我们以为，如果我们用提问而不是告诉，我们就会让儿子们按照我们的想法去做。我妈妈指出，这是启发式问题，不是服从式问题。他们听到的不是我们以能激励他们思考并感觉到内在激励的方式在问问题，而是理解为我们想让他们服从。

当然，我们希望他们会选择按照我们的想法去做，但是，以一种招致抗拒的方式提问和以一种促进合作的方式提问是有明确界线的。当孩子感觉到我们是真正好奇时，他们会寻找答案。然而，如果他们感觉到是"服从式问题"而非真正的好奇，他们更可能会抗拒。

像通常一样，我最好的老师之一，9岁的儿子格雷森，证实了我刚刚从妈妈那里学到的东西。

我告诉格雷森："真希望我不在意你的牙齿。"

他笑着给了我一个拥抱。

然后，我说："我们的关系对我来说比你的牙齿更重要。我可以说些什么或做些什么来激发你刷牙的积极性，而让我不必扮演监督你刷牙的警察呢？"

格雷森：你可以试试什么都不说。
我：我怎么知道你是否刷牙了呢？
格雷森：在你为我盖被子之前，我对着你吹口气，让你闻到我的呼吸，或者我刷牙之后会直接告诉你。
我：你是说，我根本不需要问？
格雷森：从我出生以来你每天晚上都这么问我。我想我已经知道你想让我刷牙了。
我：精辟。

多么好的观念啊！我想我们俩都厌烦了我要求他或唠叨他刷牙。我也很快就用尽了和善而尊重的提问方式了，而且我的耐心确实也耗尽了。我发现，我们俩在太多的时候都陷入了权力之争，并感觉彼此没有连接，都是因为刷牙的问题。

当所有的其他方法都失败时，要尝试问问你的孩子如何才能激励他们。第二天晚上，我没有要求，他未经提醒就自己刷了牙（生平第一次）。我们在充分连接中完成了睡前惯例，我知道我们俩的感觉都比以前更好。

布拉德

我是"告诉"而非"提问"的大王。我决定尝试如果我告诉孩子们什么事而不是启发式提问，我每次就往玻璃罐里放一枚25美分的硬币时，孩子们非常兴奋。他们最兴奋的是我同意在两周之后把玻璃罐里的钱都给他们。当涉及到金钱的时候，你会很惊讶孩子们有多么机警。

那两个星期对于我来说并不顺利。"不要忘记带午餐"和"快点，你要迟到了"只是让我花掉 25 美分的其中两句话。

两个星期后，我的两个孩子都有了钱买自己选择的一个视频游戏。而我学到的是，孩子的那些实时提醒非常有帮助。

来自加利福尼亚州圣地亚哥的成功故事

我们今晚召开了每周一次的家庭会议，议程上的事项之一是甜食。像我一样，我的孩子们都喜欢甜食，而且吃甜食太多！我把这个问题放到了议程上，想听一听孩子们有什么办法可以让我们吃得更健康。我 5 岁的女儿莉莉说我们本来就吃得很健康；我们只是吃了太多的甜食。然后，她站起来和 3 岁的妹妹罗丝角色扮演吃太多甜食的过程。在角色扮演中，她们用假装的甜食诱惑对方，然后把这些甜食全吃光了。

接下来，她们想角色扮演少吃甜食，所以，当莉莉拿出假装的甜食时，罗丝说"不"，因为妈妈，所以她不吃。

我问："你不吃甜食是因为我，还是因为它对你的身体不健康？"

莉莉迅速回答说是因为对自己的身体不好。

然后，她们坐下来讨论如何记录自己吃甜食的情况。她们决定做一张"甜食监督卡"，把全家人的名字都写在上面。以后，当任何人吃了甜食后，都要在自己的名字旁标上计数。这样，我们每周就能看到全家人做得怎么样，并努力做得更好。

两个孩子决定，我们要从昨天开始，于是，我们都回想自己吃了多少甜食。我们昨天去了动物园，吃了棉花糖，而且午餐在一家中餐馆吃了幸运饼，所以，我们都在自己的名字旁边做了标记。

我们已经在上一次家庭会议上决定在每次家庭会议结束的时候吃甜点。罗丝说她想要樱桃作为甜点，我也选择了樱桃。莉莉说她想吃蛋糕，我的丈夫就去冰箱最上层为她取蛋糕。然后，莉莉阻止了爸爸，她说她也选择吃樱桃——天然糖果。我喜欢家庭会议，喜欢它赋予孩子们依据内心做出选择的力量。

——朱莉·伊朗宁贾德（Julie Iraninejad）
注册正面管教导师

来自加利福尼亚州帕萨迪纳市的成功故事

我的女儿克莱尔一直很喜欢烹饪的触觉体验。她喜欢用手揉面团，用手指碾碎片状的海盐，把蔬菜切成不同的形状。

这始于蹒跚学步的克莱尔发现我放在食品储藏室的香料容器。她满心好奇。我教她认识这些配料的名称，把每一种都放一点在她手上，让她闻一闻肉豆蔻或者把手掌里的干莳萝压碎。

3岁时，克莱尔自己想办法打开了香料罐……并且发现了极大的乐趣。她很喜欢"烹饪"——把干香草和香料泡在水里，做出奇怪的、带香味的混合物。她兴奋极了！她喜欢混合各种干性原料，加水搅拌，然后研究结果。克莱尔迷上了"烹饪"——每天都要做。起初，我整理了我的调味品架，把多年不用的旧罐子都给了她。可是，她一个下午就用完了！我意识到如果不加干预的话，我很快就没香料用了。

我解释道："我们不能用完所有香料，因为我们家需要用这些来做饭。"克莱尔很震惊。她伤心地告诉我："妈妈，我在为我们做饭！"她的失望是真实的——在她心里，她是在为全家人做饭！克莱尔感觉自己正在做出重要的贡献，我喜欢这一点，而且我想鼓励她。我开始思考如何与她共享权力，同时又不必因为买更多香料或浪费好的原料而破产。我意识到需要使用另一个工具——花时间训练。

我在食品储藏室里为克莱尔提供了一层架子，用来放置她自己的原料。我带她去当地的一元店购物，并且解释说我们可以拿出10美元让她选择自己的香料。她非常认真地看待这项任务，仔细检查商店里的每个瓶子，直至她的购物篮里装满了形形色色的瓶子。

到家之后，我们面对着新的挑战：克莱尔想把所有瓶子里的香料立刻全部倒出来！这让我有机会使用有限制的选择以及启发式问题的工具，然后允许她体验自己的选择所带来的自然后果。我们讨论了如果在那天把所有瓶子都倒空会发生什么。克莱尔理解到了这样我们就没有香料了，而且在一段时间之内我们不会去买新的香料。

我让克莱尔选择当天要用的四瓶香料，并且决定把哪些瓶子放到架子上留着以后用。然后，由她来决定如何使用这四个瓶子。我问："你是想今天一下子把这四个瓶子都用完，还是少用一些，留一些明天再用？你来决定。"

你或许可以猜到她的选择。她热切地把四个瓶子里的香料全部倒进了一大碗水里，然后开始搅拌。她喜欢闻这些香料的味道，说出它们的名字，并且把手伸进去感受它们。她已经全心投入其中！

克莱尔初进厨房时是一个小小的疯狂科学家，她狂热地把各种香料混合在一起，并称之为晚餐！如今，年仅8岁的她已经成了一名能干的小厨师，非常擅长把原料混合起来发明各种美味的菜肴。

问启发式问题和提供有限制的选择赋予了克莱尔力量，让她能够按照自己的想象"烹饪"。尽管她在用光自己的原料时会失望，但随着时间的推移，她了解了提前思考并节约使用自己的资源的价值。这都是非常富贵的技能，无论是在厨房里还是在生活中！

——艾米·诺布尔（Amy Knobler）

注册正面管教家长讲师

工具提示

1. 不要试图以说教进行填塞，而要尝试用启发式问题引出。
2. 不要在你和孩子感到心烦时提问。要等到你们都平静下来。
3. 要确保你的问题不是"服从式"或"操纵式"的。
4. 当孩子们听到一个尊重的问题时，他们更可能感觉到自己很能干并愿意合作。

避免娇纵

任何一个过度依赖的孩子,都是提出过度要求的孩子。一个依赖型的孩子会横行霸道,会让所有人都为他服务。

——鲁道夫·德雷克斯

当父母们以爱的名义娇纵孩子时,他们就是在犯错误。

1. 娇纵会造成孩子的脆弱,因为孩子会形成其他人应当为他们做每一件事的信念。
2. 你能给予孩子的最伟大的礼物之一,就是让他们形成"我能行"的信念。

简

要愿意审视一下，你可能在怎样促使孩子相信你会永远解救他们或者解决他们遇到的挑战，而不是以共情的支持相信他们有能力自己解决问题。当我们避免娇纵时，我们本质上就是在对我们的孩子表现出信任。

你是否在教给孩子"使"他们开心就是你的职责？如果是这样，他们会想确保你不放弃这一职责。另一方面，你帮助他们发展的技能和能力，就是他们为幸福建立的最佳平台。

让我们来明确一下"避免娇纵"的含义。我们指的不是爱、真挚的情感和连接。给孩子拥抱不是娇纵。向孩子致谢不是娇纵。认可孩子的感受也不是娇纵。

娇纵是替孩子做他们完全有能力自己做的事情。孩子天生就有自己做事情（以及帮助他人）的内在欲望。他们从大约18个月大开始就表达这种欲望。我们都见过蹒跚学步的孩子说"我来做！"太多的父母会说："不，你太小了。去玩吧。"然后，等到孩子长大了，我们却惊讶于在请他们帮忙时，听到他们说："不，我在玩呢。"

父母往往图一时之便而替孩子做事。他们或许是在赶时间，或许担心孩子做得不"对"或不完美。这正是为什么花时间训练非常重要的原因。这意味着要让他们看到如何做事，比如自己穿衣服（包括自己挑选衣服），让他们负责自己的学校作业（包括允许他们体验不做作业的后果，然后帮助他们想出下一次的解决方案），让他们做几顿饭（即便做出来的像吉布森的奶酪蛋糕一样）。要让他们练习，犯错，并从中学习。

要与年龄小的孩子一起做事，直到他们的年龄足够大、练习得足够多，可以"毕业"并独立做事。每一件事情所花的时间都会更长一些，而且不会完美，但是，要记住，我们是在为长期效果而努力。要给你的孩子机会，成为负责任、有能力的年轻人，这是娇纵无法做到的。要记住，研究已经表明权威型养育方式是与孩子的成熟程度、责任感和学业成功密切相关的。

玛 丽

我还没有见过不娇纵孩子的父母，所有的父母都至少有时候会娇纵孩子。我这么说并不是在评判，因为我知道，在谈到为孩子做得太多以及试图解救他们、让他们免于失望时，我并不孤单。我也知道，我们都是在以爱的名义这样做。

有多少人曾经开车回家（即使上班迟到了）去取孩子要带到学校的作业？或许，你曾经为解救孩子而写过便条或打过电话，随便编造一个理由，让他或她免于体验自己的行为后果。还有，跑回家匆忙拿上外套、午餐盒、书包、运动装备，或者孩子缺少了就活不下去的其他东西。我猜，父母在提供这种"帮助"的同时至少还会附赠一次小小的说教，告诉孩子如果妈妈没有施以援手的话会发生什么或者他们会有什么感受。

这种情况呢：你有没有为每个孩子单独准备饭菜，因为这总比听他们抱怨你的厨艺要轻松——或者，你没有办法忍受让他们饿着肚子睡觉的念头？

在运用这个工具时，我不得不奇怪自己为什么仍然在帮他们洗头、重刷一遍他们的牙齿、为他们系鞋带，以及收起他们留在地板或桌面上的物品。主要原因是这样做更快，效率更高，更少麻烦，我不必听他们的借口，而且我讨厌一遍遍地重复同样的话。

请告诉我，我并不孤单。告诉我，你和我一样需要这个工具。意识到自己是在剥夺孩子发展能力感的这么多机会，你像我一样感到内疚吗？

好吧，这与内疚无关，而与觉察和理解有关。我们可以从自己的错误中学习，并努力改进。以下几个想法会有帮助：

1. 我可以学着不把孩子的健忘、挑剔、与其年龄相称的行为以及有时候烦人的行为看成是针对我的。

2. 我可以提醒自己，这与我以及他人会怎么想无关。这与孩子将来所需要的能力和技能有关。

3. 我可以记住，我的职责并不是让我的孩子们受苦，而是允许他们受苦，以便他们能增强"失望肌肉"、韧性，以及解决问题的能力感。

4. 当我花时间训练并允许我的极其能干的孩子自己多做事情时，我是一个更有效的妈妈。

这对于他们是多么好的一个礼物啊。这对于我自己是多么好的一个礼物啊。

有一次，我接到了来自格雷森学校的电话，这给我提供了避免娇纵的一个机会。当我看到手机上显示学校的电话号码时，我立刻惊慌了。当我听到他甜甜的声音时，我更惊慌了。（学校是从什么时候开始允许孩子因为忘带作业而给家里打电话的？）

格雷森说："嗨，妈妈，我把作业忘在你的车上了。你有办法给我送来吗？如果课间休息时交不出作业，我就要留校了。"

我立刻想象到我可怜的儿子被留在了教室里，而不是做自然而且完全必要的事——在外面玩。哎！他甜美的声音触动了我的心弦，我努力挣扎着不要说出："我十五分钟后到。"

然而，我想到这是他培养韧性并且从错误中学习的机会，即便这意味着他可能会因为我不解救他而冲我发火。我可以保证，在说不的时候，我比他更痛苦。

当然，他活下来了。他坐在教室里重新做了作业，然后为他很喜欢的一个老师提供了帮助。由于我避免了解救他，他与这个老师度过了一段特殊的时光，而且从此再也没有忘记过带作业。

我想起自己上二年级的时候，有一次忘记了带午餐。我的老师让我去办公室给我妈妈打电话，让她把午餐送过来。我们的对话是这样的：

"嗨，妈妈，我把午餐忘在桌子上了。能请你帮我送过来吗？"

我妈妈回答："真抱歉，亲爱的，我做不到。"

她没有说教，而是和善地认可了我的感受，她说："我知道你很失望，可能因为我不给你送午餐而生气。我很乐意在你回家的时候和你用头脑风暴找出解决办法。"

有些父母在听到让孩子有饿一顿的想法时会惊恐地倒吸一口气。首先，我知道，比起这种做法，剥夺孩子获得能力感的内在深层欲望所带来的伤害会更重。其次，我知道他们不会挨饿。他们会有大量的机会吃到他们的朋友打算扔进垃圾桶的健康的三明治。

我记得，当我告诉办公室的老师说妈妈不送午餐过来时，他们有多么吃惊。我并不感到意外。在那时，我已经有了足够的经验，知道我需要了解自己行为的自然后果。

很多年之后，我可以证明我再也没有忘记带午餐，而且，我现在能够非常负责任地记住带上我当天需要的所有物品。如果妈妈当时解救了我，我几乎可以保证我会再次忘记带午餐。

布拉德

我娇纵孩子。我对此并不引以为傲。我承认自己是一个超级老爸，总是随时准备着跨越高楼大厦去解救我的孩子免于失望。

如果我的女儿忘记带午餐，我会放下手头的一切事情，把她的午餐送到学校。如果我的儿子不喜欢做一件家务，我就会做，让他做些更轻松的事情。

我的孩子们依然很能干并且独立。然而，他们并不擅长对待失望。正如我妈妈所说："孩子们需要锻炼他们的失望肌肉。"随着孩子们一天天长大，我注意到当事情变得困难时，他们往往会放弃。

现在，我正在努力奋起直追，教给他们变得更有韧性。相信我，孩子长大之后，这变得困难多了。所以，这是一个引以为戒的故事。如果你希望自己的孩子具有韧性以及攻克难关的能力，你必须让他们在年幼的时候锻炼他们的"失望肌肉"。

来自乔治亚州亚特兰大的成功故事

我的女儿 4 岁。总的来说，她的行为良好。然而，现阶段，她有时候不愿意按照我们的要求去做。比如，她留着长头发，却不愿意梳理；我为她梳的时候，她还抱怨。她把大多数玩具都拖到房间的地板上，并且在玩过之后从来不想清理自己的房间。

这令我恼怒、生气、不耐烦。我往往会采取"错误目的表"第三列的很多种回应方式。比如，最后几乎都是我帮她梳头发。在让她整理房间方面，我取得的成功要稍微多一些，因为她会在整理好玩具之后向我们展示自己的房间有多么整洁，她喜欢得到我们的赞扬。

但是，她有些时候会拒绝整理玩具和衣服，而是玩起其他游戏，希望我替她收拾。有时候，我会替她做，以避免内心那些开始积聚的恼怒爆发出来。通常，对同一件事情，我不得不反复提醒她很多次。

正如"错误目的表"第四列所描述的那样，她勉强地梳头发，梳得很不好，留下无数乱糟糟打结的地方让我去解决，然后我们才能出门。

按照"错误目的表"的第五列,她的信念似乎是"你强迫不了我!"这最能引起我的共鸣。她希望自己说了算。

我想出了以下主意:

·我的女儿喜欢帮忙。在上述情形中,"让我帮忙"可能是她需要的。或许,我可以找到一种更有效的方式,让她在打扫房间时感觉好像是在帮助我和她自己,而不是我一味地催促她打扫,然后又在她不愿意的情况下让步。

·我也想到了"给我选择"。比如,我建议过把她的头发剪短一些,这样更容易梳理,她同意了,但是我没有坚持到底。如果她对决定自己的发型有更多参与,或许就会更愿意照料自己的头发。

·我将每天给她留出专门的打扫房间的时间,或许是在一天结束的时候。我会设置大约 10 分钟的计时,我想她会喜欢。我可以说:"让我们来看看你可以在 10 分钟之内把房间整理得多漂亮,在计时结束之前!"

·我通常会在睡前给她读一个故事,我可以通过让她自己选择一本书,然后在她根据计时打扫完房间之后读给她听。或许这可以形成一个惯例。

结果:最近几个晚上,我为她设计了一个"游戏"。我用手机设定 5 分钟计时,看看她在闹铃响起来之前能用多快的速度整理好房间。她很喜欢在闹铃响之前努力把房间整理漂亮。目前,这个方法很顺利。希望我可以把它变成我们睡前惯例的一部分,即只在她的房间整洁之后才会提出给她读(她喜欢的)睡前故事。

——乔尔·德温·卡特(Joel Devyn Carter)
注册正面管教家长讲师

工具提示

1. 娇纵并不是爱。是的,孩子们喜欢。然而,这对他们健康的技能发展是一种伤害。

2. 要记住孩子正在形成的信念,并创造经历让他们相信自己的韧性和能力。

有时候,正是那些对你和孩子来说最艰难的经历,才是对孩子今后的人生最有帮助的。

第6章
渡过难关

拥 抱

> 安全感来自于一种能够有效地处理生活中所遇到的任何事情的感觉。
>
> ——鲁道夫·德雷克斯

孩子们感觉好才会做得更好——你也是这样。拥抱有助于我们感觉好起来。

1. 当你的孩子发脾气时,要试试请求一个拥抱。
2. 如果孩子说不,要再说一次"我需要一个拥抱"。
3. 如果孩子仍然说不,你要说:"我需要一个拥抱。等你准备好了可以来找我。"然后就走开。接下来发生的事情可能会令你非常惊讶。

简

纠正之前先连接，是我们最先介绍的工具之一，因为这是其他所有工具的基础。除非建立起连接感，否则，父母或孩子谁也不会处于最佳状态。请求一个拥抱，只是你与自己的孩子建立连接的很多种方式之一。

在观看鲍勃·布拉德伯里博士（Bob Bradbury）的一个视频时，我了解了请求一个拥抱的价值。布拉德伯里博士是一位阿德勒学派的心理学家，在华盛顿州西雅图主持"家庭焦点"节目很多年。他在很多观众面前采访一位父母或老师。在采访中，他会确定所讨论的孩子的错误目的，然后提出有可能帮助这个丧失信心的孩子感觉到鼓励和力量的干预建议。鲍勃分享了下面这个例子。

一位父亲对自己4岁的儿子史蒂文束手无策，史蒂文经常发脾气。在与这位父亲谈了一会儿之后，布拉德伯里博士确定孩子的错误目的是寻求权力，他建议："你为什么不请儿子给你一个拥抱呢？"

这位父亲被这个建议搞糊涂了。他回答说："那不是在强化他的不当行为吗？"

布拉德伯里博士说："不会。你愿意试一试并且在下周告诉我们发生了什么吗？"

这位父亲疑虑重重地同意了。然而，第二周，他说，当史蒂文又一次发脾气时，爸爸蹲下来看着儿子的眼睛，说："我需要一个拥抱。"

在大声抽泣的间隙，史蒂文问："什么？"

爸爸重复道："我需要一个拥抱。"

史蒂文还在抽泣着,但还是难以置信地问:"现在?"

爸爸说:"是的,现在。"

史蒂文停止了抽泣,不情愿地说着:"哦,好吧。"僵硬地给了爸爸一个拥抱。但是,仅仅几秒钟之后,他就融化在了爸爸的怀抱中。

他们拥抱了几秒钟之后,爸爸说:"谢谢。我真的需要一个拥抱。"

史蒂文有点哽咽地说:"我也是。"

你可能想知道为什么这位父亲说的是"我需要一个拥抱",而不是"你需要一个拥抱"。这个故事表明了几点:

1. 在这个例子中,由于错误目的是"寻求权力",如果父亲说儿子需要一个拥抱,很可能会招致男孩为了激化这场权力之争,而说"不,我不需要"。但是,史蒂文怎么能够对爸爸需要一个拥抱的事实进行争辩呢?

2. 孩子们天生就有做贡献的内在欲望。贡献能够带来归属感、价值感和能力感。史蒂文给了爸爸一个拥抱,尽管一开始很不情愿。

3. 孩子们在感觉好时才会做得更好。一旦史蒂文通过给爸爸一个拥抱而感觉有所好转,他就会停止发脾气和权力之争,并享受与爸爸的拥抱。

布拉德

我们家绝对喜欢这个工具。当我向孩子们介绍这个工具时,艾玛说:"好吧,我可不会抱吉布森。"但是,很快,艾玛就拥抱了吉布森,吉布森也拥抱了艾玛,我们全都抱在了一起……这成了我们家的拥抱盛会。

昨天晚上，我和儿子因为一件事情产生了争执。突然，他停了下来，伸出双臂说："爸爸，抱抱！"我们停止了争执，给了彼此一个拥抱。

多棒的一个工具啊！每个人都可以更多地运用拥抱，这也是一个关注给孩子更多拥抱的绝佳机会。这一工具提到的是在孩子发脾气的时候给一个拥抱，但是，我们当然不必等到孩子发脾气时才给孩子拥抱。

我们有些人或许不太擅长拥抱（包括我在内），所以，我们可以运用这个机会多加练习。

玛　丽

一天晚上，我带着当时 3 岁的格雷森和 1 岁的里德在街区散步。我们路过一位邻居的房子，孩子们正在门口玩。格雷森被那里正在进行的各种活动迷住了。各种年龄的孩子们在打篮球，玩传接球，骑滑板车。于是，我们停下来在一旁看了大约 5 分钟。

天色渐黑，越来越冷。里德开始哼唧。格雷森着迷地看着，我因为一直站在邻居家门口而开始感到有点尴尬。当我告诉格雷森我们该走了，他还没有准备好。他想待在那儿看"人"。

我给他解释了为什么我们需要离开的很多合乎逻辑的理由。在第二次要求他走并且他仍然拒绝之后，我告诉他可以做出选择：要么拉着我的手和我一起走，要么我把他抱起来带走。无论怎样我们都需要离开。

当然，他不想拉着我的手，但我是用婴儿背带背着他弟弟的，所以，我坚定地抓住格雷森的手，说我们该走了。他开始放声大哭。格雷森的哭声在我或其他人所见过的孩子当中一直是最响亮、最刺耳的。自然,一位遛狗的邻居看着我,好像我刚刚打了孩子似的。从他哭的声音来看,确实像是我打了他。

我拼命地试图保持平静,无视他的哭声,并让他拥有自己的感受,但是,我们俩都越来越烦恼。我知道该做什么,可是我不想那么做。然而,冒着让我自己在其他邻居面前难堪的风险,我蹲下来与他平视,并且告诉他,我需要一个拥抱。

他立刻投入我的怀抱,心甘情愿地给了我一个充满爱的拥抱。立刻,我们俩都感觉好了起来,哭声停止了,我们的心连接在了一起,平静地往家里走去。

这个故事的寓意是,尽管我知道在我们俩都感觉心烦意乱的时候给他一个拥抱会起作用,但我并不愿意向他要一个拥抱。在发脾气的时候拥抱,说起来容易做起来难。然而,在拥抱之后,我们都感觉更好——并且做得更好。

来自加利福尼亚州普莱森顿的成功故事

上周,在下班回家的路上,我收到妻子斯蒂芬妮发来的短信,她说我们 5 岁的女儿格雷丝完全失控了,情绪非常可怕,斯蒂芬妮已经无法忍受了。

我到家之后,进屋径直走向格雷丝,并请她给我一个拥抱。刚开始,她转身背对着我,双臂抱在胸前,说"不"。我决定再请求一次,在 5 秒钟的停顿之后,她转过身给了我一个大大的拥抱。斯蒂芬妮说就好像有人按了格雷丝的开关一样。她从情绪最糟糕的状态,变成了好像度过了最快乐的一天。

看到请求一个拥抱这么简单的事情对一个 5 岁的孩子所具有的影响,真的令人惊讶。老实说,在学习正面管教的课程之前,我回家后很可能会由于格雷丝的不当行为而惩罚她,而全家人的整个下午就毁了。

——埃里克·桑托斯（Eric Santos）
莉莎·弗勒（Lisa Fuller）的正面管教课堂学员

来自中国深圳的成功故事

我让我的丈夫照料我们3岁的儿子三十分钟，以便我能睡一会儿。我躺下七八分钟，就听到客厅传来一声很大的声响，接着听到我的丈夫在对着儿子大吼。然后，我的公公对着我的丈夫吼，我的丈夫又冲他的父亲吼。

这种情形在我家发生过很多次了。我曾经为此痛苦不堪。然而，这一次我感觉不同了。在参加了正面管教的父母课堂之后，我更好地理解了我自己、我的丈夫，以及我的公公。

我起身离开房间。公公已经带孩子去外面玩去了。我丈夫正在上网。我能看出来他非常生气，即便他一言未发。

我走到他身边，说："站起来。"

他很困惑："为什么？"

"没什么，就是站起来。"

他慢慢地站了起来。

我张开双臂拥抱了他。几秒钟后，我能够感觉到他的整个身体在我的怀里柔软了下来。我们拥抱了一小会儿，然后他离开了电脑，下楼去找我的公公和孩子。他的怒气消失了，我们度过了一个平静的夜晚。

——甄颖（Elly Zhen）的正面管教课堂学员

工具提示

1. 如果你的孩子不想给你拥抱,不要认为这是针对你个人的。要允许你的孩子拥有感受,并相信他会在自己合适的时间学会对待这些感受。

2. 在平静的时候,和孩子聊一聊给予和接受拥抱是怎样帮助人们感觉好起来的。

3. 要让孩子放心,感觉他们自己的感受没关系,并且他们可以决定是否以及何时准备好拥抱。

4. 让孩子想出一个给你的信号,以此表示他是否以及何时准备好了给予和接受拥抱。

看着孩子的眼睛

仅仅通过改变自己,我们就能改变整个人生以及身边人的心态。

——鲁道夫·德雷克斯

坐在沙发上向房间另一头的孩子大喊,是不尊重的(也是不管用的)。

1. 停下你手上的所有事情。站起身来,走到离孩子足够近的地方,看着他或她的眼睛。
2. 你会注意到,当你尝试尊重地看着孩子的眼睛时,你的语气会更温柔。
3. 要在成年人的关系中为孩子做出看着对方眼睛的榜样。

简

有些时刻的影响会如此深远,以至于你会始终铭记在心。对于我来说,一个这样的时刻就是我在 60 多岁的时候读一本女性杂志。我不记得那篇文章的标题了,但它一定与倾听孩子有关,因为照片所传递的信息在我的脑海中留下了不可磨灭的印象。照片上是一位站在洗碗池旁边的母亲,她明显停下了手上正在做的事情,转过身来,看着刚从后门进屋的孩子的眼睛在听孩子说话。

我记得自己当时在想:"如果我能记住停下手上的所有事情,真正倾听我的孩子,不是很了不起吗?还有什么更好的方式让孩子们知道我有多么在乎他们吗?"这张照片对我产生如此深刻影响的原因是,我知道自己在这方面做得有多么糟糕,我往往更加关注自己正在做的"重要"事情,而不是"看着孩子的眼睛"倾听。

这张照片是否改变了我的行为,让我成了一个看着对方眼睛的完美的倾听者呢?没有。我仍然会分心。我希望这能帮助我记住更经常地倾听,我还希望写下这件事会再次激励我停下手头的事情,真正地倾听。

玛 丽

我要分享最近的一个故事,它让我充分理解了在试图沟通时与我的孩子保持目光接触为何如此重要。

我和两个儿子(6 岁半的格雷森和 4 岁半的里德)正在享受

每周五的电影之夜。我们吃着看电影时常吃的零食——爆米花和冰激凌。我们都躺着沙发上，这时，里德打算给自己倒一些橙汁。一方面，我很高兴让 4 岁的孩子在口渴的时候自己倒饮料。另一方面，我讨厌他在很快就要睡觉的时候给自己倒了满满一杯果汁。

我转过头认可了他和他的行为，然后又小小地说教了一番他应该选择喝水，因为很快就要睡觉了，我多么不希望他尿床以及摄入那么多糖分。

自然，我期望他会说："你说的完全正确，妈妈。"是的，没错。他只是继续喝着橙汁，直到快喝完，就在这时，我坚定地说："里德，不许再喝果汁了！"

他显然不喜欢我对他说话的语气。令我意想不到的是，他直直地看着我，喊道："行，妈妈！"

我非常生气，而且感到他很不尊重我。我告诉他，不许他再看电影，他需要上楼睡觉去。

没用多久，我们就对自己的行为都感觉很糟糕。我们互相道了歉，并且说我们希望重新开始。当里德告诉我"我就是不喜欢你对我大喊"时，他让我既感动又心碎。

我从这一刻了解到的是，如果我当时从沙发上站起来，看着里德的眼睛向他解释我对他喝饮料的担忧，他可能就会听我的。如果我的语气尊重而平静，他就会感觉受到尊重，并且礼貌地做出回应。

布拉德

我承认，作为一个忙碌的单亲爸爸，我大声喊着说话的次数比较多。我在楼上做饭时会冲着楼下的孩子喊叫。直到孩子们开始这样对待我时,我才意识到这有多么令人恼火。我第一次对此很生气,是我正在楼下的懒人椅里放松,我的女儿在楼上朝我大声喊着说了些什么。我的第一反应是冲她喊:"如果你想和我说话,就到楼下来!"

我吸取了教训。如果你能花时间让自己站到孩子们的立场上,你会获得一个新的视角。我现在会尽最大努力避免大声喊叫;相反,我会找到他们,看着他们的眼睛说话。或者,如果我确实懒得动,有时候我会给他们发短信。十几岁的孩子非常喜欢短信。

来自加利福尼亚州帕萨迪纳市的成功故事

像很多学步期的孩子一样,我的女儿克莱尔是通过动手学习的。这意味着,她周围的每一样东西都是她兴奋地用双手去探索的东西——哪怕是大人厌恶的东西。比如垃圾。

在克莱尔 14 个月大的时候,一天下午,我在去客厅时,留她一个人坐在厨房的地上。几分钟之后,我回到了厨房——我发誓真的只有几分钟。可是,一个好奇的学步期孩子在短短几分钟之内就能造成严重破坏。

克莱尔当时还不会走路,她更喜欢坐在地上用屁股蹭着快速移动,速度比一个小宝宝爬得都要快。我根本想不到克莱尔会拽着垃圾桶站起来。好吧,她证明了我是错误的。她不仅自己站了起来,而且打开了垃圾桶的盖子,把最上面的垃圾拿了出来。

我回到厨房时,发现克莱尔正抓着一个用过了的沾满咖啡渣的咖啡滤纸,弄得到处都是咖啡渣。地板上还有她的屁股坐在垃圾上前前后后挪动时留下的很多印迹。屁股的踪迹!此外,白色橱柜、白色垃圾桶和白色架子上也有很多咖啡手印。

我震惊地站在那里,她快乐地尖叫着,用力把滤纸扯成两半,咖啡渣飞得到处都是。

遗憾的是,我的第一反应是喊道:"克莱尔!不!"但这没能阻止她。她正在自己的世界里享受着无穷的乐趣。

我坐到地板上,深吸了一口气。我俯身与她平视,轻轻地抓住她挥舞的双臂。我平静地叫了几次她的名字。她终于看着我的脸,在我们俩目光接触的那一瞬间,她的脸上露出了最灿烂的微笑。这种连接帮助她重新集中了注意力,她停止了乱扔咖啡渣。

但是,我最惊讶的发现是:彼此看着眼睛的连接正是我所需要的。看到她快乐地咧嘴微笑,我感到更平静了,更愿意去处理满地狼藉。事实上,我认识到了这一场景多么好玩。接着,我赶紧拿来相机,为家人记录下这一令人捧腹的瞬间。

克莱尔还很小,所以,她还做不了什么帮助我清理。我让她看我如何用纸巾擦干净黑色的印迹,于是,她也拿着自己的纸巾开始擦咖啡渣,尽管越擦越多。这一幕真是太好笑了。说实话,这是我记忆中感受到与我的孩子真正心心相印的一次,也是我最喜欢的回忆之一。

——艾米·诺布尔(Amy Knobler)
注册正面管教家长讲师

工具提示

1. 要记住,巴比·鲁斯(Babe Ruth)凭借0.342的平均击球率入选棒球名人堂(见 baseballreference.com)。你不必为了入选"看着对方的眼睛倾听"的名人堂而做到完美。

2. 我们生活在一个快节奏的世界,其节奏由于电子产品而加快了十倍。要意识到你在倾听时多么经常逃避看着孩子的眼睛,因为你对手机的关注多过对孩子的关注。

  3. 要知道,从现在开始的 10 年或 20 年之后,你不会记得曾经令你分心的"重要"事情是什么;但是,你会体验到你与孩子之间的连接所带来的结果。

每次迈出一小步

我们无法保护孩子免于经历生活的跌宕起伏。因而,帮助他们为生活做好准备是绝对必要的。

——鲁道夫·德雷克斯

要把任务进行分解,让孩子能体验到成功。例如:一个学龄前的孩子在费力地写自己的名字。

1. 给孩子示范正确的握笔方式。
2. 一次练习写一个字母。你写一个,然后让孩子写一个。
3. 教给孩子一个技巧,但不要替孩子做。
4. 当孩子们成功地迈出一小步时,他们就会放弃"我不行"的信念。

简

作为父母,我们当然能比自己的孩子更快、更好地完成每一件事情。但是,这对你的孩子有什么帮助呢?你必须决定完美和省事是否比鼓励孩子对他或她的能力形成深深的信念更重要。

父母们或许没有认识到为孩子做得太多(通常是以爱的名义)会使孩子丧失信心。当大人坚持为孩子做他或她自己能做的事情时,这个孩子可能会形成"我没有能力"的信念。另一种可能的信念是"爱意味着其他人要为我做事"。

健康的自尊来自于拥有技能,而娇纵孩子其实会阻碍其技能的发展,记住这一点或许会对你有帮助。要停止为孩子做他或她自己能做的事情,并为孩子留出练习的空间——即便他做的并不完美。如果他说:"我不行。"你要有耐心,并说:"我相信你能处理这件事。我会给你示范第一步,然后让我看看你做下一步。"

鼓励一个相信自己没有能力的孩子,需要大量的耐心、对孩子能力的信任,以及温和而坚持不懈让孩子看到细分的小步骤,而不是替他做。

玛 丽

当我快 5 岁的儿子开始上学前班时,他被布置了家庭作业。刚开始的几天,我为此非常纠结,有这样几个原因。首先,一天教他们七个小时难道还不够吗?其次,他在学前班的午睡时间已经比一个月之前少了近两个小时。多亏我们家距离学校有 20 分钟车程，他在回家的路上能睡一会儿。

我最大的挫败感是，他上学的时候我一整天都在想他，然后，我发现放学后我们为家庭作业争斗，而不是享受家庭时光。即便我知道不对，但我在贿赂、威胁、表扬、奖励他，仅仅是为了让他临摹字母并且涂上颜色。然后，我想到了这个非常简单而有力的正面管教工具：每次迈出一小步。

我坐在他身边，并且告诉他：我的书写太马虎，我想重新学习写字母，希望写得和他一样。我儿子的脸上露出了快乐的笑容。我问他，我是否也可以有自己的家庭作业，内容和他的一模一样。他很喜欢这个主意，立刻说："当然，妈妈！"

在他练习写 A 时，我也开始练习写 A。我相信他感受到了连接和鼓励。当他开始描歪的时候，我问他能不能检查我的作业。他热情地说行，然后开始指点我的作业，并且与他的进行比较。当他用我以前对他说过的鼓励的话语支持我时，比如"就是这样，妈妈"以及"你一定为自己感到很自豪"，我的心都融化了。

我们运用"每次迈出一小步"的另一种方式，是在他刷牙的时候。有时，我会建议一小步："你刷上面的牙齿，然后我刷下面的牙齿。"这个方法每次都有效。另一种小步骤是让他帮忙装他的午餐盒。我让他来选择想装哪些东西。他可以选择把水果和点心放进袋子里，或者制作三明治。我很喜欢我们俩像一个团队那样并肩做事，互相帮助，而不是每天争吵，陷入权力之争。

你或许已经注意到了有那么多工具都与其他工具结合起来运用。例如，连接和鼓励是迈出一小步的必要部分。但是，当我认识到这个工具如何消除了权力之争、大发脾气以及连接中断所造成的全部额外负担时，一小步最终会变成一大步。每次迈出一小步的益处太多了！

布拉德

有一年夏天，我们去加利福尼亚旅行，为的是让孩子们在开学前能度一次假。我把行李箱放到他们的房间，以便等衣服烘干之后就开始装行李。艾玛决定自己做这些事情，自己装行李箱。

以下是她装到行李箱里的部分物品：

1. 一个旧盒子，里面装满了她在我们上次去加利福尼亚时捡回来的贝壳
2. 一把卷尺（不要问我为什么）
3. 一整套口袋妖怪游戏
4. 她的独角兽小雕像
5. 一个横格活页笔记本和一支铅笔

下列物品则是她没有装进去的：

1. 鞋子
2. 袜子
3. 内衣
4. 泳衣
5. 牙刷

这时，我只好进行干预，并运用每次迈出一小步的工具帮助艾玛装行李，而且为她提供了一个小背包用来装她的"宝贝"。首先，我问她去海边可能会需要什么衣服。她立刻跑去取她的泳衣。然后，我问她，如果海滩上有石头，她的双脚是否需要什么。她兴奋

地喊道:"人字拖鞋!"并且将她的拖鞋装进了行李箱。接下来,我说:"我们不在海边的时候怎么办?你还需要什么?"

这个过程继续着,直到艾玛装好自己的行李。我能看出来她感到自己很能干,而且很自豪。

来自亚利桑那州的成功故事

我们没有在每次出门的时候都试图让儿子自己穿鞋。今天,到了出发的时间,我让他去拿鞋并且尽量自己穿,我在楼上,如果他需要帮助的话,我很快就会下楼。

到我下楼的时候,他仍然在很费劲地试图穿第一只鞋。通常,在这种情况下,我会替他穿上。事实上,他正在不停地喊我:"妈妈,你来穿,求你了。"

但是,我没有替他穿,而是想到了迈出一小步。我提出一步一步地让他看到如何穿第一只鞋,然后他要自己穿第二只。轮到他的时候,我一直在鼓励他,并且提醒他各个步骤。他终于自己穿上了那只鞋。

我本来可以纠正一些地方(比如鞋带系得太松),但是——这对我来说也是一个巨大的成功——我没有,而是就那么由它去了。我知道,如果鞋带真的太松,他会体验到自然后果,到时候我们只需要停下来让他解决就行了。这对于我们母子来说真的是一个了不起的成功。我总是直接替他做事情或解决问题,而他绝对会在一些事情上认为自己能力不足。这一周我都在努力做到不为他做事。我对我自己和他都感到很骄傲!

——莎拉(Sarah G.)

工具提示

1. 要放下对完美的所有期待，因为这会让孩子非常沮丧。
2. 要鼓励改善，而不是完美。
3. 要有耐心。你当然能做得更好、更快，但这不会帮助你的孩子形成能力感。

鼓励与赞扬

孩子们应该因为其行为得到赞扬，而不是因为他们是什么样的人，因为是好孩子、讨人喜欢、帅气、漂亮或可爱。

——鲁道夫·德雷克斯

要教给孩子自立，而不是依赖于他人。鼓励会带来自我评价。赞扬会导致孩子成为"总是寻求别人认可的人"。

例如：

赞扬："我真为你骄傲。这是给你的奖励。"
鼓励："你很努力。你一定为自己感到骄傲。"

赞扬："你真是个好孩子。"
鼓励："谢谢你的帮助。"

简

卡萝尔·德韦克（Carol Dweck）① 的大量研究表明，用赞扬奖励孩子会逐渐削弱孩子的内在动力。德韦克的研究为正面管教工具提供了支持，并且证实了阿德勒和德雷克斯早在 1900 年代早期提出的关于鼓励和赞扬的观点。不幸的是，用赞扬奖励孩子在很多文化中都是常见的方式。然而，德韦克的研究支持能够提供鼓励的、以过程为导向的反馈方式。德韦克发现，受到赞扬时，孩子们的动力会减弱。当孩子们得到对其努力的反馈，并且受到鼓励时，他们就会更投入，并表现出更强的自我激励。德韦克还发现，赞扬会导致孩子不敢承担风险。

那些在完成一项任务之后被赞扬为聪明的孩子，后来会选择更加容易的任务。他们不想冒犯错误的风险。另一方面，那些因为努力而受到鼓励的孩子，则愿意选择更有挑战性的任务。

正如德雷克斯所说："要鼓励行为（或努力），而不是行为者。"也就是说，不要说"你得了个 A，我真为你骄傲。"而要说"祝贺你！你很努力，这是你应得的。"两者的差异很微妙，但会改变孩子的感知。

对于那些相信赞扬并看到其短期效果的人来说，鼓励和赞扬之间的区别会很难理解。他们看到了孩子在听到赞扬时的情不自禁。然而，他们没有想过其长期效果。赞扬并不是鼓励性的，因为它会教孩子成为"总是寻求别人认可的人"。孩子们学到的是依赖于他人评价自己的价值。鼓励则会让孩子自我反省和自我评价。赞扬无法帮助孩子培养应对失败的良好技能——如果他们因

---

① 卡萝尔·德韦克（1946.10.17～），斯坦福大学心理学教授。——译者注

为好的结果得到赞扬，而不是因为努力，当他们在长大成人之后犯了重大错误时，对他们的自我价值感会造成更大的伤害。

赞扬就像糖果；少吃一点可能会令人很满足，但太多就会造成问题。觉察是关键。要注意你的孩子是否正变得对赞扬上瘾，并需要时刻得到赞扬才能完成任务。那些想从赞扬变成鼓励的父母可能会发现，在说出那些已经变成习惯的话语之前停下来思考一下，并不是那么容易做到的。

玛 丽

鼓励和赞扬之间有明确的界限，我们禁不住想赞扬孩子，尤其是当你感到很自豪的时候。我在儿子击出全垒打时意识到了这一界限。我费尽全力才克制住想说我多么为他感到骄傲的冲动（但是，该死，我确实很骄傲）。我没有告诉他我很骄傲，因为，如果下次轮到他击球，而他没有击中全垒打，那么，这句话又意味着什么呢？

我知道他对此有多么自豪，而且我可以看出来他知道我们所有人都非常自豪——这是无可否认的。我没有赞扬他，而是鼓励了他："你一定为自己感到很骄傲！"然后，我又让我的鼓励变得更具体："你在练习场的辛苦努力得到了回报！你每一次击球都全力以赴——我确信你知道自己一定会取得成功。"

他笑得那么快乐。我当然是一个自豪的妈妈！

我们是否可以在某些时候说"我很骄傲"呢？当然！我只是非常注意自己何时以及多么经常说这句话。如果我在上述全垒打的时候说了这句话，那么，我可能会让他以后对自己感到失望；更糟糕的是，他或许会以为我对他感到失望。

接下来的一场比赛，他被三振出局。他的对待方式体现了真正的体育精神。我提醒过我的儿子们很多次："重要的不是在生活中发生了什么，而是你如何处理的。"

当我看到格雷森三振出局后，我立即注意到他并没有用球棒怒敲本垒板、没精打采地走回休息区、闷闷不乐，或者怒视裁判。他保持着镇静。我很骄傲，但我知道他当时并不感到自豪。我知道他需要听到对他这种良好心态的大量鼓励。

比赛结束之后，我对格雷森说起了巴比·鲁斯的统计数据，他出局了1330次，却因为714次本垒打而被世人铭记。巴比·鲁斯还因为出局时积极的自我对话而广为人知。他尊重比赛，热爱自己的教练和队友。

我想，我们都会同意赞扬在大多数时候听起来都很好，并且让人感觉很好。当我们听得太多时，我们要么会变得依赖于它，这可能会变成"取悦病"，要么会完全相反，我们会变得如此习惯于听到父母为我们所做的每一件小事都感到骄傲，以至于这些话变得毫无意义。

我会继续赞扬我的孩子——我就是控制不住——但重要的是，我会始终记住鼓励对于他们具有多么大的力量。在赞扬他们之前，我会问自己："这是他们的需要，还是我的需要？"

布拉德

一天下午，我和孩子们一起讨论了这个工具，而我的女儿有一个深刻的见解："是的，爸爸，如果你因为人们做了一件事而给他们奖励或赞扬，那么，如果他们得不到奖励或赞扬，他们可能就不愿意做那件事了。"

我想这句话差不多概括了这个工具的含义。这在于要了解成就的内在价值。这还在于要教给我们的孩子知道，有时候帮助他人让我们感觉很好,即便得不到任何回报。然而,我确实相信鼓励可以充满热情。有些人(包括我妈妈)或许将之看作是某种形式的赞扬,但是,我喜欢充满热情。

我首先想到的是托妮·莫里森(Toni Morrison)① 的一句名言:"当他们走进房间的时候,你的眼睛亮起来了吗?"我决定在孩子们进屋的时候要特别注意眼睛亮起来。还有什么能比这更有鼓励性呢?

在思考如何才能达到这个目标时,我注意到当我的小狗格雷西进屋的时候,我的眼睛多么容易亮起来。爱狗的人们明白我的意思。当格雷西摇着尾巴走进房间的时候,我会立刻喜笑颜开,忍不住给她一些爱和关注。

如果我把孩子们当成小狗对待会怎样呢?我很想知道。如果我用同样的热情迎接他们,他们会做何反应?

"艾——玛!我的宝贝女儿今天过得怎么样?你看上去那么可爱!过来给我一个拥抱!"我如此尝试起来……猜猜结果如何?我的孩子们非常喜欢!

想一想吧。如果有人如此热情地迎接你,无论你经历了多么糟糕的一天,你都会情不自禁地微笑。就是这样。我的孩子们微笑着,沉浸在这种关注中。不仅如此,我也感觉更好了。

带着同样的热情对待你的孩子,你会惊喜地发现家里增添了更多的欢声笑语。

来自加利福尼亚州圣地亚哥的成功故事

几年前,一位名叫艾萨克的客户教给了我赞扬与鼓励的区

---

① 托妮·莫里森(Toni Morrison),美国黑人女作家,1993年获诺贝尔文学奖。——译者注

别。他当时大约 13 岁。

我已经参加过一次正面管教工作坊,但并不完全理解(或者接受)关于赞扬和鼓励的观念。

我当时正在做一次家访,我问那家人近况如何。妈妈提到艾萨克每天都会把垃圾带出去,她对此真的感到很高兴。艾萨克翻了翻白眼,我问他怎么了。他显得非常沮丧,当他模仿妈妈的口吻回答我的问题时,眼泪都快出来了:"她只会不停地说'干得好,艾萨克,干得好,艾萨克。'"

妈妈显得很伤心,而我有些困惑这句话为什么会有问题,因为我相当确信正是我建议妈妈在儿子做得好的时候对他说"干得好"。

我说:"她只是在努力表示她注意到了并且很感激你帮忙做家务。如果你不想让她说'干得好',你想让她说什么?"

这时,他哭出了声来,并且说:"她可以只说'谢谢你'。"

此时,他妈妈和我都才第一次理解了赞扬和鼓励的主要区别。在随后的交谈中,艾萨克解释道,当妈妈说"干得好"时,感觉是一种居高临下——而他并不真的相信她。他说,扔垃圾并不是什么难事,所以,让她这么说很愚蠢。他认为妈妈之所以这么说,只不过是因为我告诉她要表扬他,而不是因为这对于她真的很重要。他想从妈妈那里得到的是,真正地看到并认可他在很努力地做到更好并以有用的方式为家里做出贡献。赞扬无法做到这一点。

这对于我来说是一个重大的顿悟时刻,是我第一次真正理解在得到空洞的赞扬时是什么感觉。对于这位听了儿子的看法之后很激动的妈妈来说,这也是她的一个重大的顿悟时刻。她很快就学会了更好地鼓励孩子——起初是通过注意到并对儿子做出贡献的方式表达出感激,然后是以更复杂的方式,比如:能够认可进步,而不是最后的结果;通过启发式问题了解儿子的看法,而不是评判;让儿子做更有挑战性的事情,以便他体验到更多的成功并感到自己很能干。

当儿子感觉到妈妈好像真的看到并感激他的努力时,他们的关系得到了改善,我们努力改善的很多行为也开始变好了。

——艾莎·蒲柏(Aisha Pope)
注册正面管教导师

工具提示

问问你自己:

1. 我是在激励自我评价,还是依赖于他人的评价?
2. 我是尊重的,还是居高临下的?
3. 我看到的是孩子的观点,还是只是我自己的观点?
4. 我会这样对我的朋友说话吗?我们对朋友说的话往往符合鼓励的标准。

启发式问题（交谈型）

如果父母们想当然地认为他们的孩子能被制服，他们就不可能与孩子和谐相处。

——鲁道夫·德雷克斯

不要为了得到某个答案而问陷阱式问题。如果你已经有了答案，那就是陷阱式问题。

1. 要问开放式问题，然后就倾听：
   - 发生了什么事？
   - 你认为导致这件事的原因是什么？
   - 你和其他人对此有什么感受？
   - 你可以如何解决这个问题？
2. 不要用"脚本"。问的问题要适合当时的情形。

简

交谈型的启发式问题与激励型的启发式问题（见第 197 页）不同，前者旨在吸引孩子分享自己的观点，说出他们认为发生了什么事，原因是什么，对此有什么感受，从中学到了什么，以及他们有什么解决问题的主意。这只能发生在孩子知道他们能够说出自己的想法和感受，而不必听一堆说教告诉他们应该怎么想以及怎么感受的时候。

太多的时候，大人们会告诉孩子发生了什么事，什么导致了其发生，他们应当有何感受，应该从中学到什么，以及应该怎么办。更尊重和鼓励的做法是问孩子："发生了什么事？你认为什么导致了这件事的发生？你当时想要达到什么目的？如果你需要承担责任，而不是责备别人，你的责任是什么？你怎样运用你从中学到的东西？"然后，要不带评判地倾听。这才是教育的真正含义。"教育"（education）一词源于拉丁词根"educare"，意为"引出"。太多的时候，大人都试图填塞，而不是引出，然后还奇怪孩子为什么不听。

你会注意到，"为什么？"不是我们所建议的问题。"为什么？"通常听起来是指责，并且会招致戒备。然而，并非总是这样。即便"什么"和"怎样"之类的问题也可能被以指责的语气问出来。当孩子感觉到你对他们的看法真正感兴趣时，"为什么"才会管用。

如果你期望得到你想要的答案，交谈型问题就不会奏效。那样，你的问题就成了"服从式的问题"，而不是"启发式问题"。

当你的孩子做了让人恼火的事情时，你可能忍不住想批评或说教。当你生气时，你可能觉得需要为自己辩解、说教，或者告诉孩子他们应该是另一种感受。当你的孩子烦恼的时候，你可能觉得需要解决他们的问题，或者告诉（说教）他们该怎么做。这是一种微妙的批评，是在说："你没有足够的能力解决问题或者对待烦恼。"

不要直接告诉，而要试着问："你可以和我多说一些那件事吗？你能举个例子吗？你还有其他想说的吗？……还有吗？……还有吗？……还有吗？"你可以问好几次"还有吗"，直到孩子挖掘得足够深入，再也想不出其他事情。

有时候，孩子会在回答启发式问题的过程中自己发现解决办法。如果他们在深入思考的过程中没有想到任何解决办法，你可以问："你需要我帮忙用头脑风暴想出可能的方法吗？"如果你的孩子没有要求你帮助，你要避免提供帮助的诱惑。在孩子同意的情况下，你可以通过启发式问题帮助他探究可能的解决方法。

这里的关键词是"探究"。帮助孩子探究他们的选择带来的自然后果，与将后果强加给他们有很大的不同。想一想你对孩子进行说教的一个情形，你告诉他发生了什么事，什么导致了其发生，他或她应该有何感受，以及他或她应该怎么办。把它写下来。然后，写一个新的故事，写出你可以怎样运用这个情形问能帮助你的孩子感觉到自己很能干的启发式问题。

如果有可能，要找一个人和你做角色扮演。首先，你可以请搭档角色扮演第一种描述中你在说教时所做的事情，而你扮演你的孩子。然后，你可以请搭档扮演你的孩子，而你运用启发式问题。在每一次角色扮演之后，请搭档说说他或她在角色扮演中的想法、感受和决定。然后，说一说你在角色扮演中的想法、感受和决定。这将帮助你深入洞察孩子的内心世界。

要练习运用启发式问题，并记录每一次的结果。阅读自己的笔记会让你在今后获得更多启示。

玛 丽

有一天，8岁的儿子告诉我，他有一个朋友在课间休息时说脏话，他想对我诚实，说了自己的经历。我避免了过度反应并直接跳进"妈妈模式"的诱惑。（或者应该说是保护性的"熊妈妈模式"？）以前，我也许会问这些问题："这个孩子是谁？他叫什么名字？他在哪里下的校车？他妈妈的电话号码是多少？"然后以我的最后通牒收尾："你不能再和他一起玩！"

为什么在这样的时候我们似乎那么容易做这些说教和很多"告诉"呢？相信我，我一直是这么做的，而且丝毫不起作用。只要问问我的孩子们就知道了。

但是，这一次，我实际上运用了交谈型的启发式问题这一工具。

格雷森：妈妈，你知道我告诉过你的学校里那个爱说脏话和不合适的话的男孩吗？

妈妈：知道啊。他说了什么？

格雷森：课间休息的时候，他说了很不恰当的词，有种族歧视的，说别人弱智和同性恋的。

我叹了口气。然后，我想到了面部表情需要与我的意图一致。于是，我调整了一下，以平静的表情和语气说："告诉我发生了什么事。"

格雷森复述了他的朋友说过的很多不合适的词。

妈妈：你认为你的朋友为什么用这些词？

格雷森：我想是因为他哥哥总是那样说话，他认为这样很酷。

妈妈：你认为酷吗？

格雷森：一点儿也不酷。

妈妈：这些词对你意味着什么？

格雷森：我甚至不知道有些词是什么意思，但我猜是不合适的。

妈妈：你听到这些词时有什么反应？

格雷森：我有时候会大笑，有时候什么都不说。

妈妈：当他说这些话的时候，你认为别人会怎么看待他？

格雷森：嗯，其实大家都认为他很坏，爱欺负人，但他也很受欢迎。

妈妈：如果你大笑或者说同样的话，你的朋友们会怎么看待你？

格雷森：很可能会吃惊或困惑，因为我不会那么说话。

妈妈：在他那样说话的时候，你可以有哪些不一样的反应？

格雷森：或许我可以不笑，甚至直接说："兄弟，这样不合适。"

妈妈：你想让你的朋友们怎么看待你？

格雷森：我不想让大家认为我和他一样。

我越问这些问题，就越能看到他在寻找答案时大脑的飞速运转。我注意到，我没有以说教招致他的戒备，而是引起了他的思考，并且自己找出了答案。

我真的很感激他愿意与我分享这件事。我的目标是，永远不引起他对今后出现的话题的防御心理。我还想让他感受到我的支持、无条件的爱，以及不评判。更重要的是，我希望他能够自己找到答案。

布拉德

有一天，我开车送艾玛参加合唱团的练习，发生了如下对话，很多都是启发式问题。

艾玛：爸爸……我再也不想看说脏话的电影了。

爸爸：亲爱的，你看的哪些电影里面有脏话？

艾玛：记得那部一个男人应该成为超级英雄而其实并不是超级英雄的电影吗？（是威尔·史密斯主演的《全民超人汉考克》）

爸爸：哦，是……那部电影不是特别好。

艾玛：是啊。而且，现在那些词在我的脑子里扎根了。

爸爸：嗯，我会想一些不同的词把它们换掉。比如"操作系统"和"香菇"。（艾玛哈哈大笑。）

艾玛：那个以 h 开头的词呢？

爸爸："昏天暗地"怎么样？

艾玛：那个以 j 开头的词呢？

爸爸：以 j 开头的词？

艾玛，是啊，你知道的，j-i-a-n……

爸爸：哦……呃……我不知道。让我想一想。

合唱团的练习结束之后，艾玛跳进了车里。

艾玛：你想到那个词了吗？

爸爸：是的——"见多识广"，比如"见多识广的孩子"！（艾玛大笑。）

艾玛：爸爸……你知道在星期五的时候我们总是说 TGIF（谢

天谢地今天是星期五）吗？

爸爸：是吗？

艾玛：嗯，我有了一个新词。

爸爸：是什么，亲爱的？

艾玛：TBIT。

爸爸：TBIT？

艾玛：真倒霉今天是星期四。（Too bad it's Thursday.）

来自加利福尼亚州圣地亚哥的成功故事

我四岁半的女儿在我们贴在厨房冰箱上的家庭会议议程表上画了一张简单的双层床，并且写上了她和姐姐的名字。

我们以致谢开始了家庭会议，然后讨论议程表上的这个问题，让女儿说说她的困扰。她说她不喜欢睡在双层床的下铺。

我们传递着发言棒，并且写下了每个人提出的解决方案，包括做了一份时间表，以便她们俩平均分配睡上下铺的时间，这是她姐姐提出来的。我们轮流说了自己的想法之后，我们问小女儿认为哪个办法会有帮助。

让我意外的是，她都不喜欢。于是，我问了她一些启发式问题，包括"你不喜欢睡在下铺的哪些事情？"

她说她不喜欢看到上面的木板条。

这让我们有了寻找解决方案的新方向。我们再一次围着桌子轮流提出了更多建议。

我女儿高兴地选择了用彩色海报遮住木板的解决办法。她当天就做好了海报，我们从此再也没有听到她对此有抱怨！

——朱莉·伊朗宁贾德（Julie Iraninejad）
注册正面管教导师

工具提示

1. 要等到你和孩子都平静下来之后再问启发式问题。
2. 要确保你的首要目标是与孩子建立爱的连接。
3. 要真正对孩子的想法和感受好奇。
4. 孩子们知道你什么时候是真正好奇，什么时候对于他们应该如何回答是有预设答案的。前者让孩子思考。后者会招致孩子内心的拒绝。
5. 要运用你的心和内在智慧，问适合当时情形的启发式问题。
6. 要信任孩子能够在你细心的引导下解决问题。

有限制的选择

和善意味着对另一个个体的真正尊重。它不要求服从。

——鲁道夫·德雷克斯

有限制的选择提供了共享权力的小步骤。

1. 要说:"该离开了。你愿意像小兔子那样蹦蹦跳跳,还是像大象那样重重地走回车里?"
2. 如果你的孩子不想离开,要和善而坚定地说:"待在这儿不是一个选择。"并重复上述两个选择。
3. 在两个选择之后加一句"你来决定",会赋予孩子力量。

简

孩子们对要求没有反应的时候，通常对选择会做出回应，尤其是在你加上"你来决定"的时候。有限制的选择应该是尊重的，并且应该关注情形的需要。例如，情形的需要可能是刷牙。孩子们或许不能选择是否刷牙，但可以选择使用哪个牙刷。他们或许不能选择是否做家庭作业，但是可以选择喜欢什么时间做——放学就做，晚餐之前做，还是晚餐之后做。

选择与责任直接相关。小孩子还没有足够的能力承担很多责任，所以，他们的选择更有限制性。大一些的孩子能够有范围更广的选择，因为他们能够承担自己的选择所造成的后果。比如，给小孩子的选择可以是现在去睡觉还是五分钟之后去睡觉。大孩子则可以完全承担起选择睡觉时间的责任，因为他们还承担着早晨准时起床并且没有任何麻烦地去上学的全部责任。

选择还与对他人的尊重和时间的便利直接相关。在准备上学的时候，可以给小孩子选择在出门之前的五分钟之内穿好鞋子，还是在车上穿。大孩子则可以选择在五分钟之内准备好还是自己骑自行车去上学。无论哪种情形，妈妈都必须在五分钟之后准时出发。

在给出一个选择的时候，两个选项都应当是大人可以接受的。我第一次尝试给出选择，是问我3岁的孩子："你愿意现在去睡觉吗？"她不愿意。显然，我提供的选择没有体现她需要去睡觉的必要性，而且也不具有可选择性。

我等了五分钟，又问道："你想穿自己的粉色睡衣还是蓝色睡衣？你来决定。"她选择了蓝色睡衣，并且开始穿。在一个选择后面加上"你来决定"是很能赋予孩子力量感的，强调了她确实有一个选择的事实。

如果孩子对两个选择都不想要，而是想要其他事情，该怎么办？如果这件"其他事情"是你可以接受的，那没问题。如果不是，你要说："这不是一个选择。"然后，重复之前的选项，并且加上"你来决定"。

有限制的选择提供了和善而坚定的养育行为的一个极好的例子。既有坚定来确保完成某件事情，又有和善提供一些选择，即便选择是有限制的。

玛 丽

我每天都用有限制的选择这个工具，尤其是对我的小儿子帕克。我发现，不加限制的选择会让我的孩子们不知所措，正如对大多数成年人一样。在运用这一工具时，少即是多。当我提供不加限制的选择时——例如："你今天想穿什么？"——我就是在诱使孩子多次改变主意。另外一些时候，他是如此喜欢成为我们关注的中心，以至于会榨取其最大的价值，所以迟迟不做决定——至少不会及时做出决定。

我提供有限制的选择，比如"你想穿卡骆驰（CROCS）还是范斯（VANS）？"或者"这条短裤还是那条长裤？"这加快了穿衣服的进程，既快速又不会出现权力之争。这还有助于我们准时出门。

我还注意到，有三件事是你无法强迫学步期的孩子做的：吃饭、睡觉和上厕所。在这些时候，提供有限制的选择通常能够减轻潜在的权力之争——如果不是消除的话。

对于吃：苹果还是葡萄，火腿三明治还是花生酱三明治，煎鸡蛋还是炒鸡蛋。对于睡前时间：读一本书还是两本书。对于上厕所：像小鸭子，还是像大象那样走到马桶里。

下一次，当你发现自己对孩子感到无计可施或感到恼怒的时候，要试试给他提供一个有限制的选择。如果他没有从中选择一个，你可以接着说："那不是一个选择。"如果我的儿子继续抗拒，我会和善而坚定地说："你可以决定，或者我可以替你决定。"

最后需要记住的关键一点，是你在运用有限制的选择这一工具时所传递的能量。我知道，当我在沮丧和恼怒的状态下提供有限制的选择时，肯定不会像在平和而吸引孩子的状态下那样的语调和能量得到孩子同样的热情与合作。当我平静地邀请时，有限制的选择不仅会吸引孩子合作，而且会让我们有更多的连接。

来自加利福尼亚州奇诺的成功故事

作为三个还不到 6 岁的孩子的妈妈，而且其中一个患有注意力缺陷多动症（ADHD），我需要了解能鼓励他们合作的全部技巧。当我的第一个（也是最有挑战的）孩子两岁时，我已经束手无策了。从一个活动向另一个活动过渡的过程，变成了他大发脾气。最糟糕的情形总是出现在该离开公园的时候。我正是在那个阶段偶然发现了简·尼尔森博士的《0~3 岁孩子的正面管教》[1]一书。我突然有了大量方法可用，在过去这几年里，我已经使用了其中相当多的方法。

我用得最多的技巧，也是让我在公园里备受其他妈妈赞美的，是有限制的选择。随着离开公园的时间的临近，我会问我的孩子们是愿意在 5 分钟之后还是 10 分钟之后离开。当然，他们会选择长一些的时间，而我们很少会达不成共识。我将一首好玩的

---

[1] Positive Discipline for the First Three Years，中文版由北京联合出版公司于 2015 年出版。——译者注

舞曲设置为手机闹铃的铃声,而且不时提醒"还有多长时间离开"。每次提醒之后,我会问每个孩子:"闹铃响了该怎么做?"

我的孩子们异口同声地回答:"我们离开。"

当闹铃响起来的时候,我会说:"舞会开始。"我们会舞动一小会儿,然后我问:"你们想当哪种动物?"起初,我会给他们有限制的选择,说出两种不同的动物,但我的孩子们现在更喜欢自己选择动物。我们出发了,没有哭闹,我女儿扮演猎豹,我的大儿子扮演火车(我凭什么限制他的想象力,认为火车就不能有生命呢?),我的小儿子扮演小狗。

这个方法每次都非常管用。由于很多年来我一直在使用这一技巧,已经有无数妈妈问过我从哪里学到了这些方法。我迫不及待地把我的最大秘诀分享给了她们:正面管教系列书籍。

——卡丽·弗朗哥(Kari Franco)

工具提示

1. 要记住,提供选择会让你的孩子感觉到自己的自我认知能力很强。

2. 当一个孩子想要与你提供的选择不同的东西时,要说:"那不是一个选择。"并重复你提供的选择。要记住加上"你来决定"的重要性。

3. 如果孩子依然不接受你提供的选择,要说:"在你准备好之前,我不得不做出决定。"然后,要决定你怎么做,并允许孩子拥有他或她自己的感受。

4. 关键是要保持和善而坚定的语调,即便是在孩子大发脾气的时候。不要和孩子一起大发脾气。

第7章
日常生活的技能

零花钱

支持孩子错误的联想（无根据的设想）并让他们体验其结果，往往是值得的。

——鲁道夫·德雷克斯

零花钱是教孩子了解金钱的一种极好的方式。

1. 要避免将零花钱与家务活联系起来（尽管孩子可能会选择通过做某些特别的事情来挣钱）。
2. 零花钱的数额取决于你的预算以及你希望孩子用这笔钱做什么。
3. 如果孩子花钱不当，要让他们从错误中学习。要表现出共情，并要避免解救。

简

你明白本节开头引用的德雷克斯说的"支持孩子错误的联想"是什么意思吗？我来解释一下。

一旦我的孩子们的年龄大到对把硬币塞进小猪存钱罐，比放进自己的嘴里更感兴趣时，他们就会收到一些1分、5分、10分和25分的硬币作为零花钱。他们金钱管理的第一课，就是夏天每天经过我们家门口的播放着音乐的冰激凌车。我们给孩子解释说，他们的零花钱足够每周买三次冰激凌——这是他们只能通过亲身经历才能理解的一个概念。

我确信他们想当然地认为他们每天都能买一次。然而，到了周四，他们就把钱花光了，于是开始掉眼泪。

让他们从错误设想的结果中学习的唯一方式，就是认可他们的感受，等待他们平静下来，然后问一些问题，以帮助他们理解当一个星期有七天，而他们的零花钱只够用三天时，会出现什么情况。

下一步是寻找一些解决方案。我们给每个孩子准备了一个大日历，让他们看了几个正方形代表一个星期，然后让他们从每个星期中选择哪三天买冰激凌，哪几天不吃冰激凌。

他们不喜欢没有冰激凌的日子，于是，我们想到了一个办法：在那几天，我们可以在冷柜中做果汁冰棍。

随着孩子们年龄的增长，他们的零花钱数额也在增加。然而，我们一直在用零花钱教给他们管理金钱。每年有一次或两次，我们会根据他们想用零花钱来干什么，讨论他们可以得到多少零花钱。我们教给他们使用"信封系统"，玛丽到现在还在用这个办法。他们有一个信封装用于慈善的钱（10%），一个信封用于每周花销，比如看电影以及一些杂费,还有一个信封用于存钱。我们还同意,如果他们想买贵重物品,比如汽车,我们会支付一半费用。一旦他们攒够了一半费用,我们就会支付另外一半。

他们每年会得到两次添置衣服的钱。如果他们一次都花完了,就必须靠创意坚持到下一次。有一年,玛丽和朋友们形成了一个"交换"系统,互相换衣服穿。

零花钱制度帮助我们避免了很多争吵和发脾气,这是我最喜欢的地方之一。在我们购物时,如果孩子们想买一些毫无价值的玩具,我会说:"你攒的钱够买吗?如果不够,你认为还需要多长时间能攒够?"他们很少愿意用自己的钱买这些玩具。即便他们认为自己非常想要某个玩具,并且愿意存钱去买,往往也会在几天——如果不是几个小时的话——之后改变主意。

布拉德

我们有一套可以让孩子们挣钱的制度。在我儿子13岁那年,我不再花钱雇用临时保姆,而是付钱请我儿子当"临时保姆",付钱给我女儿,让她"乖乖的"。至今,我的孩子们有时还会对我说:"爸爸……你什么时候再出差?我需要一个新的电子游戏。"

我喜欢零花钱这个主意,原因如下:

1. 我女儿开始对时装感兴趣了,而那些时尚品牌的选择也越来越多。我喜欢让我女儿开始用零花钱为自己的衣柜做预算的主意。

2. 当孩子们有了自己的钱,你就可以开始教他们投资了。我真希望有人在我小的时候教过我投资。那样的话,我就会在1980年买5000股苹果公司的股票,如今就该庆祝自己提前退休啦。

3. 给孩子们零花钱，我就不必站着卖柠檬水了。如果你的孩子曾经央求你帮他们摆摊卖柠檬水，你一定懂我的意思。这就像是玩橡皮泥。对孩子来说这很好玩，但父母不得不负责所有清理工作。

4. 大学基金！

5. 汽车。等到我的孩子们拿驾驶执照的时候，他们就会习惯于做预算并且自己付款买东西。所以，他们可能想开始工作，自己挣钱。

玛 丽

我记不清自己多大时得到了第一笔零花钱，但我确实记得那是 1 分、5 分、10 分和 25 分的硬币各一枚；还记得我多么开心地把它们放进了我的小猪存钱罐，把它们拿出来，然后又放回去。

到我们长大一些时，我的父母每周会给我们一次零花钱。我总是期待着那一天——通常是周五。我还记得，我是朋友们当中唯一有零花钱的人，她们都觉得我是那么幸运。

我也认为自己很幸运，直到我认识到每当我想让父母给我买东西的时候，他们都会说："你带你的零花钱了吗？"或者"你需要攒多长时间钱才够买这件东西？"直到有了自己的孩子，我才意识到这种方式可以让父母多么轻松地不必直接说"不"就婉拒孩子。

我在大儿子格雷森 4 岁的时候，开始给他零花钱。给二儿子里德零花钱的年龄要比他哥哥早几个月，因为他很快就明白了格雷森有零花钱，他当然想和哥哥一样，而妈妈想做到公平。

我丈夫不太确定是否需要每周给一个 4 岁的孩子 4 美元。他相信这笔钱对于 4 岁的孩子来说太多了。我提醒他我们每次外出

在那些小东西上花了多少钱,而通过给孩子零花钱会给我们省钱。而且,我向他解释了给孩子零花钱的价值:

1. 教给孩子们存钱
2. 延迟满足
3. 认识一美元的价值
4. 你之所以得到零花钱,是因为你是这个家庭的一员(你总是能通过做特定的家务来挣额外的钱)
5. 数数、加法和减法
6. 借钱(如果你的孩子忘记带钱包)是需要偿还的

几天前,我们在乐高乐园,格雷森想要一套星球大战的主题积木。我问他的钱够不够。在搞清楚这套积木的价格之后,他理解了如果把上周和这周的零花钱都存起来,等我们几个星期后再来的时候,他就有足够的钱了。

几天后,他在超市看到一个想买的玩具,我问他,比起星球大战乐高积木,他是不是更喜欢这个玩具。他想了一会儿,决定宁愿把钱省下来。这个故事最令人惊讶之处在于,在这两个地方,他都很快同意要等到下一周。我喜欢看到他运用耐心,更让我高兴的是,我不必像预计的那样与情绪彻底崩溃的他们斗智斗勇。

零花钱这一正面管教工具不仅对孩子们有益,对于父母也同样有帮助。

来自加利福尼亚州圣地亚哥的成功故事

父母的故事

我们在家庭会议上讨论了两个女儿的零花钱。在审视了我们用于服装、礼物和她们想买的诸多其他物品的花费之后,我们提出了一个数额。

她们现在有权利自己到商店买衣服、礼物或者其他可爱的小物件。如果她们提前花光了这笔钱，那么她们可以等到下一笔零花钱，或者借钱并支付利息。

在我们提出到她们长大后，我们会在其存款的基础上增加一倍现金用于购买汽车时，我的一个女儿决定在银行开一个账户，并且开始在银行存钱。在我们的纪念日，小女儿选择涂一些红红绿绿的石头送给我们，而不是直接买礼物。当我们问她这些颜色代表什么时，她回答："正门的红石头表示我们不在家，绿石头表示我们在家。"当我们问到零花钱里包含的 15 美元的礼物钱时，她说："我把它存进银行了，因为你们总是说亲手制作的礼物更有价值。"几年之后，这两个孩子都能用她们攒下的钱买一辆车了。

孩子的故事

我的父母在教我金钱的价值方面真的很成功。从 6 岁开始，我每周都有一笔零花钱，直到上高中。最开始是 5 美元，之后每年逐渐增加到 25 美元。

在合理的范围内，我可以使用这笔钱购买我想要的任何东西。比如，只有星期六才可以买糖果，爸爸会带我们去商店，由我们任意选择自己想要的！这也是他们开始教我们了解自己的健康以及吃进的食物的时刻。任何非"生活必需品"都必须用我们的零花钱购买。

当我想要一条牛仔裤的时候，我就开始存钱，并且必须为自己想买的东西做好计划。我了解到很多预算以及记录自己的开销的知识。父母还为我开了一个银行账户。我喜欢（现在仍然喜欢）把钱存到银行里，然后看着存折里的数字逐渐增加。

有些时候，我的父母看到妹妹和我特别想要某样东西，他们会"只是因为"我们想要而给我们买。我们很感激这种姿态以及他们努力工作挣钱给我们用。我和妹妹从不觉得被剥夺了权利,当我们能够做这些事情并且自己做决定时,我们确实觉得自己更成熟了。现在,我已经上了大学,并且绝对可以说我很感激他们教给我的这些技能。

——尼基塔·帕特尔(Nikita Patel)

工具提示

1. 零花钱的金额由父母决定,这取决于他们能给多少以及他们期望孩子自己买什么。

2. 当你的孩子把钱用光时,要认可孩子的感受,但不要解救他们。要记住,任何规则都有例外。要清楚地意识到你的孩子从你的每次解救中可能会学到什么。

3. 不要把零花钱和家务活(或其他事情)结合起来。孩子做家务是因为他们是家庭的一员,而得到零花钱也是出于同样的原因。

4. 要将有报酬的工作列出来,比如为你洗车、额外的除草,或者任何不是常规家务的事情。

5. 当你的孩子想增加零花钱时,要鼓励他们提出需要多少以及出于什么目的。

家务活

> 永远不要替孩子做他自己能做的事情。
>
> ——鲁道夫·德雷克斯

孩子们是通过在家里帮忙做事来学习人生技能、发展社会兴趣并获得能力感的。

1. 一起做头脑风暴,列出一份家务活清单。
2. 设计一些有趣的方式轮流交换家务活,比如带旋转箭头的工作轮、工作图表,或者一个罐子,每个人从中抽出每周的两项家务。
3. 花时间训练——在孩子6岁之前与他们一起做家务。
4. 在家庭会议上讨论所有问题,关注于解决方案。

简

你说过多少次"我自己做更容易"或者"我干脆自己做,这样不会出错"?或许,你曾经对自己说:"我要等到孩子再大一点,然后才让他参与做家务。"前两句话千真万确。你自己做更容易。如果你自己做,会做得更好、更快。但是,如果你等到以后再让孩子参与这些事情,可能就太晚了。

要记住我们在引言中所说的孩子们在建立着激励其行为的"信念"。这些信念可能会变得根深蒂固,难以改变,尤其是在习得语言和获得理性思考能力之前形成的信念。这些信念会对孩子的一生都有影响。你希望你的孩子对于参与做家务形成什么样的信念?如果每一件事都有人替他们做,他们会对自己以及自己的能力形成什么样的信念?如果你读了这本书的大部分内容,我想你或许已经有答案了。

现在来说说挑战。除了两岁时处于"我来做"的阶段之外,你的孩子会拒绝承担家务。为什么?因为家务并不在他们优先要做的 100 件重要事情之列,这就是为什么他们仍然需要父母教给能让他们受益终生的技能的原因。所以,要尽可能运用尽量多的正面管教工具让他们参与其中——即便是在他们抗拒的时候——并要避免用奖励作为一种诱惑。要明确说明我们都要做家务,因为我们是家庭的一员;我们都有零花钱,因为我们是家庭的一员。这两者之间没有关联。

奖励的危害在本书中被多次提到(以及表明奖励不利于孩子发展社会兴趣和承担风险的研究)。孩子们天生就有做出贡献的内在欲望。费力克斯·沃内肯(Felix Warneken)与迈克尔·托玛塞罗(Michael Tomasello)称之为"利他主义"(altruism),并且证实了这一概念。这两位研究者让母亲们把她们 18 个月大的学步期孩子带进一个房间。研究人员让孩子们看着他们在一根晾衣绳上挂东西，并在之后故意掉下其中的一个夹子。孩子们会看着那个夹子，然后看着研究人员脸上不知所措的表情，随后会捡起夹子，通过将其递给研究人员而提供"帮助"。

是的，孩子们喜欢奖励（正如他们喜欢糖果、电视屏幕和赞扬一样），但是，奖励容易使人上瘾，并会导致想要更多、更大的奖励，或者没有足够大的奖励就拒绝做事。这破坏了孩子天生的特质——对贡献的欲望——的发展。

玛 丽

在我的成长过程中，我们在家庭会议上通过头脑风暴想出不同的方法来决定由谁负责哪些家务。上大一时，在与室友相处的过程中，我尤其感激这一工具。她们大多数人都没有帮忙做家务的习惯（除非得到父母的奖励），因此，在干活的人与不干活的人之间开始造成怨恨。在召开家庭（宿舍）会议时，我们一致同意做一个宿舍杂务轮。这个轮子是用两张硬纸板做成的。小纸板上写着我们的名字，大纸板上有每周的基本杂务。我们每周都会转动轮子。这个办法很公平，是我们一致同意并且乐于参与的。这个职责描述为我们带来了和平与合作，以及令人满意的干净宿舍和对彼此的感激。

由于我的孩子年龄还很小，在我们家，家务活已经成了孩子们或多或少都自愿热情地参与的事情。以下是几个例子：

- 格雷森帮助里德使用安全座椅。
- 打鸡蛋，然后搅拌煎饼原料。（他们轮流做。）

- 把洗涤剂装进洗衣机。
- 互相帮忙洗头发。
- 排空浴缸里的水,另一个人把洗澡用的所有玩具放回桶里。
- 开门(尤其是为女士)。
- 确保关掉所有电灯。

这些事情对孩子们来说都很好玩,而且有助于他们感觉到自己很能干,并认识自己在家庭里的不同角色。随着他们年龄的增长,我确信我会用到自己从小到大经历的一些方法。

布拉德

在学期最后一天,我让孩子们参与制作一个暑期的家务轮。吉布森制作轮子,艾玛为图片涂色。我们决定制定一份每天的家务和一份每周的家务,每周轮换一次。

我想我们都会同意教孩子认识工作的价值是很重要的。为家庭做出贡献,会为孩子们灌输一种使命感和归属感。但是,让我们面对事实——当孩子们帮忙时,有时候会给父母制造更多的工作!

比如,喂狗是我们的家务活之一。我只需要30秒就可以做完,但我在努力想办法让孩子们做贡献。所以,艾玛要负责一周喂狗的任务。狗粮在车库,这意味着我女儿在喂狗的过程中需要穿过两扇门。刚开始,她舀出满满一杯狗粮,有一半会撒在车库的地上。然后,她在开门进入洗衣房的时候又撒了一些;在开门去后院的时候又撒了一些。随后,在把狗粮倒进格雷西的碗里时又撒了一些。

所以,我现在不需要喂狗了,但车库里有了蚂蚁,洗衣房里有了一堆要打扫的东西。更不用提我那条骨瘦如柴的小狗了，她只吃到了以往一杯狗粮的一小部分。

我儿子负责的家务活是用电动修剪机修剪灌木丛。所以，他不情愿地开始修剪灌木丛，但没有意识到电动修剪机有电源线。于是，五分钟之后，他把灌木丛连同电源线一起剪了，电源线受到了破坏，我们家一半的电都断了！

每当我鼓起勇气走进厨房转动家务轮的时候都会有点焦虑。

来自沙特阿拉伯利雅得的成功故事

我这些天很忙，因为我在做一份研究报告，每天需要用4个多小时。我4岁的女儿试图得到我的关注，她哭闹，不吃饭，弄坏玩具之后让我修理。

我感到很内疚，因为我觉得自己没有给她足够的时间；我也很恼怒，因为我没办法安静地完成工作。

因为我太忙，为了尽快让她平静下来，我往往替她做事，甚至在她自己能做的时候（比如修玩具）。她会停下一会儿让人恼怒的行为，但是，当我又开始工作的时候，她会找到新的办法得到我的关注。

非常有帮助的是，我理解了孩子的错误目的是寻求过度关注，她的信念是："唯有当我得到关注或特殊服侍时，我才有归属。只有当我让你为我忙得团团转时，我才有价值。"

错误目的表上的密码信息是："注意我。让我参与并发挥作用。"我选择了通过让她帮助我工作来让她承担责任，比如帮忙给笔分类并整理文件，从而让她参与。

她的反应远远超出了我的预期。她很兴奋并且很开心，在过去这几天再也没有出现过令人恼怒的行为。我也很开心，而且不再感到内疚。此外，我认为，她现在正在改变如何获得归属感和价值感的信念——通过有用的方式得到关注。

——康萝德·穆罕默德·阿尔·阿萨夫
（Khulod Muhammad Al Assaf）
注册正面管教家长讲师

工具提示

1. 要始终察觉到你的孩子基于你所提供的经历可能正在形成什么样的信念。

2. 不要期待孩子喜欢做家务。要和善而坚定，并且在训练和激励方法上要有创造性。

3. 在家庭会议上，你的孩子可能会决定能够维持一周的家务活计划。当他们对这个计划失去兴趣时，不要感到沮丧，而要把"家务活"再次放到议程上，让他们想出一个新的计划。

4. 要避免奖励，以便你的孩子形成做出贡献的内在激励。

限制屏幕时间

屏幕时间使人成瘾，而且妨碍人与人之间关系的建立。

1. 对于年龄小的孩子，要当心把电视作为孩子的临时保姆。
2. 在孩子的房间不要放置电脑、电视或手机。
3. 要和孩子约定多少电视、电子游戏、短信和互联网时间是合理的。
4. 用头脑风暴想出能让家人之间更亲密的其他活动。

简

欧普拉脱口秀中曾经有一期节目，是几个家庭接受了禁用电子产品——包括电视——一周的挑战。观看放弃所有电子产品对于那些父母以及他们孩子有多么困难，真是非常有趣。有一个场景尤其让人不忍直视。一个5岁的男孩几乎无法忍受放弃玩电子游戏，经常突然大发脾气。他的妈妈说，当自己意识到孩子每天要玩 5 个小时的电子游戏时，她非常难堪。好消息是，在全家人经过"戒断媒体"之后，他们知道了如何以能增进家人的亲近和快乐的家庭活动替代电子产品时间。

屏幕的过度使用是一个热门话题。很多人相信屏幕会使人成瘾。中国和韩国有数以百计的康复中心帮助成瘾的十几岁孩子。凯撒家庭基金会（Kaiser Family Foundation）在 2010 年的一项研究发现，8~10 岁的孩子平均每天在屏幕前花的时间接近 8 个小时；而十几岁孩子每天则超过 11 个小时。另有一些人声称，屏幕使人成瘾的说法没有证据，他们争辩说，孩子们必须熟悉科技才能找到一份好工作。

无论怎样，我们都一次又一次听到父母们与孩子在过度使用电子产品的问题上陷入权力之争——而同时，他们也会不好意思地承认自己过度使用手机和电脑。怎么办？

本书中所讨论的大多数正面管教工具都能用于解决屏幕时间的问题——除非你相信自己的孩子有能力独自解决这一问题。他们需要父母的指导（和榜样）。他们需要规则。当然，如果他们能帮助制定这些规则是最好的，但确保这些规则得到执行则取决于父母。这是父母应该用逻辑后果进行干预的一种情况：如果孩子不想遵守制定的规则，他们就要失去使用屏幕的特权。

美国儿科学会也确认了儿童越来越多地使用电子产品所造成的问题。来看看美国儿科学会为父母们提供的日常在家里使用电子产品的建议：

1. 要将儿童或十几岁孩子每天使用娱乐媒介的时间限制在 1~2 个小时。
2. 要将电视从孩子（所有年龄）的房间搬出去。
3. 对于两岁以下的孩子，要停止一切数字娱乐，以便进行有利于大脑健康发育的人际互动，比如一起聊天、游戏、唱歌或阅读。

4. 要监督孩子所看的电视节目，以确保是知识性、教育性和非暴力的。

5. 要和你的孩子一起看电视并讨论所看到的内容。

6. 要运用娱乐媒体中有争议的话题，发起关于家庭价值观、暴力、性、性行为和毒品等话题的讨论。

7. 要记录孩子看过的节目，以鼓励谨慎的观看习惯。

8. 支持学校在媒体教育方面的努力。

9. 鼓励孩子进行多样化的娱乐活动，包括阅读、运动、兴趣爱好以及创造性游戏。

10. 在家中创建"零电子产品"区域。

11. 在进餐期间和过了就寝时间之后禁止使用电子产品。

12. 制订一个综合性的家庭媒体使用计划，包括互联网、社交媒体、手机和短信的使用。

要记住和善与坚定并行的重要性。将和善与坚定放在一起，对于那些习惯于走两种极端的父母们来说或许是一个挑战，但是，尤其是在你对屏幕时间设立界限时，做到和善而坚定会变得很重要。

- [建立连接] 我爱你，而答案是现在不能用 iPad。
- [共情并设立限制] 我知道你不想停止玩电子游戏，而现在是时候关掉了。
- [表现出理解] 我知道你更想看电视而不是做家庭作业，而你需要先完成家庭作业。
- [同等对待] 你不想关掉手机去吃晚饭，而现在是吃饭的时间。我们都把手机关掉。
- [共情以及启发式问题] 我知道你想看电视，而我们的约定是什么？（和善而安静地等待答案——前提是你们已经提前达成了约定。）
- ［提供一个选择］你想看电影，而睡觉时间快到了。你是想今晚只看三十分钟，还是明天看完整部电影？
- ［提供一个选择，然后以决定你怎么做来坚持到底］我知道你想一直玩游戏，而你的电脑时间结束了。你可以现在关掉电脑，或者由我来关。

有时候，坚定的力度需要强一点，但仍然是尊重的。要记住，孩子们知道你什么时候说话算数，什么时候不算数。注意，不要在说这些话时"借题发挥"（加上责备和羞辱孩子的说教）。

当孩子做出挑衅行为时，要想象有一个鱼钩挂在你面前。不要上钩。要足够聪明，避免咬钩，并要游到别的方向去。你已经和善地陈述了限制，现在就坚定地守住它；和善与坚定一起为设立有效的限制提供了必要的环境支持。

布拉德

你听到了吗？那是我，在读到这个工具之后感到一阵恐慌！

并不是我不赞同这个观点。恰恰相反，我全心全意地同意限制我的孩子们的屏幕时间更有利于他们的身心健康。但是，我自己的身心健康让我担心！

我来解释一下我家的情形。当我的孩子们不做家庭作业或不练习乐器时，他们就会坐在屏幕前面，无论是电视屏幕、电脑屏幕或是电子游戏机屏幕。甚至在我们出门的时候，他们也是坐在旅行车的后座看 DVD。

更为难的是，我的工作要求我花费大量时间坐在电脑屏幕前。因此，我很难给孩子们树立一个好榜样。你现在知道我为什么恐慌了吗？

我并不为此感到骄傲。但是，你必须理解，当我的孩子们不盯着屏幕时，他们就会盯着对方……并且争吵、互相打扰、喊叫"爸——爸！"然后，我不得不去调解眼前的争吵。所以，为了和平和安静，我不但允许我的孩子们有自己的屏幕时间，甚至还鼓励。呀！

但是，由于我相信限制屏幕时间的理念，我决心每周都改善自己的养育技巧，我要尽一切努力来实行这个工具的理念。

当我们召开限制屏幕时间的家庭会议时，孩子们决定，在需要上学的时候，每周中的每天看一小时的电视就足够了。我们还都同意，只有在完成作业和音乐练习之后才能看电视。每天半小时的电脑娱乐时间和半小时的电子游戏时间也足够了。而且，如果孩子们的家庭作业需要用到电脑，则不算在内。

所以，如果把这些都加在一起，他们在上学的一周每天会有两个小时的屏幕时间。我们决定周末不设限，因为最好是循序渐进……而且，橄榄球赛季还没结束。

我最担心的是我如何才能监督孩子们的屏幕时间。一开始，我不得不采用信用制度，毕竟我没有时间拿着秒表满屋子转。我确信孩子们会帮上忙：如果他们当中有人看太多电视，另一个孩子就会告状。尤其是在这个孩子正等着轮到自己的时候。如果出现问题，我只需要把掌上设备收走就行了。

限制屏幕时间：第一天

限制屏幕时间的第一天取得了有限的成功。正如预料的那样，我没有办法监督孩子们看电视或玩电子游戏的时间。我的孩子们在下午3点左右就放学回家了，而我需要一直工作到下午5点。孩子们确实是在完成了家庭作业之后才开始使用电子产品，所以也算是好事。

然而，我开始意识到几乎不可能对屏幕时间设定具体的限制。唯一真正有效的办法就是关掉电源。所以，到了第二天，我们尝试在某段时间关掉所有电子产品……电视、电脑、电子游戏以及手机。从晚上6点到晚上8点，我们都不用任何屏幕。

我十几岁的儿子一开始很怀疑。他相信把屏幕时间记录下来的做法会很管用。但是，当我们周一讨论屏幕时间时，他很快意识到我们远远超过了自己设定的时间限制。而我女儿的屏幕时间很可能达到了规定时间的四倍。

下午5:45，我们正在吃晚饭，我的儿子说："可是这并不公平。等我们吃完晚饭就6点了，而我们将不得不关掉所有电子产品。"

"所以呢？"我说。

"所以我应该现在就用电脑。"他回答。

我说："但是我们正在吃饭。"

他说："没错。"

于是，我试图解释说他完全不得要领。我们的目的不是在关掉电子产品之前争分夺秒地坐在屏幕前，而是要减少我们的屏幕时间，所以，试图弥补失去的屏幕时间完全是适得其反。他依然不接受，但我坚持着。

时钟指到6点，我关掉了屋子里的所有屏幕。在片刻不安的沉默之后，我们相互看着对方，我儿子问："那我们现在做点儿什么？"

"好吧，"我说，"我们的清单上有什么事情可做？"（我们在冰箱上贴着一份不使用电子产品的活动清单。）"出去遛遛狗怎么样？"

我女儿那天身体不舒服，所以她待在家里看书，我和儿子出去遛狗。我们俩都非常享受在一起的时间，也很高兴有机会出门呼吸新鲜空气。

回家之后，我们决定玩一个扑克游戏，儿子给我和女儿表演了几个纸牌魔术。然后，我们坐下来玩猜谜游戏，家里有了更多的欢声笑语。这时，已经是晚上 7:30，我告诉女儿洗澡时间到了。在她洗澡的时候，我坐着弹了一会儿吉他，我已经好几个月没碰过吉他了。

到了晚上 8 点，我们坐在一起看《美国偶像》。我们看的版本没有广告，因为那是我儿子在"零电子产品"时间录制的。

所以，总而言之，这个计划非常有效。我没有预料到自己多么喜欢关闭电子产品的这两个小时。由于我在家经营生意（run a business from home），我一直利用空余时间争分夺秒地赶一些项目。人们之所以称之为"跑生意"（run a business），是因为你总是在奔跑，并且永远赶不上，所以手头总是有事情要做。关掉电脑和手机让我有机会放松下来并减轻一点压力。

玛　丽

谢天谢地，我没有在儿子们放春假时试验"限制屏幕时间"这一工具。天啊，那将会成为多么漫长的一周。不看电视意味着我的自由时间更少了。如果我试图离开他们玩耍的房间，很快我就会被喊回去调解他们的争吵。

别误会。我们是一个活力四射的家庭，有很多户外活动，所以，我的孩子们并不是总盯着电子屏幕。然而，有时候我会依靠电视娱乐孩子们，从而为自己争取一些时间来打扫屋子、洗衣服，或者使用电脑。把电视作为临时保姆，让我很内疚。尽管我一直很谨慎，而且深知电视对孩子没有好处，但我发现自己会为屏幕时间找理由，会说孩子们正在看的节目有教育意义或者说他们只看一个小时。

这个工具促使我决定挑战一下自己和孩子们，一天不看电视。第二天碰巧是星期二，我的大儿子要在学校待到下午 3 点。三岁半的小儿子会和我在家待一整天，但他根本无所谓——既未留意也不在乎。他很容易拿着玩具自娱自乐，完全沉浸在自己想象的世界里。

另一方面，我的大儿子刚进家门五分钟就觉得这是个挑战。放学之后，他喜欢做的事就是看电视。我完全理解！当我经历了漫长的一天——特别是上了一天学或学习一整天之后——我也很想喘口气。我也会觉得自己更有资格并且值得得到看电视的奖励。虽然他生气、愤恨，而且不能完全理解为什么，但是我知道他喜欢我们共度的高品质时光。

我和儿子们玩得很开心，但是，由于这种不间断的互动，等到一天结束的时候，我们全都筋疲力尽。尽管这迫使我们要有创意，但也让我很庆幸自己并不完全反对电视。我一直相信大多数事物都应该适度享用。对我而言，"限制"意味着平衡，而不是禁止。

当然，我会提醒自己，限制屏幕时间对所有人都有益。我们一起度过了更多积极和高质量的时光。我只是需要记住在屏幕时间和大量积极共处的时间之间找到平衡。

来自中国厦门的成功故事

牛牛是音乐会钢琴演奏家，目前正在朱利亚音乐学院学习。人们经常问我有没有鼓励他练习弹钢琴。

他一直都喜欢看动画片，尤其在 4 岁以前，那时爷爷奶奶和我们住在一起。他甚至边吃东西边看电视。

我们都认为看太多电视对他是有害的，所以，我说："我知道你喜欢看奥特曼。我会给你买奥特曼的全套 DVD 光盘，但你只能在周六晚上看。你能做到吗？"

他很高兴能拥有一整套奥特曼光盘，但并没有立刻答应。

我接着说："你可以从整套光盘里任选一集，在每周六想看多少遍都可以。你觉得怎么样？"

他愉快地同意了。

从那以后，我购买了他喜欢的动画片并坚持执行我们的口头约定：在周六才可以看。

入学以后，牛牛喜欢上了电子游戏——像他的同学们一样。

我们再一次达成约定：他每周只可以玩一次。在约定的过程中，我问他希望每次玩多久？他的回答是："半小时。"

我又问了一遍，并且主动延长了时间："四十分钟够吗？"

他喜欢这样。所以，当他玩过电子游戏后，都很乐于做其他事情。我想，他知道如何坚持练琴，因为我们在他成长的早期阶段限制了他的屏幕时间。

——施志丽（Zhili Shi）
注册正面管教家长讲师

来自澳大利亚悉尼的成功故事

作为一个自认为对科技上瘾的人，我在这方面必须小心。我曾经多次违反屏幕时间的"规则"——我要赶快澄清一下，我没有发送不正当的内容，但确实是在和家人在一起的时候不停地查看信息和邮件（是的，甚至在餐厅里），我知道这么做是在传递错误的信号。这是我一直在努力改进的。所以，我怎么能期望我12岁的孩子做得比50岁的我更好呢？这是值得深思的。但是，我总是可以道歉，并且把我的错误当成大好的学习机会！

我们漫长的暑假已经过半，而在假期开始之前的家庭会议上，包括我在内，大家一致同意在周一、周三和周五的晚上不使用任何电子产品。没有手机、电视或互联网。我不得不说这棒极了。我们玩棋盘游戏和扑克游戏（包括总能令我们尖叫的"反人性牌"）。我认为，这些没有电子产品的夜晚是我们在假期做过的最美好的事情，增强了家庭的价值观和连接感。

——弗雷迪·利热（Freddie Liger）
注册正面管教家长讲师

工具提示

1. 屏幕就在那里存在着，而且容易使人成瘾。对于孩子的思想和习惯的健康发展来说，指导方针是绝对必要的。

2. 这个工具说的是限制，而非消除。要花时间制订限制屏幕时间的计划。

3. 限制屏幕时间的最佳方式之一，是安排大量免于使用屏幕的其他活动。

4. 要坚持按计划去做，即便在孩子哭闹和尖叫着抗议的时候。要允许每个人有他或她自己的感受，然后要坚持去做。

5. 要通过限制你自己的屏幕时间，做出一个好榜样。

日常惯例

> 我们运用我们的头脑和身体、我们的思想和情感,以及全部生命,去实现我们为自己制定的目标。
>
> ——鲁道夫·德雷克斯

要帮助孩子制作日常惯例表,以鼓励孩子自律。

1. 和孩子一起制作日常惯例表。
2. 用头脑风暴想出需要做的事情(就寝时间、早晨、家庭作业,等等)。
3. 拍下孩子做每件事的照片。
4. 让日常惯例表说了算:"你的惯例表的下一项是什么?"
5. 不要以奖励剥夺孩子的能力感。

简

在我的一次工作坊，有位妈妈问了一个问题，她6岁的女儿拒绝睡觉，除非妈妈留在房间里陪她。如果妈妈离开了，女儿会出来找妈妈，并坚持说自己不能独自入睡。现在，她3岁的儿子开始模仿这种行为，妈妈精疲力尽，而且没有自己的时间。由于很多父母都经历着这种挑战，我在这里分享一下我给她的建议：

在你试图让女儿改掉睡觉需要你陪伴的习惯时，她已经学会了操纵技巧，而你儿子学得很快。你或许有一个他们能经常按动的敏感的内疚按钮。要信任你自己，改变这一习惯最终对你和孩子都有好处。要想一想教给孩子自立而不是操纵的长期效果。

我在养育自己的前五个孩子时遇到了同样的问题，因为我允许他们在就寝时养成了令人沮丧的习惯。我会和他们一起入睡，我的夜晚突然就没了。我没有了属于自己的时间。

幸运的是，我最小的两个孩子出生之前，我学到了新方法，并且写了《正面管教》这本书，所以，他们从一开始就经历了始终如一的睡前惯例。这里有一些基于对我很有帮助的方法提出的建议。

首先，要和你的6岁的孩子一起坐下来，并承认你犯了一个错误。要告诉女儿，你任由她养成了一些对你们俩都不尊重的就寝习惯，你相信她有能力自己入睡。这是教给孩子错误是学习的好机会的一个好时机。

让她参与制定一个惯例表。你3岁的儿子可以在旁边观看。之后，你和女儿可以一起帮助你儿子制定他自己的就寝惯例表。重要的是，要让孩子们尽其所能地参与，以便让其成为"他们的"惯例表。当孩子们参与制定惯例表时，他们就会有执行的动力。

让你的女儿列出她在睡觉前需要做的所有事情。要让她自己写下来，或者她来说，你来写。她列出的清单也许包括洗澡、穿上睡衣、吃健康的零食，以及讲故事。如果她没有提到一些重要的事情，你可以问："刷牙和挑选第二天穿的衣服呢？"你或许还想增加一项惯例，请她说说每天最伤心和最快乐的时刻。要让她承担制作带有每项任务的图片的惯例表的大多数工作。到了就寝时间，让她检查自己的惯例表，看看下一项是什么。这样，惯例表就会说了算，而不是你。

允许她制定自己的日常惯例表是第一步。第二步是决定你怎么做，并且提前告诉她。要让她知道，在完成惯例之后，如果她从床上下来，你会和善而坚定地带她回到床上——无论需要反复多少次。

和善而坚定的一种方式，是带她回到她的床上，给她一个吻，什么都不说。另一种方式是说很少几个字，比如"现在是睡觉时间。我相信你有能力做到"。你可能不得不这样反复做几次，重要的是要保持和善而坚定。

孩子们知道你什么时候说话是当真的，什么时候不当真。如果你和善而坚定，并且保持一致，通常需要持续大约三天时间，孩子们就知道你是当真的，并且会停止试探你。鲁道夫·德雷克斯教给我们，晚上有"不当行为"的孩子很可能在白天也会行为不当。很多父母不理解，当孩子们学会信任自己，而不是操纵别人时，他们实际上会感到自己更有能力并且更自信，所以，当就寝时的麻烦消除后，白天的行为就会得到改善。

如果你3岁的儿子能够参与制定他的惯例表，要遵循上述同样的做法。如果他还参与不了，在夜里每次把他带回到他的床上时，把你自己的能量从生气转变为和善而坚定就可以。

我不是在说这样做很容易（"断奶"对于妈妈和孩子来说同样困难），但是，如果你保持一致，孩子用不了多久就知道你说话算数。当我学习这些正面管教工具时，我的一个孩子3岁。她的习惯是在就寝时间不停地从自己的房间出来。我把她领回去，她又踢又叫，持续了几个晚上。第一个晚上她折腾了一个小时，直到她在自己的房间门口累得睡着。第二个晚上她哭了半个小时。第三和第四个晚上，她只哭了10分钟。从那以后，就寝时间就变得很愉快了。如果当时我知道要帮助她制定一份睡前惯例表，我相信这个过程会更容易。

最近有人问我，为什么孩子需要日常惯例表，而成年人却不需要。我指出，很多成年人通过列清单的方式记下他们打算在一天、一周或一个月之内要做的事——当他们从中划去一件事时，都会产生一种成就感。很多人会制定自己的目标并将它们写下来，以提高做事的效率。还有人会随身携带每日计划本，记下自己预约的事项（以及待做事项和目标）。

制定日常惯例表对于让孩子学习时间管理和生活管理的技能是一种很好的训练。父母通过指导孩子自己制定惯例表而不是替他们做，来帮助自己的孩子。当父母们允许自己的孩子因为遵循惯例表而感觉良好（一种成就感），而不是给他们小贴纸和奖励（这会剥夺孩子内在的成就感）而体验到满足感时，他们就是在增强日常惯例表的有效性。而且，我们不得不怀疑给孩子提供玩具和零食作为奖励是否会养成孩子更追求物质的行为。

很多父母都问，既然孩子如此喜欢奖励，为什么我们要反对奖励。孩子们喜欢很多对他们长期的身心健康没有好处的事物，比如糖果和视频游戏。少量不至于有害，但过多就会造成依赖和上瘾。

奖励会教给孩子为了得到奖励而做事情，而不是为了增强贡献的良好感觉。最终，他们可能因为不在乎奖励而不愿意做那些对自己有益的事，或者他们可能会为了得到更大的奖励而讨价还价。这是一种外在的控制——依靠外部激励控制他们的行为。

相反，要让孩子与你分享他们在完成一件事情时的感受，比如达到了他们为自己设定的一个目标。这教给他们理解并信任自己的感觉，并且欣赏自己的能力。这是一种内在的控制——在无人看见的情况下做正确的事情。

有些父母忘记了他们最重要的任务就是让自己的作用渐渐弱化。他们的职责是要帮助孩子自立而不是依赖。教孩子制定日常惯例表是迈向这一目标的重要一步。这意味着日常惯例表很神奇，并会预防孩子将来的所有对抗和挑战吗？不。试探自己的力量是孩子个性化过程的一部分。然而，和孩子一起帮助他们学习技能，能使你的工作容易得多，并且更迅速而高效。

要记住，日常惯例表的目标是让孩子感觉到自己很能干并受到鼓励。一个很好的附带好处是，当孩子们遵循自己的惯例表时，你就能停止唠叨，并且会体验到更平和的早晨和夜晚。

布拉德

我不得不承认，我以前曾经尝试制定日常惯例表，但不太成功。其主要原因在于我没有坚持到底。在孩子们还很小的时候，我为他们早晨的每一项惯例都拍了照片。我们制作了惯例表，并且贴在了他们卧室的墙上，然后就完全忘记了。接下来，我知道自己又回到了以往的惯例，在早晨不停地提醒他们完成每一件琐碎的事情："你刷牙了吗？你准备好午餐了吗？你在图书馆借的书呢？"我不仅要提醒他们做每一件小事，而且每周还会接到几次从学校打来的电话："爸爸，我忘记带午餐了。"

当我和孩子们坐下来讨论这个工具时,最重要的步骤似乎是用头脑风暴想出需要做的事情。这确实让孩子们开始思考他们每天需要做些什么。他们甚至提出了一些我没有想到的事情。

所以,在头脑风暴之后,我让他们自由地制定自己的惯例表。在此过程中,我没有过多地干预。他们对于掌控自己的惯例表似乎感到非常兴奋。我女儿对打字机很感兴趣,所以她决定把自己的惯例表打印出来。我儿子打开微软的文字处理软件,开始用剪贴画文件制作自己的惯例表。我甚至不知道文字处理软件有剪贴画,所以我也学到了一些东西。

几分钟之后,他们把做好的惯例表挂在了各自房间的门上。

艾玛的惯例表

6:30　起床,穿衣服,吃早餐,刷牙
7:00　做午餐,确保整理好书包
7:45　做好准备/去上学
2:30　回家/做完家庭作业
3:30　整理房间/铺床
4:00　自由活动/练习小提琴
5:30　吃晚餐
6:30　泡澡或淋浴
7:00　穿上睡衣/刷牙和阅读
9:00　睡觉

吉布森的惯例表
淋浴
清理浴室/房间
刷牙

家庭作业
钢琴
给莎莉（一条鱼）喂食
放松

  我女儿当时 10 岁，这个新的惯例表对她帮助很大。她认真地遵循自己的惯例，并且态度非常积极。她从未忘记过准备自己的午餐或是带上所有作业。艾玛甚至更进一步，开始更多地关注营养和健身。我压根儿没和她讨论过这些事，但她把俯卧撑和仰卧起坐加到了自己每天的惯例里。她还让我准备一些胡萝卜和西蓝花作为她放学后的零食。这些事情看上去赋予了她很大的力量。

  我 13 岁的儿子对于这件事就没那么热心了，尽管也有改善。而我认为，对于十几岁的孩子来说，任何改善都是一大步。我注意到的是，十几岁的孩子正处于个性化的过程中，他们确实讨厌被父母告诉该做什么。因此，对于吉布森，我甚至不能提醒他对照他的惯例表。我一旦干预，他就会变得有点消极抵抗，并且开始遗漏一些早晨的惯例。比如，他会收起浴室里的睡衣，但不把毛巾挂上。有一天，我建议他在惯例表里加上把楼下的灯都关掉，因为这会帮我一个大忙。等到我把孩子们都送到学校之后，我下楼发现所有的灯都明晃晃地亮着，似乎是在做出消极抵抗的姿态。我意识到，最好的做法或许是等到我们每周召开家庭会议时再提出新的建议。

玛　丽

  很多人没有抓住这个工具的要点。其关键词是"一起"——我们必须和孩子一起帮助他们感觉到自己很有能力，教给他们技能，并促进更多合作。通过尊重地参与，孩子们会被赋予力量。

关于日常惯例表，我最喜欢的故事是我和儿子格雷森在他3岁那年一起制作的就寝惯例表。我只是提前几天告诉了他这件事并且和他一起进行了讨论，以便让他有所准备。当我告诉他我们要去工艺品商店买些东西，然后把他在睡觉之前做所有事情的情形都拍下来时，他非常兴奋。当我们最终准备好所有材料并且坐在桌子旁边时，他早已跃跃欲试了。

首先，我让他告诉我他在睡觉前需要做的所有事情。我向他解释说，我会把这些事情都写下来，然后他就能选择做这些事的顺序了。对他的爸爸和我来说，幸运的是，他选择的正是平常习惯的顺序——比如先洗澡后穿睡衣，先刷牙后看书。

在完成这份清单后，我告诉他，我们要在他做每件事情时都拍照。他在做每件事时都那么热情而开心地摆出姿势拍照。然后，格雷森把每张照片钉在我们从工艺品商店买来的丝带上（我只提供了一点点帮助）。我给每张照片都编了一个序号。格雷森当时刚开始学数字，他把这些数字贴在了照片上。

他很喜欢跑到自己的惯例表前检查自己接下来该做什么。如果他偏离了惯例表，我只是简单地说："格雷森，你的日常惯例表的下一项是什么？"他会跑到挂着惯例表的门后面，然后又跑去做下一件事。

现在，就寝时间既平和又轻松，我可以说很喜欢我们的睡前惯例！

来自加拿大不列颠哥伦比亚省本拿比的成功故事

我女儿刚开始上幼儿园，每天早晨都不好过。她总是慢吞吞的，每件事都需要我和丈夫哄着她做，我们快被逼疯了。

我读了正面管教的一本书，决定尝试制作一份早晨的惯例表，以帮助女儿知道接下来该做什么，以便早晨能够准时出门。

我们很开心地一起拍了照片。我们谈论了每件事的顺序，然后把照片打印出来贴在了硬纸板上。她帮助我标上了序号，我写上了各项的名称。

立刻管用了！不用任何哄劝，她就跑去看惯例表，然后跑着去做下一件事。大约过了两周，她已经对惯例了如指掌了，所以，她甚至不用再去查看惯例表。（我3岁的儿子发现这个方法很有帮助，他也想要自己的惯例表！）如果她确实偏离了惯例表，我们也无需对着她大叫她应该做什么，而是明确地问她："你的惯例表的下一项是什么？"

我在家里已经设法运用了很多正面管教工具，我无法相信我们的家庭氛围变得那么快乐。孩子们很喜欢家庭会议，会议结束的时候我们全家会一起看一集《欢笑一箩筐》。两个孩子也很少打架了（不是100%不打架，但大有改观！），他们更愿意一起做事情，这对于我来说是最大的进步。如今，我们的互动更加积极，我和丈夫可以帮助教孩子们解决他们的问题，而不是直接告诉他们应该怎么做。

——谢莉·布奇（Shelley Buchi）

来自加利福尼亚州圣地亚哥的成功故事

我记得，每天早上让我的小儿子出门都很难。我们总是迟到，忘掉东西，很沮丧地出门。这不是开始崭新一天的好办法！

我决定尝试最近学到的一个正面管教工具。我和儿子制作了一个小小的惯例表，以便他能为自己的时间安排负责，而且我也能停止唠叨他。不必提醒或哄劝是多么轻松啊！

当你做对的时候，即使很小的孩子也能学会承担责任并感受到成功。

——珍妮-玛丽·佩内尔（Jeanne-Marie Paynel）
注册正面管教家长讲师

工具提示

1. 记住，这是你的孩子的惯例表，不是你的。
2. 在制作惯例表时，不要为孩子做任何他自己能做的部分。让孩子感到这是"属于他自己的"，会更有效。
3. 如果新鲜感消失了，那就再做一个——或许是用新的照片。

第 8 章
少即是多

倾 听

除非你确定孩子想听,否则绝对不要跟孩子说话。这会消除父母们给孩子的全部"谈话"的90%。

——鲁道夫·德雷克斯

在孩子们感觉自己被倾听之后,他们就会听。

1. 要注意当孩子试图跟你说话时,你是多么经常地插话、解释、为自己辩解、说教,或者命令孩子。

2. 停止说,只是倾听。问诸如"你能给我举个例子吗?还有吗?"之类的问题没关系。

3. 当你的孩子说完后,要问他或她是否愿意听你说。

4. 说完后,要专注于寻求对你和孩子都管用的解决方案。

简

很多父母都抱怨孩子不听自己说话,却很少有父母真正倾听他们的孩子。相反,他们往往会:

- **被动地反应和纠正。**"不要以那种方式跟我说话。""为什么你不能更积极些(或感激,或尊重)?""你不应该有那种感觉。""为什么你不能变一下呢——更像你的姐姐或哥哥?"
- **解决或解救。**"也许如果你_____,就会_____。"(例如:"也许如果你更友好一些,你就会有更多的朋友")。"我会跟你的老师(或你朋友的妈妈)谈谈。""不要感到难过。"

更深刻地说,很多父母没有倾听到行为背后的信念。例如,或许孩子会因为一个新婴儿的出生而感觉"被赶下了王位"。父母没有倾听到他们的孩子是否感觉到无助或沮丧。孩子会通过反叛对过多的控制作出反应,以便重新获得他们的一些权力。

他们没有基于对孩子的年龄或大脑发育的理解来倾听。例如:学步期的孩子对"不"的理解并不像大多数父母以为的那样。他们以为自己的学步期孩子知道不应该触碰一些东西(或跑到街上),因为他们已经告诉过孩子不要这样做。真相是,孩子在这个发育阶段就是要探索和尝试,而不是服从命令。此外,他们没有为不跑到街上负起责任的成熟程度和判断力。这就是为什么他们需要父母的原因。

榜样是最好的老师。要学会成为一位更好的倾听者,当有一天孩子各方面的发育都赶上来时,你的孩子将学会他们在生活中所经历过的——去倾听，因为他们始终被倾听。

布拉德

首先，我要说我一直认为我是一个好的倾听者。但是，当我问我的孩子们时，他们说，"绝对不是，爸爸。你是一个很差的倾听者！"

什么？所以，我去问我妈妈，而她确认了我是一个很差的倾听者的事实。显然，我真的需要这个养育工具。

我有两个很不一样的十几岁孩子。我女儿很喜欢说话！我儿子可以一整天都不跟我说超过两个词。我没有算上他发出的咕哝声。所以，倾听我的女儿需要非常专注，而倾听我的儿子则需要一点点的读心术和翻译。

对于我的女儿，我一直用的是合上我的笔记本电脑并给予她全部的关注。我从对她的倾听中了解到了很多。我知道了她在历史测验中得了高分。我知道了 YouTube 上有很多搞笑视频。我学会了一个新魔术。我知道了她晚餐不喜欢吃福来鸡。我知道了她学校里的孩子们总是说脏话，而她不喜欢这样。我知道了关于一个外国人看广告练习英语的笑话。

我从我的儿子那里没有了解到这么多。但是，我这个星期确实尝试了更仔细地观察他。你可以通过观察十几岁孩子的肢体语言了解到很多东西。例如，如果我的儿子叹着气、垂着肩膀，并开始做一个热狗，就意味着他不喜欢我们的晚餐。如果他走进客厅并坐在沙发上，就意味着他需要跟爸爸待一会儿。如果他回到家就一声不吭地下楼，是因为在学校累了一天，他需要放松一下。如果他反复洗三次头，就意味着他需要理发了。

玛 丽

在运用倾听这个工具时，我很快就发现我并不像自己想的那么擅长倾听。太多的时候，当我的儿子说话提高音量（叫喊、生气、顶嘴、抱怨）或者我感觉不被尊重或被忽视时，我就会打开大脑的盖子并且不理智地做出反应，而不是通过倾听做到深思熟虑地行动。

有一次，我妈妈在我的车上，格雷森行为非常讨厌——或者，换句话说，像一个典型的5岁孩子一样。他要求3岁的弟弟里德把正在玩的玩具给他玩。他们冲彼此大喊大叫着，说着刻薄的话。我看着我妈妈，说："我现在烦透了，我应该做什么？"

她说："别干预。"

我听了她的建议吗？当然没有！我想都没想，就做出了反应，说："如果你不跟你的弟弟分享，并且把玩具还给他，我就把玩具拿走，那样你们俩谁都别想再玩儿了。"

自然，格雷森以吐舌头和翻白眼对我耍脾气。嗯，我想知道为什么。他有可能是在映射我的不尊重行为吗？

当我妈妈下车后，我走出车外做了几次深呼吸，并直面了我的错误。就在那时，我恍然大悟，突然明白了。格雷森不听我的，是因为我没有倾听他。我想知道，如果我刚才只是认可他的感受，然后倾听他，会发生什么。

我妈妈好就好在总是给予我支持并且不评判。她不断地提醒我，说我感受和做的所有事情（错误的和所有的）也都是她学习过程的一部分。然后，她会鼓励我，提醒我说我倾听我的孩子的次数远远超过不倾听的次数。

但是，当我没有倾听孩子时（我经常这样），我会认识到错误是学习的好机会。

来自华盛顿州西雅图的成功故事

就在今天，杰在放学后大发了一次脾气，因为我们晚上要去上课，有一个临时保姆要来。通常，我会说类似这样的一些话："这是我们已经用了三年的临时保姆。她到这儿的时候，你会好的……我们晚上不得不去上课，它很重要，等等等等。"

我没有这样说，而是按照我们在课堂上学到的，努力用一个拥抱与他建立连接。然后，我告诉他，我们可以在下车后讨论一下这件事情。

当我们进家时，他还在苦恼。我让他坐到沙发上，搂了他几分钟，直到他开始放松一些。

他说："L 是最坏的。我恨 L。"

我没有说"这么说不好，她是一个好人"，而是说："你能多告诉我一些吗？"

他说："她给我们的零食从来都不够。"

我想："啊哈，我可以为此做点什么！"于是，我说："如果我走的时候给你们多留点儿零食怎么样？"

他说："好的，听上去不错。"

他立刻振作了起来。简直难以置信！

——注册正面管教家长讲师朱丽叶塔·斯科格（Julietta Skoog）的学生

工具提示

1. 问启发式问题:"发生了什么事?你想说说吗?"
2. 让孩子说得更深入:"还有别的吗?还有更多吗?还有别的吗?"
3. 闭上嘴倾听:"嗯。"
4. 要信任你的孩子。要知道,在大多数情况下,你的孩子在想出他或她的解决办法之前,在发泄的过程中只是需要一只支持的、倾听的耳朵。通过这个过程,你的孩子会了解到自己的韧性和能力。

给予关注

如果我们要拥有更好的孩子,父母们就必须成为更好的教育者。

——鲁道夫·德雷克斯

你的孩子得到的印象是他们不重要吗?

1. 放下你正在做的事情,关注你的孩子,就好像他或她比你所做的任何事情都重要一样。

2. 不要忘记安排特别时光(第4章)。

3. 要记住托妮·莫里

森①说的话:"当他们走进房间时,你的眼睛亮起来了吗?"

简

自从工业革命以来,这个世界不断加速——而且正迅速地变得越来越快。我们都声称我们的孩子比世界上的任何事情都重要。检验这一说法有多少真实性的一个方法,就是注意每天占据你大多数注意力的事情是什么。

我们声称"但是我太忙了",好像我们在这个问题上别无选择。

正如本节开头引用的阿德勒的告诫所说,我们是有选择的。

给予关注的工具说:"放下你正在做的事情,关注你的孩子,就好像他或她比你所做的任何事情都重要一样。"但是,当你真的有需要全神贯注的事情时怎么办呢?这就是你可以将这个工具与特别时光相结合的时刻。当你和你的孩子一起确定了你们的特别时光的时间和频率时,如果你的孩子在你太忙的时候需要你的时间,你可以说:"我现在不行,但是我期待着我们的特别时光。"

或者,你还可以将这个工具与寻求帮助结合起来:"你能看到我现在有多忙。你愿意帮助我做这件事,以便我随后集中全部注意力和你在一起吗?"

这个工具不是要让你感到内疚,并认为你必须在孩子要求的任何时候都给予全部关注。事实上,那些给孩子太多关注的父母有一个名称:"直升机父母"。持续的关注可能会令人窒息,或招致孩子相信他们应该始终是关注的中心。孩子需要足够的高质量

---

① Toni Morrison(1931~),美国黑人女作家,1993年获诺贝尔文学奖。——译者注

的关注，以帮助他们感觉到一种强烈的归属感，但关注不能多到让他们失去自信、自立能力的程度。

布拉德

所有这些正面管教工具都是有价值的，但是其中有一些似乎让我更有共鸣。当我看到给予关注时，它对我产生了深刻的影响。也许，这是因为我从本节开头的漫画中看到了我自己。我经常用电脑工作，而不是读报纸。我的孩子们可能没有泪流满面，但我知道当他们在跟我说话而我继续工作时，他们的内心会受到伤害。

这种情形在夏天出现得更多，那是我的孩子们整天在家的时候。我努力让他们有事做，以便他们不整天都盯着屏幕。但是，我不得不谋生，所以，当他们来找我并需要我关注时，我通常在忙于工作。

就在几天前，我的儿子走进我的办公室并坐了下来。他开始跟我说话，而我在继续敲着电脑的键盘。我听着他在说什么，但我没有关注他。我甚至认为他不知道他想说什么；我能看出来他需要一些时间和关注。但是，我有到了最后期限的工作和其他很多事情要做，所以我继续飞快地敲着键盘，留下他一脸沮丧地坐在我的办公室里。

哦，我不是在提倡我们停止工作，每周七天每天24小时关注我们的孩子。我们的孩子无论如何也不想那样。但是，当你的孩子接近你时，这通常是他需要你的关注的一个信号。我的孩子们大多数时候都躲着我，因为他们害怕我给他们安排家务活。所以，我的儿子进入我的办公室并坐在我旁边，就是他需要一些关注的一个明确信号。

即便我在忙着,我也可以花一分钟停下正在做的事情,并且关注他。然后,如果他需要更多的时间,我可以解释我现在很忙,并且我可以问他我们是否可以在我工作结束后安排一些时间交谈。然后,我可以通过给他一个拥抱并告诉他我爱他,来结束这次交谈。他离开时就会对他自己以及我们的关系感觉好很多。他甚至很有可能不再需要随后的谈话,因为他真正想要的就是一点爱和关注。

玛　丽

我问我的儿子:"当你们跟我说话或者试图给我看什么东西的时候,妈妈关注你们吗?"

当时7岁的里德马上说:"没有。"

嘿,我原以为我很善于给予孩子关注,因为我知道,当你试图与一个人说话,而他却在打电话、看电视、在电脑上工作,或者试图同时忙其他好几件事情时,是多么不尊重。即便那个注意力不集中的人听到了你说的话,但他们并没有真正在听。我能够想象这让孩子们感到多么丢脸。

有一天晚上,我和我的两个儿子躺在床上。里德在给我读书,而格雷森和我在静静地玩一个拼字游戏。

里德猛地合上书,说:"你根本没有专心听故事。"

完蛋了!我原本以为我是一个体贴的妈妈,可以通过一心二用同时给他们两个关注。唉,我关注不了那么多。

另一方面,格雷森为得到我的关注并且不需要耐着性子听里德另一本"无聊"的书而感到兴奋。里德明显很恼怒,并且他很快就意识到了我没有全心投入到他的故事中。

我们一起经历了解决问题的过程,并提出了一个解决方案。

我们决定，我的两个儿子各自都有 10 分钟不被打扰的、得到妈妈全部关注的时间。他们两个都同意在对方得到百分之百的关注时，自己去静静地看书。

我想到这个方法，是因为我丈夫马克和我都认为当我们当中的一个人在用智能手机查看社交媒体时，感觉就像完全断开了连接。我向我的儿子们保证，当我们在家时，我会把我的手机放在卧室里充电，除非我真的需要打个电话。希望这将为他们树立一个好榜样，并让他们看到我希望他们到十几岁时能够效仿的良好行为。

来自中国深圳的成功故事

我需要带着我 4 岁的女儿小美和我一起去上午的正面管教父母课堂。我找不到临时保姆。这意味着她需要独自玩三个小时。

我问她："三个小时？你觉得你会感到无聊吗？"

她点点头。

"那么，在你无聊的时候，你能够做点儿什么呢？"

"我可以玩这个！"她指着她的朵拉游戏。

"太棒了！让我们把所有的想法都写下来。我去找一张纸。"我们以前做过这种选择轮的改版：选择卡片。

她想出了她在三个小时里能够做的八件事，包括用她的耳机听音乐、画画、玩她的动物玩具、学钢琴、躺在沙发上、坐在妈妈身边、玩朵拉游戏和吃葵花子。

上午，有了那八张选择卡片，小美在我的课堂上独自玩了两个小时。对于一个 4 岁的孩子来说，这是很长时间了。

在大约还剩下一个小时的时候，她开始感到"无聊"，"因为妈妈没有陪我玩"。

我指了指墙上的表："当长针走到 12 的时候，我就会陪你玩。"

30 分钟后,她又来找我。我问她是否愿意坐在我腿上或我身边的椅子上。我能感觉到所有的学员妈妈都在目不转睛地看着我。我保持着平静。她坐在了我的腿上,但只过了一分钟,她就开始哭,并用手捂我的嘴。

我把课堂暂停了一会儿,紧紧地抱着她,把她的头放在我的胸前,亲亲她,并且说:"我知道你感到既无聊又难过,因为已经有很长时间了,而且妈妈还没有跟你玩。你希望我能马上停止上课,去陪你玩。"她点点头。

"我可以和你玩石头剪子布的游戏,两次还是三次?"

"五次!"

"嗯,不是三次也不是五次,四次怎么样?"

"好。"

"游戏结束后,你有什么好办法让你不觉得无聊,而妈妈也能继续上课呢?"

她说:"我可以去外面,不戴耳机玩朵拉游戏。"

"你想在出教室之前玩石头剪子布的游戏还是下课后玩?"

"下课后。"

在我们的交谈之后,她在剩下的时间里能自己高兴地玩了。在课堂上,没有任何一个角色扮演能比真实的经历更好。后来,我课堂上的所有成员都告诉我,她们通过观察我和女儿学到了很多。

——甄颖(Elly Zhen)
注册正面管教导师

工具提示

1. 关注，是你能给予你的孩子的最好的礼物。
2. 要问你自己："十年之后我能记住什么？是完成这些重要的事情，还是那些我给予我的孩子全部关注的时刻？"
3. 不要走极端。无时无刻的关注会招致孩子形成除非有人让他们成为宇宙中心，否则他们就不好的信念。
4. 片刻的高质量关注会防止孩子寻求"过度关注"。

只做不说

人生发生在各种事件中,而不是言辞里。

——阿尔弗雷德·阿德勒

有时候,最有效的做法是闭上你的嘴,采取行动。

1. 要让孩子事先知道你会怎么做。
2. 要核实孩子是否理解了,问:"你理解我会怎么做吗?"
3. 以和善而坚定的行动坚持到底,一个字也不说。例如,如果在你开车时孩子们吵架,就靠边停车,看一本书,直到他们让你知道他们已经准备好再次出发。

少即是多

简

你发现自己提高了声音,但因为那不是你想要成为的那种父母,而只会感到内疚吗?你发现当你的孩子似乎根本不听你说话——直到你提高声音时——你感到极其沮丧吗?你曾注意过当你听到别的父母对他们的孩子大喊大叫时有多么可怕吗?

黛安发誓她绝不会像她的朋友莎拉那样总是对孩子大喊大叫(通常是尖叫),"不要做那个!做这个!我厌烦了总是要告诉你!"没完没了!对于黛安来说,待在莎拉身边是很不容易的事情,而且她为那几个孩子感到难过。

一天,黛安发现自己对3岁的赛斯说:"不要做那个!马上过来!捡起你的玩具!穿衣服!"幸运的是,她听到了自己的声音,并对她丈夫说:"哦,我的天啊,我听上去跟莎拉一模一样。"她的丈夫温和地说:"我不想说什么,但是,是的,你的确是那样。"

黛安想起了正面管教的工具"只做不说",并且决定尝试一天。当黛安想要赛斯停止做什么事情的时候,她会走到他身边,拉起他的手,带他离开。当她想让他到自己身边来时,她会离开沙发,走到他身边,让他看到需要他做什么。当他开始打他的小弟弟时,黛安会轻轻地把他们分开,什么都不说。

在平静的时候,黛安会坐在赛斯身边,说:"让我们玩个游戏吧。当我想让你做什么的时候,我会闭上嘴巴,指一指需要做的事情,你可以看看你是否明白我想要什么,而不需要我说一个字。好吗?"赛斯笑着同意了。

到了该收起玩具的时候,黛安会走到他身边,咧嘴笑一笑,指着玩具,同时,用手势让他去捡玩具,然后会帮助他,她知道，在孩子至少到 6 岁能够"毕业"独立做事之前，帮助孩子做事都是对孩子的鼓励，并且是有效的。到了他该穿衣服时，她会用手拉着他，做一个给嘴巴拉上拉链的手势，用手指着他的衣服。赛斯咧嘴一笑，毫不反抗地让黛安帮助他穿上衣服，并且大部分是自己穿的。

后来，黛安跟她的丈夫说了她这一天过得多么平和，以及她多么喜欢她和赛斯之间的互动。黛安补充说："我知道只做不说不会任何时候都有效，但是今天确实帮助我认识到了，在说话之前与他的距离至少近到能看到他的眼睛，并在之后更多地行动和更少的话语有多么重要。"

把一个挑战放到家庭会议议程上，是"只做不说"的一种方式。这样，要说的话就会被推迟到在家庭会议上专注于解决方案的时候再说。要确保你的行动和善与坚定并行。气氛压抑的沉默对于孩子来说是毁灭性的。如果你做不到和善而坚定的沉默，就试试另一个工具，比如"一个词"（见第 320 页）。

布拉德

只做不说，是我在孩子们为了看什么电视节目而争吵时经常使用的一个工具。我们事先在家庭会议上决定，当孩子们为看什么节目争吵时，我会关掉电视，直到他们能停止争吵并就一起看什么节目达成一致为止。

其令人惊讶的结果是，他们看电视的时间减少了。当我听到我的孩子们争论看什么节目时，我就走进房间，把电视关掉。他们两个人都会看着我，然后起身离开——什么都不说。通常，那个不想看正在播放的节目的孩子的脸上会有一种满意的、自鸣得意的表情，但是，两个孩子似乎都为有了一种快速解决问题的办法而如释重负。

有一次，当吉布森和艾玛为看什么电视节目而争吵时，我又这么做了。十分钟后，我发现他们都在自己的房间里看书呢！

玛 丽

我们都听到过这句话："行动比语言更响亮。"我如此喜欢这个工具的原因之一，是它消除了我的任何后悔和内疚。

最近，我换了一辆小一点的车，并且从三排座换成了两排座。我知道这是有好处的，从省油的方面来说——但也有一个很大的缺点，三个男孩会坐得非常近。我的儿子们会在很多事情上争吵和斗嘴："他看我了！""他碰我了！""他在打扰我！"大多数父母都能理解当你的孩子们在后座吵架时会让人多么恼怒和分心。

我知道，开一个小车每天去很远的地方接送他们，我不得不教给他们并在随后运用"只做不说"这个工具。在平静的时候，我很高兴教这个工具。我的丈夫马克和我喜欢用角色扮演作为帮助孩子们理解我们的意图的一种方式。将幽默感带入一种情形并让孩子真正参与学习，也是一种有趣的方式。

角色扮演的两个最重要的规则是要夸张并且有趣。我保证你的孩子会喜欢这种学习方式。为开展角色扮演，我们在客厅放了四把椅子（假装汽车里面的场景），问道："谁愿意扮演妈妈？"我的大儿子和二儿子都想扮演我——这很好，因为这样他们就能轮流扮演和观察了。

我们说，我们要角色扮演两个场景。场景一是在妈妈没有运用正面管教时，车里发生的事情。我的大儿子格雷森先扮演我。我丈夫和我开始在后座（我们的椅子上）吵架。我的两个小儿子笑得都止不住了。当然，格雷森很成功地扮演了我——这让我既尴尬又羞愧。

我意识到，当我丈夫和我扮演我们的孩子时，我们甚至没有听到格雷森扮演的妈妈在说些什么。我们注意到他在试图引起我们的注意，但是，我丈夫和我玩得太开心了。（多么深刻的领悟啊。我妈妈曾经告诉我，吵架的孩子就像玩得很开心的小熊一样，但我必须经历过才相信。）

在我们角色扮演之后，我们全家人一起对我们每个人的想法、感觉和决定做了讨论。格雷森的顿悟是最棒的，他说："你们都疯了，不管我说什么或者我的声音有多大，你们都不停止吵架。"他接着说："我能明白这为什么会让父母那么沮丧和恼怒了。"

在讨论我作为妈妈的场景二时，我对孩子们说："正如你们刚刚看到的，当我开车时，我试图当调解人是无效的、不尊重、不安全的。从现在开始，如果你们决定在我开车的时候要吵架，我就会把车停在一个安全的停车场，然后下车，你们想吵多久就吵多久，想多大声就多大声。我会平静地在外面等着，直到你们敲窗户为止。当我回到车上时，我需要听你们每个人说你们吵完了，可以安全地开车走了。"然后，我问："我怎么才能知道可以再次开车走了呢？"

他们重复说："当我们都说我们吵完了的时候。"

我回答道："太好了！我很高兴我们想出了一个对每个人都尊重和安全的办法。"

我们开始扮演由我开车，里德和格雷森快乐地扮演吵架的场景。我把我的椅子（车）停到一边。他们很快停止了吵架，但是，他们花了几分钟才想起来他们两个都需要告诉我他们吵完了，可以安全地出发了。格雷森好心地提醒他的弟弟，说："我们两个都需要说。"我感谢了他们，又开车上路了。

我们开心地笑着，谈论着我们从这次角色扮演中学到了什么。现在，让我们快进到现实生活中。孩子们开始吵架，我犯了一个错误，问他们："我需要停车吗？"

他们当然说不，但是他们继续吵着架。然后，我找了一个安全的地方靠边停车，并下了车。就像魔法一样——真的，他们甚至在车停下来之前就停止了吵架。我想他们两个都被我们在停车场里，而且我没有威胁他们也没有对他们大喊大叫的事实惊呆了。

只做不说，对父母们来说是一种有力的、不会产生内疚感的、尊重的方法。当我能闭上嘴巴并采取行动时，需要我作出的道歉和修复关系居然少了那么多，真让人惊异。我经常提醒父母们，我们的孩子会试探界限。我的建议是要预料到这一点，并在你第一次尝试时准备好尽早离开。

来自华盛顿特区的成功故事

只做不说是一个能让我真正保持头脑清醒——尤其是在车里——的正面管教工具。我的孩子们像所有的孩子一样，喜欢在长时间开车行驶中惹事。而且，同胞竞争似乎在堵车时会达到顶峰。

花时间解释我打算靠边停车并待在路边（或者当他们吵架时，我能够找到的任何安全的停车地点）将这件事永远地改变了。只用了一次靠边停车，我的孩子们就明白了。我一个字都没有说。

基于我读过的所有正面管教书籍，我知道事先要告诉我的孩子们会发生什么。然后，要用只做不说引起他们的注意。没人想坐在路边哪儿也去不了。就像魔法一样，他们一起向我保证他们不会再吵架了，我可以开车回到路上了。

——匿名

工具提示

1. 当你无法控制自己的行为时,不要指望你的孩子能够控制他们的行为。这是一个会在很多情形中对你很有用的小提示。

2. 事先做好一个你将如何做到"只做不说"的计划(并让你的孩子知道这个计划)会让坚持到底更容易。

3. 用行动代替说话,是引起那些已经学会对说教充耳不闻的孩子注意的一种很好的方式。

无言的信号

说是最无效的事情之一。

——鲁道夫·德雷克斯

父母们往往说的太多，一个无言的信号比话语更响亮。

1. 微笑并指向需要被捡起来的鞋。
2. 和孩子一起确定在发生冲突时比语言更管用的信号，或者作为对举止的一种提醒的信号。
3. 当你感到生气时，试着把你的手放在心脏部位来表示"我爱你"。你和孩子都会感觉好一些。

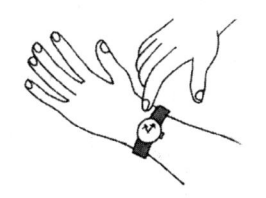

简

如果你很难做到只做不说，假装你嗓子哑了，不得不使用某种手语，或许是有帮助的一步。当你让你的孩子参与帮助你创造一些无言的信号时，这会特别有趣和有效。

比尔太太很沮丧，因为孩子们从学校回到家时会把他们的书扔在沙发上，让她很恼火。不停地唠叨没有带来任何变化。

在一次家庭会议上，她告诉她的孩子们，她不想再对这个问题喊叫和唠叨了。她提出了一个无言的信号，就是用一个枕套盖住电视机，作为沙发上有书的一种提醒。孩子们同意了这个计划，而且效果很好。除这个信号之外，妈妈不再做其他事情。当孩子们看见枕套时，他们要么收起自己的书，要么提醒别人去做。

几个星期后，比尔太太在孩子们上学后想看自己最喜欢的电视节目。她很惊讶地发现电视上有一个枕套。她看了看沙发，看到了前一天晚上她匆忙准备晚餐时留在沙发上的背包。全家人都对这件事情的转变大笑不止。他们喜欢这种办法，而且从那时起，孩子们想了很多种无言的信号来解决问题。

本节开头插图中的无言的信号，是在你们（一起）约定好的应该做一件事的具体时间，指指你的手表。要记住，你在指手表的时候要面带微笑。

无言的信号能够帮助解决问题，帮助孩子坚持到底，并帮助父母避免不停地唠叨和提醒。玛丽分享了一个无言（秘密）信号的例子。孩子们喜欢秘密，尤其是他们帮助创造的秘密。

玛　丽

当我的大儿子快 3 岁时，我开始运用无言的信号。那是从我对他感到沮丧、提高我的声音，并变得很严厉时开始的。之后，我对提高声音会感觉自己很可恶并且很内疚。我知道有一种更好的方法来处理这个问题。

我总是在说为我们期望孩子做出的行为做出榜样有多么重要。再说一次，说起来容易做起来难。当我听到我的大儿子冲他的弟弟大喊大叫时，那绝对是最糟的感觉。知道他是因为我这么对他说话他才这么说，让我感到既荒唐又尴尬。

感谢我的正面管教工具。我先向格雷森道了歉，并向他解释了我不想成为一个尖叫的刻薄妈妈。我问他，我们是否能想出一个无言的信号来帮助我记住深呼吸并冷静下来。我跟他说，我一直希望与他说话时能够用一种尊重的方式，就像我期望他用的方式一样。

格雷森想出了一个主意，他会摸摸他的鼻子，以提醒我需要冷静下来并做深呼吸。我向他保证，这是一个很棒的信号，然后问他，如果他没有用一种平静的语气说话，我是否也能这么做。

没过几天，格雷森就有了对我使用他的无言信号的机会，当然非常有效。我立刻停了下来，做了几次深呼吸，给了他一个拥抱，然后坐了下来，平视着他的眼睛跟他说话。

在格雷森 4 岁的时候，我们为"打断"别人说话发明了另一个信号。我们花时间通过角色扮演做了练习（要记住，练习要在平静的时候进行，而不是在发生冲突的时候）。当我正在跟别人说话时，格雷森捏捏我的手，让我知道他想说点什么。我把我的手放在他的肩膀上，让他知道我会尽快说完，以便能听他说话。

从那以后，格雷森很少打断我说话。他显然对我们的秘密信号感到很满意。

我们已经从我的父亲（他们的外祖父）那里采纳了另一个无言的信号。他把他的手放在自己的胸口上，作为他有一个"爱的闪念"的信号，他每次这么做时——他经常这么做——我总是感觉非常特别。

我的儿子们想到我们在家里使用的是当我还是一个小女孩时就在我家里一直使用的信号，就非常喜欢。这是建立连接的一种很棒的方法，我希望他们把这个传统传递给他们自己的家。

来自于加拿大不列颠哥伦比亚的成功故事

我4岁的女儿经常抱怨并打断我说话。认识到她的错误目的是寻求过度关注是很有帮助的。我们决定发明一个无言的信号。

我们现在有一个秘密的捏胳膊信号，当我跟别人交谈时，我的女儿可以用它来让我知道她有话要对我说。我会轻轻地捏一下她的胳膊，让她知道我明白她的信号，当我准备好听她说话时会让她知道。

起初，当她打断我说话时，我会停止交谈，并向她解释打断别人说话是不礼貌的，并提醒她用捏胳膊来代替。现在，我只需要捏一下她的胳膊，并继续我的交谈。这很有效。她会停止说话，等着轮到她。

——莎拉·约瑟芬（Sarah Joseph）
注册正面管教家长讲师

来自佐治亚州亚特兰大的成功故事

当我的孩子们还小的时候,似乎我每次打电话时,他们之中都会有一个人需要什么。好吧,我的孩子们现在十几岁了,还会出现这种情况。但这不是一个问题了,因为无言的信号这个工具真的管用。

我和我的孩子们已经发明了各种无言的信号,当我需要从家里打工作电话时,这些信号尤其有帮助。如果我在打电话,而他们想知道还有多长时间,他们会指指他们的手腕或手表,而我会举起手指向他们表示还有几分钟。我们还有一个表示工作电话的无言信号。

预先就无言信号达成一致是非常重要的,而且我注意到,当我的孩子们想出这些信号时,即使看上去很可笑,他们用起来也会更成功。

——凯莉·格芙罗尔(Kelly Gfroerer)
注册正面管教导师

工具提示

1. 要和你的孩子们一起做头脑风暴,让他们想出对他们有效的无言信号的主意。
2. 要鼓励你的孩子们想出一些无言的信号,以便他们用来提醒你需要改变的一些事情,比如说得太多或者掀开了你的大脑盖子。
3. 一定要在平静的时候花时间训练如何使用信号。

一个词

为重建一种作为家人之间沟通手段的语言,需要避免在发生冲突时说话。

——鲁道夫·德雷克斯

要避免说教和唠叨。用一个词作为亲切的提醒。

1. 对于留在地板上的毛巾:"毛巾。"
2. 在还没有喂狗的时候:"狗。"
3. "盘子。"
4. "睡觉时间。"
5. 如果事先一起达成了约定,一个词通常就是需要说的全部。

简

如果只做不说太难，要试试将你的提醒限制在只用一个词。本节开头的插图描述了当父母说得太多时通常会发生的事情。孩子们可能实际上没有把他们的手指塞进耳朵里，但他们通常同样会充耳不闻。鲁道夫·德雷克斯提醒我们，当发生冲突时，我们停止说话是明智的。我们相信，他的意思是说要等到你冷静下来并能做到理智和鼓励的时候。而且，知道说得太多实际会造成冲突是明智的。

为什么只用一个词呢？有很多原因：

1. 这会提醒你避免说教。
2. 这会提醒你控制你自己的行为。
3. 取决于你的语气，一个词可以是和善而坚定的。
4. 一个词不会给你的孩子足够的时间对你充耳不闻。

如果你真的不能忍受只说一个词，可以试试通过加上"我注意到＿＿＿＿＿"来多用一两个词，例如：

1. "我注意到你的床上有一条湿浴巾。"
2. "我看到餐桌上有画画工具，而快到晚餐时间了。"
3. "我看到你的自行车在外面，现在开始下雨了。"

只是观察，而不说一个词或只说很少几个词，表现出的是对孩子搞清楚需要做什么的能力的信任。

玛 丽

一天早上,我当时快 7 岁的大儿子格雷森对我说:"我都等不及长大了,那样我就能指使我的孩子们干着干那了。"

我被逗乐了,同时又感到既惊讶又伤心。被逗乐是因为他认为长大就意味着指使人。惊讶是因为我们正在摇椅上享受一个依偎时刻,而我正在跟他说我不希望他长大。伤心是因为我不喜欢他这么看待我。

我问他:"指使人听起来是什么样子的?"

他说:"去打扫你的房间……现在。"

啊。我知道我不是所有时候都对他这么说话,但我也知道我有时会为此感到内疚。

我问他:"如果我们约定我只说一个词怎么样?"

他说:"我喜欢!"

我说:"我知道你了解所有的家务,以及我们对你作为这个家庭的一名成员的期望。"

他叹了口气:"可有时候我确实需要提醒。"

我们达成一致,我可以省去说教,说一个词就够了。

当天上午的晚些时候,他把碗留在了厨房的台子上,我说:"格雷森,碗。"

他说:"妈妈,那是两个词。"

我笑了,给了他一个大大的拥抱,大笑着说:"好吧,如果你算上你的名字的话,或许可以说两个词。"

这个工具在一整天里都一直在发挥"一个词的提醒"的作用,比如"手""牙齿""鞋"和"拥抱"。

没有这些正面管教工具,我该怎么办啊?

布拉德

我的儿子往往有一点消极（尤其是对他的妹妹）。所以，我们在家庭会议上讨论了这个问题，我们都想到了用"阳光"这个词来提醒他不要这么消极。

我认为，与我说教如何做到更积极的一些细节相比，他会更喜欢这种方式。这也可以很有趣。当你说出一个词的提醒时，你可能会看到你的孩子灵光一闪，咧嘴一笑，并且想起了他们需要做什么。

你也可能不得不在下一次的家庭会议上再讨论这个话题。在这件事上，就发生了这种情况。我们尝试了"阳光"一个星期，但这对艾玛来说要比对吉布森更有趣。艾玛和我会微笑着说"阳光"，而吉布森会变得更加恼怒。

所以，在接下来的一次家庭会议上，我们又次讨论了这个话题。我问吉布森是否有别的词会更管用。他说没有。于是，我问他是否能想出其他管用的办法。他提到他实际上很喜欢拥抱这个工具。所以，我们同意在吉布森消极时，就给他一个拥抱。这在接下来的一个星期非常管用。

要记住，有很多养育工具可供选择。不是每个工具都适用于每个孩子。要运用你的直觉，并问你的孩子什么会管用。

来自佐治亚州亚特兰大的成功故事

当我说得太多时，我的孩子会立即对我充耳不闻。当我的三个孩子分别是1岁、3岁和5岁的时候，我的儿科医生（谢天谢地，他了解正面管教）建议我记住，作为父母"说得越多越没用"。他告诉我，在我开始变得沮丧或发现我的孩子们没有按照多步骤的指令——这对于大多数小孩子而言都是很困难的——去做的任何时候，他鼓励我只用一个词。

即便是一个简单如"请上楼去拿你的鞋子，以便我们能去公园"的指令，都包含了多个步骤。这看上去足够简单，但对于一个学龄前儿童来说，这两个步骤可能会是一个挑战——至少在我家里是这样的。当我的孩子们不可避免地空着手回到楼下时，用一个词"鞋"，每次都会有帮助。

一个词有助于专注于行动。即使是现在，我的孩子都十几岁了，我仍然发现用一个词见效很快，而且绝对帮助我避免了唠叨。

——凯莉·格芙罗尔（Kelly Gfroerer）
注册正面管教导师

工具提示

1. 语气很重要。厌恶和（或）讽刺既无法鼓励也没有帮助。
2. 要记住，孩子们的优先事项与你的不同。
3. 将其变成一个游戏。每当你记住只说一个词时，就在一个秘密的罐子里放入一美元。
4. 将其变成开玩笑。告诉你的孩子，当你开始用太多的词时，他们可以开始数手指头。
5. 用你的直觉去了解什么时候用一个词可能最有效。
6. 如果你已经和你的孩子达成了一个约定，你可以问："我们的约定是什么？"
7. 如果你的孩子对于一个词或"我们的约定是什么？"没有反应，就把问题放到家庭会议的议程上，以便留出一些平静下来的时间。

第9章 后果

逻辑后果

> 在理解一个情形的含义时出错,也好于忽视它。
> ——鲁道夫·德雷克斯

太多的时候,逻辑后果都是经过拙劣伪装的惩罚。

1. 要少用后果,而要专注于解决方案。
2. 在适合的时候,要遵循逻辑后果的 3R1H。运用的逻辑后果具有以下全部四个特征吗?
   - 相关(Related)
   - 尊重(Respectful)
   - 合理(Reasonable)
   - 有帮助(Helpful)
3. 如果缺失任何一个特征,就不是逻辑后果。

简

当我说"不要再用逻辑后果——至少要极少使用。要关注解决方案"时,看到父母们脸上的表情几乎是很古怪的。尤其是因为我已经说过那么多其他的"不—不—不":"不惩罚,不奖励,不表扬,不用惩罚性暂停,不取消特权。"他们会奇怪:"那还剩下什么呢?"正面管教通过提供那么多的非惩罚性的管教工具,对这个问题做出了回答。

有几年,我提倡使用逻辑后果。毕竟,鲁道夫·德雷克斯是第一个教给我们逻辑后果的。然而,我总是注意到,大多数父母所称的逻辑后果,实际上是经过拙劣伪装的惩罚。当我指出这一点时,他们都同意。然而,当他们生气、沮丧,并且不知道还能怎么办时,他们仍旧会再次使用惩罚性的逻辑后果。

所以,我提出了逻辑后果的3R1H:

1. **相关**(Related),是指后果必须与行为相关。
2. **尊重**(Respectful),是指后果一定不能包含责难、羞辱或痛苦,并且应该和善而坚定地执行。而且,对涉及到的每一个人都必须是尊重的。
3. **合理**(Reasonable),是指后果一定不能包括借题发挥(加入说教或任何类型的责难、羞辱和痛苦),而且从孩子和大人的角度来看都应该是合理的。
4. **有帮助**(Helpful),是指能鼓励涉及到的每个人改变。

如果缺失"3R1H"中的任何一项,就不能再称之为逻辑后果。而且,如果后果是不相关的、不尊重的、不合理和没有帮助的，孩子们就可能会体验到惩罚所造成的 4 个 R：

1. 愤恨（Resentment）——"这不公平。我不能相信大人。"
2. 报复（Revenge）——"现在他们赢了，但我会扳回来。"
3. 反叛（Rebellion）——"我要让他们看看，我想做什么就做什么。"
4. 退缩（Retreat）——偷偷摸摸（"下次绝不让他抓到。"）或自卑（"我是个坏孩子。"）

对于父母们来说，放弃"要教他们做得更好，就要让他们感觉更糟"的观念可能是很难的。近年来，科学研究已经证明了我们在正面管教中所教的：孩子们在感觉更好时才会做得更好。多年前，我看过一个阐明这个信念的卡通画。画面是一个妈妈看着自己的丈夫手持一根棍子在追赶他们的孩子。在图的说明中，这位妈妈在喊："等一下。再给他一次机会。"这位父亲回答："可是，他可能再也不会这样做了。"

遭受痛苦并不是逻辑后果的一个必要特征。比如，一个孩子可能很喜欢清理自己造成的脏乱。这很好，因为逻辑后果的目的就是要改变不当行为，并找到一个解决方案，而不是通过造成痛苦来进行报复。想让孩子遭受痛苦，就是把逻辑后果变成了惩罚。

有一些更有效的其他方法，比如开家庭会议，关注解决方案而不是后果，建立惯例，提供有限制的选择，寻求帮助，处理行为背后的信念，决定你怎么做而不是强迫孩子怎么做，以尊严和尊重的方式坚持到底，拥抱，或者任何看上去适合当时情形的正面管教工具。不要把后果强加给你的孩子，通过启发式问题来帮助你的孩子探究其选择带来的后果始终是令人鼓舞并能赋予孩子力量的。

探究与强加是非常不同的。启发式问题会帮助你的孩子以一种导向解决方案的方式探究他或她的选择所带来的后果："发生了什么？你认为是什么导致了它的发生？你对此有什么感受？你认为其他人有什么感受？你从中学到了什么？将来你会如何运用你从中学到的？你现在有什么主意来解决这个问题？"这些都只是一些例子，不是让你当作脚本来使用的。要根据当时的情形，并要对进入孩子的世界有好奇心。

尽管逻辑后果是我极少使用的，但在恰当运用时，可以是一种有效而鼓舞人的方法。事实上，我们已经以其他名称分享过几个可以被称为逻辑后果的工具——比如，决定你怎么做，只做不说，坚持到底，将错误当作学习的机会，放手，以及允许孩子体验后果（与强加后果有很大的不同）。

确定一个逻辑后果是否有效的试金石，是这样一个问题："这个后果是让我的孩子为过去做的事情付出代价，还是会帮助我的孩子感觉受到鼓励去为未来而学习？"

玛 丽

真正惹我发火的一件事情，是我的大儿子和二儿子在晚上就寝时打架和吵嘴。他们共用一个房间，而且，往往在睡觉前5分钟精力更旺盛。他们要么想摔跤，要么会尽最大努力惹恼对方（当然，也会惹恼我。）

我试图通过好好地说让他们停止，来保持我的冷静和耐心。当然，这不管用。这时，如果我不去我的正面管教工具箱里好好找一找，我的养育方式就会真的变得很糟糕。

首先，我会想起他们的行为是正常的、与其年龄相应的，而且绝对不是想惹我生气。然后，我会想："我的妈妈说了什么让我在成长过程中和我的兄弟之间的争斗减少了？哦，是的——家庭会议。"

在一次家庭会议上，我们讨论了睡前争斗的议题。我们都能专注于解决方案——也是睡前争斗的逻辑后果。

我们决定给睡前惯例 1 小时的时间。我们都同意他们需要大约 15 分钟的"停工时间"，躺在地板上、摔跤或者无所事事。一旦我们读完了睡前最后一本书并揉过了后背，就熄灯了。"熄灯"是我的儿子想出的暗语，意味着不再说话。

如果他们在"熄灯"后继续争斗，我们就会在第二天晚上把睡前惯例开始的时间提前 30 分钟。我们会和善地提醒他们，这可能会导致提前结束棒球练习。格雷森讨厌这个主意，而里德（还没开始打棒球）很得意。

格雷森提出了一个很正当的问题，他说："如果我不搭理里德，而他一直惹我怎么办？"所以，我们想出了一个相关的后果，那就是让里德比格雷森早 15 分钟上床。这留出了里德无法烦扰别人的独处时间。

里德不喜欢这个主意，但他同意这是公平的。让里德提前 15 分钟上床感觉带有一点惩罚性，但是，我意识到这实际上是一个逻辑后果，因为它是相关而合理的（尤其是因为他们同意了）。确保它得到尊重地执行，是取决于我的。我们可以在下一次的家庭会议上核实一下，看看这是否有帮助。如果不行，我们可以用头脑风暴找到更多的解决方案。而且，我们预先都同意了这么做。

第一天晚上，我们尝试了"熄灯"的办法，很管用！

再次给自己记下一点：家庭会议管用，而且，让孩子们专注于解决方案，即便是逻辑后果，也是很有效的。

布拉德

当我听到"不要再用逻辑后果——至少要极少用。要关注于解决方案"时,我唯一的想法是:"嗯,这很有道理。"我总是搞不清自然后果和逻辑后果之间的区别,而更喜欢专注于解决方案。

我最常用到逻辑后果的地方,是解决那些被扔得到处都是的玩具。这种事情有一个非常合适的逻辑后果。孩子们收拾好他们的玩具(相关、合理、并且是尊重的),或者我收拾玩具并且将其保管一个星期(同样:相关、合理、并且是尊重的)。我的孩子们可能不会总是同意这个逻辑后果,但他们会说这很公平,只要我在这个过程中做到和善而坚定。

我喜欢专注于解决方案,这也需要和善与坚定并行。当我回到家里,发现我女儿把她的东西摆满在厨房的桌子上时,我不会生气。我只是会请她收拾好她的东西,以便我们能够吃晚餐,这是艾玛很高兴去做的。当她的数学成绩不好时,我会和善地建议她放学后留在数学实验室做家庭作业,对于没有理解的概念,她在那儿可以得到帮助。对她来说,这看上去是一个合乎逻辑并且有帮助的解决办法。

我听到别人问过:"这种行为的逻辑后果是什么?"好像想出一个逻辑后果真的很难。我注意到想出一个解决方案比努力想出一个逻辑后果要容易,尤其是当我问孩子们有什么想法的时候。他们甚至比我更善于思考解决方案。

来自法国马赛的成功故事

在我的大儿子和二儿子使用多长时间 iPod 或电脑的问题上,我们达成了一致(每周三可以玩一个半小时,周末是两小时),并且对违反约定的逻辑后果(这些设备会被拿走一段时间)也达成了一致。这个方法很有效……在 7 月初出现问题之前。

看到莱昂还粘在他的屏幕上,这激怒了我。我从他手里抢过了 iPod,而他的反应是踢了我。

我很震惊。他对我怎么能这么暴力?然后,我意识到,我自己的方式也很暴力,我应该更有耐心地让他给我,而不是从他手里夺走。我的主要错误是在学校放假前忘记了重新检查我们的约定。

在强调了这种行为不可接受之后,我运用了"矫正错误的三个 R":我向他道了歉(承认我的错误),我对他的视频游戏表现了兴趣(和解),并且我提出和他一起为暑假达成一个新约定,并找到表达我们的沮丧的其他方法(解决方案)。

他很惊讶我突然对视频游戏有了兴趣。他热情地向我详细地作了介绍。这次交谈使我看到了我的儿子是一个聪明的孩子,而不是一个冷漠的极客,并且让我想到请他帮忙给我的手机里下载音乐(确认了我对他的兴趣)。我体验到了我对他的贡献的重视对他具有多么大的价值,以及这帮助他感受到了多么大的归属感和价值感。

——玛丽·德·曼尼巴斯·勒·马里奥斯
(Marie de Ménibus Le Marois)

工具提示

1. 想一想你的直接目标。你想让你的孩子为过去付出代价，还是想让他为未来而学习？

2. 想一想你的长期目标。你想让你的孩子感到内疚和羞愧，还是感到被赋予了力量并很有能力？

3. 在有疑问时，就忘掉逻辑后果，运用同样的"3R1H"寻找解决方案。

自然后果

我们需要认识到每个人所拥有的巨大力量，以及那些只要我们觉得自己是受害者就无法运用的力量。

——鲁道夫·德雷克斯

孩子们通过体验自己的选择所带来的自然后果，来发展适应性和能力。

1. 要避免说教或说："我早就告诉过你。"
2. 要表达共情："你浑身都湿透了，一定很不舒服。"
3. 要安慰而不要解救："洗个热水澡可能会有帮助。"
4. 要认可感受："听上去这让人很尴尬。"

简

自然后果是自然而然地发生的任何事情，没有大人的干预。站在雨中，你就会被淋湿。不吃东西，你就会饿。忘记穿外套，你就会冷。不允许借题发挥。当大人说教、斥责、说"我早就告诉过你"，或者以任何行为把责难、羞辱或痛苦附加到孩子原本能够自然而然地获得的体验之上时，就是在借题发挥。

当孩子们犯了一个错误时，他们通常会感觉很糟或充满内疚。说教会削弱从自然后果的体验中学习，因为孩子会停止体验的过程，并专注于承受或抵挡责备、羞辱、痛苦。不要说教，而要对孩子的体验表达共情和理解："我敢打赌肚子饿（或弄得湿漉漉的、分数很低、丢了自行车）是很难受的。"对于要给孩子提供支持的父母们来说，不解救或不过度保护孩子是很难的，但是，这是为你的孩子培养一种能力感而做的最鼓舞人心的事情之一。

尽管自然后果通常能帮助孩子学习承担责任，但有时候不宜采用自然后果：

1. 当一个孩子处于危险之中的时候。例如，大人不能允许孩子体验在大街上玩的自然后果。

2. 当自然后果妨碍他人的权利时。大人不能容忍允许孩子向其他人扔石头的自然后果。

3. 当孩子行为的结果在他们看来不像是一个问题，而其自然后果对他们的健康和幸福有不良影响时。比如，不洗澡、不刷牙、不做家庭作业、吃大量垃圾食品，对有些孩子来说似乎不像是一个问题。

对于这些情形，有许多更有效的其他工具。

玛 丽

几个星期前，我和我的小儿子帕克一起外出办事，他在零食包里发现了一盒酸奶。他当时正坐在婴儿车里，我知道，如果他在车里而不是在桌子旁吃，酸奶很可能会洒出来，并且弄得一片狼藉。

我试图通过解释跟他讲道理，因为他才3岁，他一点都不在乎。我越是努力说服他，他越坚持他不需要我的帮助。他说了好几次："我自己做。"

我很快意识到我们陷入了权力之争。当时，我是在努力避免弄得一团糟以及可能出现的大发脾气。然后，我想起来，对他而言，体验在婴儿车里而不是桌子旁吃酸奶的自然后果更重要。果然，酸奶洒了出来，弄得一片狼藉。我竭尽全力才没有说："看，我告诉过你会把酸奶洒出来。"相反，我说："噢喔，你搞得一团糟，让我们收拾干净吧。"没有羞辱或责备。我们两个都保持着平静，甚至对他造成的混乱大笑。谢天谢地，我的车里有一件可以换的衣服。

帕克又坚持要自己上车。幸运的是，我那天有富余的时间和耐心。最后，我们建立了连接，他感到自己被赋予了力量，他体验到了自己行为的自然后果，并且他的信心增强了。

布拉德

作为单亲父母，有时候你的唯一选择就是让你的孩子体验自然后果。尤其是当你去外地的时候。

一开始，当我去外地时，我常常接到孩子们打来的电话。有时候，如果我没有立刻接电话，我的孩子们就会留下一条精心制作的持续大约3分钟的信息。有一次，在去外地打高尔夫时，我儿子给我打了电话，并且给我留下了一条像下面这样的信息：

"爸爸，我进不去家门了，因为我和我的朋友从他家回来，我忘记我的钥匙了。于是，我们试图用树枝把锁撬开，但是树枝断在了锁眼里，现在钥匙也没法用了。所以，我们绕到后院，试图从一扇窗户钻进去，但是窗户都锁着，而纱窗现在坏了。但是，我们最后找到了一扇开着的窗户，你知道后院里那些大蓝桶吗？我们爬上一个桶，从窗户里进去了。所以，现在我可以喂猫，并且能打开前门出去，但是现在我们不能锁门了。祝你的高尔夫之旅快乐！"

你明白了吗？
我回到家里发现：

1. 猫把地下室的地毯当成了它的沙盒。
2. 孩子们睡着了，忘了把狗放出去，所以它尿在了我儿子的房间里。
3. 猫在我女儿的房间里咳出了一个毛团。
4. 孩子们忘了把一些食物收好，狗决定在我们厨房的新桌子上跳新版的爱尔兰大河之舞。
5. 孩子们（他们知道不能在我的办公室里喝东西）把巧克力奶洒在了地毯上。
6. 我出去这段时间，没有人洗餐具。所以，当我做好晚餐的鸡汤面时，我意识到没有干净的勺子，而我已经打开了洗碗机。于是，我有了一个创意，让女儿用大号的饭勺，让儿子用一把冰激凌勺。我女儿看到我儿子用冰激凌勺吃汤面时乐坏了,以至于突然大笑起来,隔着桌子把鸡汤面喷到了我儿子的脸上,造成的反应与他被硫酸喷一脸没什么两样。

啊……没有什么能比一个离开家的小假期更放松的了。

所有这些经历过的自然后果都有一个快乐的结局。我的孩子们现在都十几岁了,他们从自己以前的错误中都学到了东西。现在,当我去外地时,他们完全有能力照顾自己。他们一起计划吃什么,去遛狗,保持厨房的干净整洁。而我学会了在屋子外面那些假洒水器中藏一把房门的钥匙,这样,如果他们忘了带钥匙,不必用树枝就能进家了。

来自墨西哥蒙特雷的成功故事

我有一个11岁的儿子,我给他贴的标签是"心不在焉",因为他总是忘记把家庭作业记下来或者带上他需要的每一件物品。问题是,我们把他转到了另一个有不同要求的学校,他每遗漏一项,就会在家庭作业报告上被记下一次。

他对此很不习惯,而且似乎也不在乎,但被记入家庭作业报告在这所学校里是很严重的事情。他们会从他的成绩里扣分(顺便说一下,他的成绩是优秀)。所以,他每次从学校里拿回一次报告,我都会极其生气。我会冲他大声喊叫,对他禁足,但似乎都不管用。他根本不在乎(或者说我认为是这样)。

所以,在他的老师跟我面谈并告诉我他即将被停学后,我对他非常生气。我觉得他没有能力跟上学校的进度了。然后,这一切就发生了——我遇到一个人,她听了我的故事,并告诉我正面管教工作坊的事情。我立刻决定去报名。

在我参加这个工作坊的过程中,每一个工具都让我大开眼界。我明白了我没有倾听我的儿子,我让他感觉他能力不足,在我认为他无法成功时每次都解救他。所以,我决定试试自然后果——就让家庭作业报告影响他的成绩。

他不喜欢这样。所以,他想出了一个仔细检查他的家庭作业笔记,以及检查他是否记下了每一件事并且放进了背包里的计划。我们开始用家庭会议来讨论学校和家里的问题,效果非常好。我运用了错误目的表,并且开始赋予他权力,注意他做对的事情。我让他自己做家庭作业——这有了令人难以置信的结果。我开始倾听他说话。

现在,一年已经过去了,我可以说他更有信心了,他对学校的事情更负责任了,并且更多地参与家庭活动了。最好的是,我喜欢自己的母亲身份了。我感到压力减少了。我更能以一个善解人意的母亲形象出现,并享受着与儿子在一起的每一刻。

——萨曼莎·加西亚(Samantha Garcia)
注册正面管教家长讲师

来自法国巴黎的成功故事

从我儿子3岁半开始,我有一年的时间每天晚上都至少重复5~10次,说已经8点了,他上床睡觉的时间到了,这样他第二天才会有充沛的精力。每天的这一段时间都让我很痛苦,我经常很生气,或者感觉压力很大。我试过了我能想到的所有办法——惩罚,甚至威胁——但结果总是一样。

有一天,我在《正面管教》这本书中发现了自然后果。我决心再也不用惩罚或威胁的方式,并对自己说:"为什么不试试自然后果呢。"

有一天,到了上床睡觉的时间,我儿子要求我继续玩。我和蔼地回答："我能看出来你真的很想继续玩,不想上床睡觉。我没问题,但是,我想让你知道,明天得上幼儿园,你需要早一点起床。如果比平时睡得晚,请注意你明天可能会感到很累。如果你能答应不管多累明天都按时起床,你就可以继续玩。这是你的选择和你的责任。"

他太开心了,选择了继续玩。我松了一口气,因为我没有了对他睡眠不足的担心,可以继续做我自己的事情了。他在大约10点上床睡觉了。第二天,他看上去很疲惫,但是他起床了。我帮他穿上衣服,一句也没提到他的疲惫。在去学校的路上,他告诉我:"妈妈,我累。"

我说:"哦,你累啊。这确实很辛苦。我个人更喜欢在早上精力充沛。"

他说:"我也是。"

这给了我机会,问他能用什么办法做到早上精力充沛。他的回答是:"晚点起。"我想笑,但我忍住了,只是解释了如果他想在去幼儿园的日子里准时到,是不可能晚起的。所以,我问他是否还能想到其他解决办法,他回答:"早点上床睡觉?"

我微笑着看着他,向他确认他找到了一个很好的办法。然后,我问他,对他来说理想的时间是几点,他很认真地说:"早上1点怎么样?"

我又想笑,但我忍住了。我只是告诉他:"哦,早上1点比你昨天晚上上床睡觉的时间还要晚。你愿意我给你建议一个早一点的时间吗?"

他同意了。

我说:"晚上8点怎么样?这比昨天早一些。这适合你吗?"

是的,他说。

我问他:"当你从幼儿园回到家时,你愿意我给你看看钟表上8点的位置,以便你能为按时上床睡觉负起责任吗?"

他热情地回答了是的。

当他从幼儿园回来后,我给他看了钟表上8点的位置,并告诉他现在他要为按时上床睡觉负起责任。我补充说,如果他能在8点上床,我们还有时间读一个故事。

整整一个月,他每天晚上在快到8点的时候都来找我,告诉我快到上床睡觉的时间了。这对我和我的儿子来说都是多么轻松啊!

在那个月之后,他需要再一次体验晚睡的自然后果。这是强化他以前已经学到的东西所需要的。

这是发生在一年以前的事情。从那以后,我学会了在周末和假期灵活对待就寝时间。我相信他在上幼儿园的日子早起的能力,即便他在周末和假期有时晚睡也晚起。他对时间节奏的变化控制得那么好,真让我很佩服。非常感谢这份无价之宝!

——特丽莎伊·德·昆纳克(Tarisayi de Cugnac)
注册正面管教家长讲师

工具提示

1. 要有效地运用自然后果,需要另外几个工具,比如:花时间训练,表现出信任,以及把错误看作是学习的好机会。

2. 在让你的孩子体验其选择造成的自然后果之后(比如因为不穿外套而得了感冒),你可以问一些启发式问题,来帮助他了解如何控制因他的选择而发生的事情。

3. 当孩子的选择所造成的自然后果在当时或未来会伤害到你的孩子或其他人的时候,不要袖手旁观并允许其发生。

4. 另一种可能是问你的孩子,他或她是否愿意把一个挑战放到家庭会议的议程上,用头脑风暴来找到解决办法。

同等地对待孩子们

指责不会促进合作。

——鲁道夫·德雷克斯

当孩子们打架时,不要偏袒,而要同等对待他们。

1. 要给孩子们同样的选择:"孩子们,你们是愿意坐到和平长椅上去(如果你们已经一起制作了一个),还是用选择轮?"
2. 表现出信任:"当你们确定了问题所在并有了解决的主意时,来告诉我。"
3. 离开:当你不再选边站时,打架的次数就会显著地减少——只要你们定期开家庭会议,并教给孩子们解决问题的技能。

简

在涉及到解决谁挑起了口角的谜题时，大多数父母都是很差劲的侦探。毕竟，正在哭的那个孩子一定是欺负人的兄弟姐妹的无辜受害者，对吧？错！

把情景重放一遍，你几乎总会看到一个小孩子招惹了一个很容易被激怒的大孩子。为什么？因为作一个受害者可能会非常好玩。挨的哥哥姐姐的那一拳，是为妈妈冲进来保护和安慰时所得到的全部爱和关注所付出的一个小小的代价。

看着这一幕上演，可能会显得很好笑——直到你了解清楚其长期效果。最小的孩子正在形成一种"受害者心态"，认定得到爱和关注的最好方式就是成为一个受害者。这对于成功的人生而言并不是一个好计划。再说一遍，考虑我们行为的长期效果是非常重要的。

不要偏袒或试图确定是谁的错。你很有可能会做错，因为你永远无法把发生的事情都看到。在你看来是正确的事情，至少在一个孩子看来肯定是不公平的。

相反，要同等地对待孩子们。不要将一个孩子作为挑事者对待，而要这样说："孩子们，你们谁愿意把这个问题放到家庭会议的议程上？"或者"孩子们，你们需要去你们感觉好起来的地方待一会儿，还是现在就找到一个解决办法？"或者"孩子们，你们想回到各自的房间自己待着吗？"甚至在涉及到一个6个月大或18个月大的孩子，并且你确定这个最小的孩子完全无过错时，你也可以说这样的话。当然，这个婴儿或学步期的孩子不理解这些话，但是，大孩子会明白他或她不会在每一件事情上都被指责。这个最小的孩子也没有机会知道，在妈妈看不到的时候招惹大孩子以便作为一个受害者得到大量的关注是多么有趣。

要放弃试图消除所有同胞竞争的努力。有些同胞竞争并不像父母认为的那样糟糕。当我在睡前惯例中问我的孩子们当天最难过和最快乐的时刻时，他们很少提到他们之间的争斗（尽管他们之间的争斗总是让我最难过的事）。而且，孩子们从那些小争斗中能学到很多，尤其是当他们在每周都能运用相互致谢的家庭会议上学会了其他办法的情况下。

玛 丽

我很容易陷入我的儿子们之间的争斗，并为我最小的儿子辩护。我发现我会为他感到难过，并为大儿子对他的伤害感到愤怒。

因为我是家里最小的孩子，我知道小孩子通常会招惹自己的哥哥姐姐。记住这一点有助于我在让他们处境相同时感觉更舒服。

当我提醒他们我不参与，他们结束后可以来找我时，他们对问题的处理和解决比我参与时做得还好。通过让我的儿子们处境相同，我避免了一个儿子学会通过成为受害者来获得关注，另一个会得到欺负人的大量训练。同等对待争斗中的孩子，实际上给我们带来了更多的安宁。

有一个星期，当我的儿子们开始打架时，我告诉他们："看来你们正在打架，我不想参与。我现在下楼。当你们结束后来告诉我，以便我们能完成睡前惯例。"我补充说："我希望你们能尽快解决，以便我们有时间读书并分享最快乐和最难过的时刻。"

我还没有下到底层，就听到格雷森平静地向里德解释说："我从你手里抢走玩具并用它打你，是因为你不让我轮流玩。"

然后，里德说："可是我还没有玩完呢。"

格雷森说："那还要多长时间才能轮到我？"

里德回答："让我们来玩个能一起玩的游戏吧。"

然后，格雷森告诉里德他很对不起，并问是否可以拥抱他。

我高兴坏了，我知道，如果我参与，结果不会这么好。我既自豪又很惊讶。

我知道，我的儿子们在家庭会议上参与学习解决问题的技巧是有帮助的。他们也喜欢引用我的话："你是在寻求责备，还是在寻求解决方案？"

当我不偏袒一方或者保护其中一个孩子时，这个工具给我的家里带来了更多的和平。更让人惊异的是，当我置身事外时，他们解决问题的速度有多么快。

布拉德

这个工具对我来说非常难。当然，我是从一个拥有坏哥哥的孩子的角度来说的。好的一面是，我的哥哥确实帮助我提高了我的运动能力，因为我总是努力跑得比他快。事实上，我10岁的时候赢得了当地青年奥运会的五项全能。

我哥哥长大后成了一个守法的社会好成员，而我设法熬过了我的童年。但是，我想当我对待我的孩子们时，这一切始终还留在我的意识里。我总是假定大孩子是惹事的人。

然后，发生了一件彻底改变我的观点的事情。我的两个孩子被他们的堂兄弟们邀请去我们当地的游乐园，而我刚做过膝盖手术，留在家里休息。我很担心没有我的监督他们会怎么样。我的两个孩子在我身边总是不断地斗嘴和打架，我祈祷着把他们送上了车。

当他们回来的时候，我惊喜地了解到，吉布森像一个模范哥哥那样照顾他的妹妹，确保她度过了一段愉快的时光，确保不让她在拥挤的人群中走失。他们的伯母说，她的印象太深刻了，我的两个孩子在一起那么好，他们看上去像最好的朋友。

知道我的两个孩子尽管经历着典型的同胞竞争，但他们在内心深处爱着对方而且是最好的朋友，让我的心里很温暖。

当我反思这次经历时，我意识到，也许我的孩子们打架和斗嘴是为了从我这里得到好处。有我作为一个观众，并且知道我会介入并偏袒某一方，只会火上浇油。当我因为不在场而无法干预时，我的孩子们完全有能力自己解决他们的冲突。

来自加利福尼亚州奥克兰的成功故事

我想告诉你我今天早上的一个成功故事。我觉得像这本书里的一个例子，我对其有效性感到非常惊讶。

今天早上，我5岁半的儿子，伊登，把他最喜欢的变形金刚玩具留在了地板上，而他1岁半的妹妹露露跑过去开始玩。伊登看见了，跑过去推倒了她，露露的头磕在了地板上。

我平静地走过去，说："你们两个需要帮助吗？露露不知道你为什么推她。你要用你的话语告诉她，我知道你们两个能解决这件事。我现在要去厨房，以便你们解决这件事。"

我走的时候，露露呜咽着哭了几声，就坐在她哥哥的旁边，可能她不确定为什么我没有更好地为她辩护。

在我离开之后只过了5~10秒，伊登就说："嗨，露露，你想要另一个吗？我去给你拿一个。"并跳起来去给她拿他没在玩的另一个变形金刚，他把它给了她，她开心地接受了，并且往旁边挪开了一点，在她自己的空间里玩了起来。

我简直无法相信！尽管这方法很好，但我对于在露露处于危难中的时刻似乎抛弃了她确实感到有点内疚。但是，我收获的是，他们的关系从他解决问题的方式里受益良多，远远超过了我介入的收获。

如果我们能始终坚持这种解决冲突的方式，两个孩子都不会感到被抛弃，而是会感到被赋予了力量。

——瑞秋（Rachel）
丽萨·富勒（Lisa Fuller）的正面管教家长课学员

工具提示

1. 你可能认为你知道是谁挑起的冲突。在大多数情况下，你不知道。

2. 要做的事情不只是"同等"地对待孩子。你需要以孩子们能学会解决冲突的其他技能的定期的家庭会议作为补充。

3. 当你每周都召开家庭会议时，打架的次数会极大地减少，因为孩子们学会了解决问题的技能。

4. 邀请你的孩子制作他们自己的选择轮（见第5章），并要定期回顾。

5. 解决兄弟姐妹间争斗的更多有创意的主意，请见第10章的"幽默感"。

第 10 章
做出行为榜样

控制你自己的行为

> 通过改变我们自己,我们就能改变我们的整个人生以及我们身边人的态度。
>
> ——鲁道夫·德雷克斯

榜样是最好的老师。

1. 当你不能控制自己的行为时,不要指望你的孩子能控制他们的行为。
2. 要建立你自己的特别的暂停区,并且在你需要使用时要让你的孩子知道。
3. 如果你不能离开现场,就数到 10 或者做深呼吸。
4. 当你犯错误时,要向你的孩子道歉。

简

在发生冲突的当时，孩子和父母的大脑盖子都打开的时候，要解决问题几乎是不可能的。其结果只会是感情受到疏离和伤害，随后通常还会内疚。

为什么不让你的孩子知道你要暂停一下呢？在试图解决问题之前，要让你自己离开当时的情形并平静下来。你如何做暂停取决于你自己。也许，你会去你的房间。也许，你会去散步。也许会给一个好朋友打电话讨论这个问题。无论你决定做什么，重要的是在解决问题之前要花时间冷静下来。

如果你不能离开现场，就数到 10 或做深呼吸。当你的孩子年龄很小或当时的情形需要你在场时，这种方法是很有帮助的。

说出你当时的感受也可以："我现在很生气，在我们说话之前，我需要先冷静下来。"孩子们需要知道他们有任何感受都可以，但不是做什么都可以。通过说出你的感受，你是在为孩子作出这方面的榜样。要避免说："你让我很生气。"要为你的反应式感受承担起责任，而不是责备你的孩子。

当你犯错误时，要向你的孩子道歉。正如我们说过很多次的那样，当我们花时间真诚地为我们的失控道歉时，孩子们是非常宽容的。在演讲中，我问："你们有多少人向孩子道过歉？"每个人都会举起手。然后，我问："他们说什么？"普遍的回答是："没关系。"

通过道歉，你就建立了一种连接（亲密和信任）。在这种氛围中，你们就可以一起寻求一种解决方案。你再次表明了错误是学习的机会，而你们就能专注于解决方案了。

如果你想在你的家里创造一种合作的氛围，控制你自己的行为就是必须的。

布拉德

在运用这个工具之前,我和我妈妈讨论了我与自己的十几岁孩子沟通遇到的困难。在我的头脑中,好像吉布森就是在试图挑起争议并引发争论。我甚至建议吉布森加入学校的辩论队,以便他充分发挥自己的辩论优势。

但是,后来我妈妈对我说了一句击中要害的话:"争论需要两个人。"

嗯……这是一个很好的观点。事实上,我没有说话。然后,她建议我问问题,让吉布森去探究他的想法,而不是陷入争论之中。

一天早晨,我正在准备早餐,吉布森说我们需要更换楼梯上的栏杆,因为栏杆看起来不太结实,他担心当他靠着它的时候它会垮掉。由于我的孩子们不仅会靠在栏杆上,还经常在上面练习体操动作,我马上想到的是:"那就不要靠在栏杆上!"

既然这只是我的最初想法,那就意味着我不是必须说出来。对吗?但是,我的想法和嘴巴之间通常没有太多的过滤,所以,我说:"那就不要靠在栏杆上!"

吉布森说:"可是如果我忘记了,就像这样靠在上面怎么办?"他靠在栏杆上演示了一下。

"不要靠在栏杆上!"我又说了一遍。

到这时,吉布森已经完全进入了辩论模式,就要辩论到栏杆涉及到的勾股定理了。但是,我甚至没有让他说那么多。"不——要靠在栏杆上!"

现在,让我们回头看一看,如果我做一个深呼吸,把我的最初想法先放一放,与我的儿子探讨一些可能性,这个讨论可能会怎样进行下去。

吉布森： 爸爸，我们需要更换这个栏杆，因为我担心当我靠在上面的时候它会垮掉。

　　爸爸： 哦，说来听听。

　　吉布森： 嗯，它看起来不太结实。

　　爸爸： 你认为我们能做些什么？

　　吉布森： 我们应该换掉它。

　　爸爸： 你认为那要花多少钱？

　　吉布森： 我不知道。

　　爸爸： 好吧，也许你可以帮我了解一下。

　　这可能会也可能不会结束更换栏杆的话题，取决于吉布森在这个想法上投入多少精力。我的猜测是，他可能会放弃这个话题，并且再也不会提起。

　　但是，让我们也探讨一下吉布森真的在更换栏杆的想法上投入了精力，并搞清楚了可能需要花多少钱。或许，他发现需要花1000美元。那时，我就可以说："哇，那是一大笔钱。我付不起。"

　　一个重要建议：在过去十三年的单亲养育中，我知道了控制我的行为的一个关键，就是照顾好我自己。养育是很有压力的，为了装满情感的水桶，我们需要休息。不仅我们父母需要离开孩子休息，我们的孩子也需要离开我们休息。从长远来看，当你照顾好自己时，你会是一名更好、更有耐心的父母。

玛　丽

　　有时候，我不得不提醒自己，当我不是总能控制自己的行为时，期望我的孩子们控制他们的行为有多么愚蠢。控制我的行为有时会是一种挑战。或许，这是因为我有三个年幼的小男孩！

有好几次，三个男孩会在某一天都惹怒我，比如，当我 3 岁的儿子正在发脾气时，我 7 岁的儿子正在让我伤心，因为他想要的东西立刻就想得到，无法忍受耐心地等待任何事情，而我 9 岁的儿子正在跟我顶嘴，因为他感觉自己受到了催促。

我知道，当我对我的三个孩子大喊"我们不能大喊大叫！"时，期望他们停止喊叫是很虚伪的。而且，当我没有做出榜样时，要求他们运用"离开、不予理睬、专注于解决方案或做深呼吸"这样的工具，是不公平的。

所以，有一天，当我的孩子们使我失去控制并对他们的行为做出被动反应时，我根本不接受他们的"邀请"。我控制住了自己，并想起了为孩子们作出控制自己的行为的榜样。我想起了闭上我的嘴巴，然后数到 10、做深呼吸，并真正想一想我要说的话及其会带来的影响。

过了一会儿，深呼吸没有帮助我感到平静下来，所以，我走到房子的另一处，直到我能平静下来。

当我 3 岁的儿子跟过来，尖叫着要求我的关注时，我一头扎进了浴室。我知道，在我平静下来之前，我没办法给他关注。

在我平静下来之后，我能帮助缓和局面了，我对一个孩子说："我不喜欢你用手打，我希望你能友好地摸。"对另一个孩子，我说："你的语气是不尊重的，而我意识到了这就是我对你说话的方式。让我们重新开始吧。我想以一种尊重的方式再问一遍。"

在每次争执之后，我都努力这样做。一旦我平静下来，并为我的行为承担起责任，我会说对不起。我会具体说明我怎样对我的行为失去了控制，以及期望他们做出不同的行为有多么不公平。随后，我会提出我们一起想出的一个计划或解决方案。

如果说我每天从这种养育旅程中学到了什么的话，那就是为人父母意味着不断改进，而不是完美。这些工具帮助我改进了我的行为，以及我的孩子们的行为。

来自法国马赛的成功故事

作为四个男孩——最大的两个分别是 13 岁和 15 岁——的父母，我们不得不面对持续不断的冲突。我们如何才能与他们成功地交谈而不大喊大叫，如何才能保持尊重地对话呢？2012 年，因为担心我们的二儿子莱昂的行为，在求助于正面管教之前，我的丈夫和我去见了一位家庭治疗师（很不成功）。起初，我们觉得正面管教剥夺了我们的权威，但我们也为它强调和善而感到高兴。一开始，我们往往会忘记坚定，并且太娇纵。但在上过三次正面管教课程之后，我们设法将正面管教的方法融入到了我们的日常生活中，并且，在第二年，我们致力于修复与我们的二儿子的关系。然而，没有经常的练习或指导，我们最终又恢复了自己的坏习惯。

2014 年 9 月，《十几岁孩子的正面管教》（法文版）的出版，让我们重新振作了起来。正面管教不是一种快速解决问题的公式，但我们发现有几个工具是非常有帮助的。其中一个例子就是控制我们自己的行为。

朱勒，我们的大儿子，从学校回来时通常都很有攻击性。他让人很讨厌、很粗鲁，并且对他的弟弟们很无礼。我被他惹恼了，对他很生气。我中止了他的晚餐，也没对他说晚安。

在想了一夜之后，我意识到他的攻击行为表明的是他的错误目的。我们陷入了权力之争。我思考了我是如何促成权力之争的。

第二天，我邀请他一起去吃午餐（特别时光），这让他说出了他的感受，并告诉了我他如何遭受着同学们的嘲笑（纠正之前先连接)。我建议我们一起寻找一种解决方案,以便他能在集体中找到自己的位置。我们用头脑风暴想出了几个主意。我不确定这些主意中的哪一个起到了作用,但是,因为我能够控制自己的行为,我们感觉到了更多的连接。

——玛丽·德·曼尼巴斯·拉·马里奥斯
(Marie de Ménibus Le Marios)

工具提示

1. 审视一下你为造成你想要的结果而在做的事情(或没做的事情)。
2. 列出你需要停止做的事情以及你需要做的事情。
3. 遵循你的计划。
4. 不要期待完美。你可以一次又一次地开始。

语 气

我们自己经常因为所用的语气而激起孩子的不良行为。

——鲁道夫·德雷克斯

通过你的语气传递的能量会让一切都变得不一样。

1. 当你生气时,要尽量想想你多么爱你的孩子。
2. 如果需要的话,要做一些暂停,直到你能用尊重的方式说话。
3. 当你发现自己正在用不尊重的语气时,要道歉。
4. 原谅你自己。

简

你注意过听另一位父母责骂孩子感觉有多么糟糕吗？因为不牵扯你的情感，你会注意到那个孩子畏缩的姿态，并会对他或她感觉到的耻辱和沮丧感同身受。

在我们的正面管教课堂和工作坊，我们会做一个称为"厉害的巨人"的体验式活动。参与者两人一组，一位扮演站在椅子上的父母，责骂另一位扮演孩子的参与者。然后，他们互换角色。之后，我们会回顾他们在扮演孩子时的想法和感受。我相信你们能想象到他们分享的词："害怕""羞辱""伤心""感觉自己不够好""想躲开并消失"。

然后，我们问他们在角色扮演父母时有什么想法和感受。他们说的是诸如"愤怒""沮丧""失去了控制"之类的词（尽管他们扮演的是在控制孩子）。然后，他们不得不承认自己没有理性地思考。他们没有看着孩子的眼睛，而且没有意识到他们对孩子的造成影响。

一旦脱离扮演的角色，他们还会说，当他们不是真的生气时，甚至连假装责骂孩子都很困难。他们太了解自己对孩子造成的影响了。这表明，如果父母们理性地思考，他们是多么不可能真正对孩子大喊大叫。

这个工具是要提醒我们，记住我们的语气及其对我们的孩子造成的影响——并在之后用一种鼓励和赋予孩子力量的语气有多么重要。

玛 丽

我们有多少人试图教我们的孩子以他们想被对待的方式对待其他人？我们有多少人给自己的孩子说话时用的是我们自己都不喜欢的语气？

比如，昨天，我告诉我的大儿子："把你的蛋白质奶昔从我的车里拿出来，要不然它明天就会变得很恶心。"令人惊讶的是，他没有对我表现出任何不快或耍脾气，而是照我说的去做了。

一旦我脱离"妈妈的职责"，我就意识到我的语气有多么不尊重。我在脑海中重放了如果我能够、应该、要是用"问"而不是"告诉"会怎样。

第二天，我就自己当时的语气向格雷森道了歉。他困惑地看着我。也许我的语气并没有我想的那么糟。或者，也许他只是学会了对我的话不予理睬并且不在乎。

我重复了我前一天对他说的话，并承认我对自己用那种语气跟他说话一点也不感到自豪。随后，我就说了本来应该如何对他说话："格雷森，如果你把你的蛋白质奶昔留在车里过夜，你认为会发生什么？"

他咧开嘴笑了，说："哦，我明白了。"

紧接着，我承认，有时我对他用一种语气说话，是因为我对他没猜透我的心思并且像一个9岁的孩子那样思考而感到恼火、不愉快、不耐烦或生气。他大笑起来。

我说："妈妈不想用那种语气；而且，因为我不完美，我肯定还会那样。你愿意用一个暗语在你听到那种语气时提醒我吗？"

格雷森说："当然愿意，妈妈。"

我的大儿子和二儿子对使用无言的信号和暗语都很熟悉，所以，这个概念对他来说并不新鲜。他也知道当他提醒我时，我是多么感激他。

在我的养育工作坊，有一位父母曾经问我："当你的儿子提醒你时，你不觉得不受尊重吗？"

我回答："一点也不。我们已经约定好这么做。如果我们在平静的时候没有预先约定好，我可能会不喜欢这样。"

我想为他作出示范，我有时需要提醒——而他也需要。我的希望是我能为他作出作为一个谦逊的人的榜样。我相信，让他提醒我会成为他未来的一种有价值的技能——如果他看到我对他的有益提醒是感激的（在预先达成约定之后）而不是戒备或者生气——这可能会教给他一种能用于他的弟弟、老师、朋友、未来的妻子和未来的同事的技能。

布拉德

这个工具是关于语气的，但它可以很容易与讽刺有关。也许你没注意到，我的性格里就有点讽刺的倾向。不幸的是，我的孩子总是领会不了我的讽刺，很多次都让我弄巧成拙。

在我的孩子们小时候，我利用讽刺侥幸成功的机会要多得多。但是，他们一旦到了十几岁，他们对我的讽刺幽默就完全领会不了啦。我从我的十几岁孩子那里听到的是："爸爸，你一点都不好笑！""爸爸，别说了！你让我很尴尬！"或者，有时他们根本什么都不说。我只是得到一个白眼。

当我在我的十几岁孩子身边时，我已经学会了忍住不说。这很棒，因为只有当你说话的时候才会有语气。

来自亚拉巴马州的成功故事

我相信，我的家里在这个街区是最吵闹的。当我想要孩子们注意到我时，记住用平静的声音说话会很难，尤其是当我们试图出门的时候。

就在几天前，我们在为度假收拾行李。每个人看上去都很拖拉。当我为打包进展缓慢而感到沮丧时，我专心致志地让自己变得井井有条而没有大声喊出命令。

最后，每个孩子都过来看怎么回事，并且问他们能帮忙做点什么。我希望能一直这样——如果当我想提高声音时我都能记住平静下来，或许就能一直这样。当我"退出"时，我的孩子们通常会"介入"。这让我想起了另外两个工具：放手和表现出信任。我真的很感激所有的正面管教工具都能相互支持发挥作用。

——基利·格兰杰（Kiley Granger）

工具提示

1. 你的语气比你说的话更重要。
2. 在期待你的孩子控制他们的语气之前，要先以控制你的语气作出榜样。
3. 做深呼吸，并记住：纠正之前先连接。
4. 因为你是一个不完美的父母，你会经常发脾气，所以，要练习道歉。
5. 将挑战放到家庭会议的议程上，以便给你自己时间冷静下来，并用尊重的方式说话。

不要回击顶嘴

> 语言被用来掩盖我们行为的含义的时候,像被用来传达其含义的时候一样多。
>
> ——鲁道夫·德雷克斯

不要回击顶嘴。这会造成权力之争或报复循环。

1. 认可孩子的感受:"听上去你真的很生气。"
2. 为你自己的行为承担责任:"我意识到我对你说话时不尊重,听上去像发号施令或批评。"
3. "让我们花一点时间冷静下来,直到我们能相互尊重。"
4. "你知道我真的很爱你吗?"

简

那天晚上，亨德森太太第三次告诉她的儿子乔恩："你最好趁着还不太晚把你的作业做了。"

乔恩反驳道："如果这对你那么重要，你为什么不做？"

亨德森太太很震惊。毕竟，她只是想帮忙。她回应道："别这样对我说话，年轻人。我是你的妈妈。"

乔恩马上说："那好，你也不要这样对我说话。我是你的儿子。"

这时，亨德森先生走了进来，大声喊道："立刻回你的房间去。你被禁足了，直到你能学会尊重。"

乔恩也喊道"很好"，跺着脚回了他的房间，砰的一声关上了门。

是什么造成了这样的场景？妈妈通过回击儿子，给儿子做出的是与她试图教给儿子的完全相反的榜样。上述场景能被怎么改变呢？

妈妈：我注意到你还没完成你的家庭作业。我想知道，当你的老师给你一个糟糕的成绩时你会有什么感受。

乔恩（已经习惯了妈妈的唠叨）：我觉得挺好。这是我的事。

妈妈：你是对的。我只是好奇。如果你感觉没做完挺好，那我很高兴你没有做。

乔恩：你是在挖苦我吗？

妈妈：没有。我希望你总是能事先想好到体验你的选择造成的后果时，你会有什么感受。你认为你不完成作业会感觉挺好，所以就不要做了。

乔恩（慢吞吞地去做他的家庭作业）：难以相信！

乔恩对做作业似乎不是很开心，但是，通过避免回击他的顶嘴，妈妈邀请乔恩考虑了他的选择的长期后果。因为他决定了做他的家庭作业，尽管不情愿，但他一定是确定不喜欢不做作业的后果。

以下是一些父母对顶嘴的典型反应：

"别这样对我说话，小丫头！"
"你怎么能在我为你做了一切之后这样对我说话？"
"你失去了你所有的特权。"
"你认为伶牙俐齿能让你走多远？"

如果你是一个听到这些回应的孩子，你能学到什么，你会决定怎么做？如果你看一下引言里的品质和生活技能清单，你学到了其中的任何一项吗？你会忍不住采取挑战清单里的一些行为来回应吗？

下面是一位正面管教家长的一些回应，她避免了回击顶嘴的孩子，有效地缓和了局面，而不是使其恶化。要从孩子的角度来听这些回应。

"哇。你真的很生气。"
"我想知道我做了什么让你这么生气。"
"我能听出来你现在真的很生气。你觉得愿意跟我说说吗？"
"你知道我真的很爱你吗？"

现在，再看看引言里的两个清单。作为一个孩子，你从这些话语中会学到什么？这再次提醒我们要记住长期结果。

布拉德

当我在一次家庭会议上提到这个工具时,我的女儿说:"嗨,爸爸,这听上去像你和吉布森。"

罪名成立!我不得不承认,我常常会和我的儿子进行一些激烈的讨论。对我来说,好像我的儿子喜欢跟我辩论。话题是什么并不重要——他似乎喜欢持相反的观点。但我确信,在他看来,我只是在试图制造权力之争,以证明我说了算。

看看这个例子。我们正在为开学购物,而我不得不去好市多(Costco)超市退一些东西,所以,我说:"嘿,孩子们,让我们去好市多看看有什么开学需要的好东西吧。"你会认为我只是在问吉布森是否愿意为补充货源把整个商店都逛一下。

吉布森:爸——爸……我讨厌你这样做。

爸爸:做什么?

吉布森:你总是在我们离开家时增加额外的差事。

爸爸:吉布森,如果走进好市多是你今天要做的最艰难的事情,那么,我要说你的生活太安逸了。也许我们需要送你到一个第三世界国家去,你在那里事实上不得不为了生存而做些什么了。(请注意:这不是正面管教的沟通方法。)

吉布森:随便!

爸爸:你为什么总是这么负面呢,吉布森?和你一起做事情没什么意思,因为你总是那么负面。

吉布森:我不负面。

爸爸:你就是完全的负面。

吉布森:不,我不是!

你应该明白了。那天，我绝对需要运用不回击顶嘴这个工具。我认为，对我来说，关键是要认可我儿子的观点："我理解你不喜欢这些跑腿的事。我们仍然需要去好市多退一些东西，所以我需要你和我一起去。"

我不需要过分关注他是否负面。如果我是一个与家人一起跑腿的十几岁孩子，我可能会有同样的感受，即便我没有任何更好的事情要做。

玛 丽

在运用不回击顶嘴这个工具时，我有了一个顿悟。这发生在本周初，我们又一次匆匆忙忙地要出门。因为我儿子做的是他可以等一会儿上车后做的事情（他在组装他的新特工玩具），我对他厉色说话。当我用一种不尊重的语气对待他时，他立刻用同样的语气反击了我。

以前也发生过这样的情况；这一次的唯一区别是，我能立刻识别出来了。我蹲了下来，和他处于同一高度，说："你刚刚对我提高了声音并且说话不尊重，是因为我刚刚提高了我的声音并对你不尊重。对不起，我没有意识到你在做的事情对你很重要。我希望你重视我按时出门的紧迫感。"

你能猜到他说什么吗？"好的，妈妈。"

我再一次认识到，我的日子过得怎么样不在于我的孩子们如何行为或表现，而在于我作为父母如何行为或表现。

孩子映射着我们的行为。当我们不控制自己的行为时，不能指望我们的孩子控制他们的行为。也就是说，如果你想知道为什么你的孩子对你说话不尊重或顶嘴，就回顾一下你刚刚是如何对他们说话的。

在这周剩下的时间里，我特别注意我说话的语气。格雷森又一次磨蹭的时候，我轻轻地摸了摸他的肩膀，说："我担心会迟到，我需要你的帮助。"他立即停止了磨蹭并做好了准备，以便我们能按时出发。

我每次运用这样的工具时，都会奇怪为什么我会忘记。蹲下来和我的儿子处于同一高度说话，而不是恼怒地厉声说话，可能需要多花一些时间；但这使我免去了很多的恼怒和压力，而且，我喜欢与他们在一起时更加平静和尊重的时光。

来自密歇根州的成功故事

正面管教工具"不回击顶嘴"帮助我避免了那么多权力之争。我的一个最大养育难题就是如何抑制住事无巨细地管我孩子的家庭作业。我发现，当我想做出反应的时候，认可孩子的感受是极有帮助的。

去年，当我的一个儿子正在适应中学的要求时，我们在他出现拖延（这是经常的）时就会开始进入权力之争。启发式问题被抛在了脑后，我开始告诉他我认为他应该做什么，这完全没有帮助，也没有效果。

幸运的是，因为正面管教，当事情不顺利的时候，我立即克制住了自己并运用了这个工具。它帮助我记住了要认可他的感受，并承认这一年的作业真的很难并且确实不一样。

当我为干涉他的事情而承担起责任并且走开时，帮助他建立了对他自己的智慧的感觉，并且让我们避免了争斗。

——克里斯廷·加拉格尔（Kristine Gallagher）

工具提示

1. 要当心你在做出什么榜样——要示范你要教给孩子的行为。

2. 回顾本章前面的"控制你自己的行为"。

3. 要准备好深思熟虑地"行动"而不是"被动反应"——像你的孩子一样。

4. 要记住纠正之前先连接。

幽默感

> 生活中的主要危险,是你可能采取了太多的防范措施。
> ——阿尔弗雷德·阿德勒

幽默能帮助父母和孩子们放松下来。

1. 要记住欢笑和享受乐趣。
2. 要利用游戏让做家务变得好玩起来:"挠痒痒怪物来抓没有收拾玩具的孩子了。"
3. 当孩子们打架时,轻轻地把他们放倒,并说:"叠罗汉。"
4. 要对不适宜幽默的时刻保持敏感。

简

到底什么是"叠罗汉"呢？我的丈夫巴里发明了这个游戏。当孩子们开始打架时，他会把他们轻轻地摔在地上，并叫道"叠罗汉！"然后，他会抓住他们，在地板上打滚。很快，当孩子们联合起来试图压在他们爸爸身上时，他们都会大笑。

一位父亲告诉我，他会把大拇指伸到打架的孩子面前，并说："我是CNN的记者。谁愿意第一个对着我的麦克风说说对这里发生的事情的看法？"有时候，他的孩子们只是会大笑起来，有时候，他们每个人会轮流说自己的看法。当他们都讲述了各自的看法后，这位爸爸会转向假想的观众，说："好吧，各位，今天就先听到这里。请明天收看这些聪明的孩子是如何解决这个问题的。"如果问题到这时还没有解决的话，这位父亲会说："你们要把这个问题放到家庭会议议程上，以便全家人能帮助提出建议吗？还是明天我在这里和你们见面——同一时间，同一地点——向我们的观众做报道？"

说一说敏感：你有没有注意到，当有人胳肢你时，即使不好玩你也会忍不住大笑？当孩子们被胳肢的时候，他们并不是真的高兴——至少并不总是高兴。

要注意孩子的幽默感可能还没有发育成熟，所以要小心使用对他们来说不好玩的幽默。如果父母以幽默的名义说了一些话，并在之后因为孩子认为不好笑而嘲笑孩子，孩子的情感就可能受到伤害。

布拉德

　　幽默感在养育中绝对是非常宝贵的。我们对孩子要有幽默感，对我们自己也要有幽默感。如果没有幽默感，我不知道我将如何在单亲养育的疯狂世界里生存下来。

　　有一天，我去学校接我的女儿放学，在回家路上，她告诉了我她们在班里玩的一种名为"Hinky Pinky"的游戏（也可称为Hink Pink 或 Hinkety Pinkety）。下面是游戏规则。你想两个描述别的东西的押韵的词，然后让人猜。在放学回家的路上，艾玛给我列出了一堆 Hinky Pinky 的谜语。然后，在晚餐时，她把这个游戏向吉布森作了解释，我们都非常开心地轮流想着 Hinky Pinky 押韵的词。

　　下面是我在昨天晚上晚餐时最喜欢的一些。

一个兔子滑稽演员：funny bunny（滑稽兔）
当爱因斯坦放屁时：smart fart（聪明的屁）
一个胖乎乎的猫：fat cat（肥猫）
赞美一个电池：buttery flattery（奉承电池）
一只怀孕的爬行动物：fertile turtle（能生育的乌龟）
一种无情的蔬菜：mean bean（自私的豆子）
一种擅长高尔夫球的车辆：par car（标准杆的汽车）

　　和你的孩子一起试试吧。保证很好玩！

玛　丽

当我回想我为什么要孩子时,我首先想到的是:"因为我想有一个充满欢乐和爱的回忆的生活。"听起来很棒,对吗？然后,我的儿子们做了让人很恼火的事情,比如打架,我能做的一切就是避免做出被动反应和感到沮丧。

有一次,我决定利用每一个机会运用幽默的工具,我发现,每次运用的时候,发脾气、哼唧、顶嘴、不听话、打架等很多挑战都会立即停止。像魔术一样。

有一天,格雷森心烦意乱,说着诸如"我恨你""这是最糟糕的一天"之类的话,还有我最喜欢说的"你希望我甚至不是这家里的人"。我没有对他说他所说的话完全是荒谬的、不对的,而是开始胳肢他,并唱道:"你认为我不爱你吗？"然后,我用"我爱你"和一些有趣的挠痒痒和亲吻彻底击败了他。没过多久,我们都大笑了起来。

就在前几天,当他们在车库里清理乱七八糟的玩具时,格雷森和里德为了谁应该收拾哪些或造成了哪些混乱而吵了起来。我为他们又开始吵架感到非常恼火。然后,我想起了幽默感。我打开汽车的收音机,并说:"舞会。"我们都立刻开始大笑起来,变得傻乎乎的。我们作为一个团队一起把物品放回了原处,情感完全连接了起来,并且快乐地干着活。不仅车库被清理干净了,而且在此过程中创造了一段美好的回忆。

来自加利福尼亚州帕萨迪纳的成功故事

任何一个热爱烹饪的人都知道:当一份食谱没有做出像你希

望的那样的美食时，是非常令人沮丧的。作为一位经验丰富的"厨师"，当我发明的一种菜肴不成功时，我仍然会感到很泄气。

我的女儿克莱尔从会走路时就开始烹饪。她现在 8 岁了，喜欢自己独立做菜。她理解按照一份验证过的菜谱做菜的重要性，但她更喜欢按自己的想法做。尽管我很钦佩她从零开始创造一些菜肴的热情，但这有时意味着她做出的东西不那么好吃！事实上，有些真是很难吃。正面管教工具里的幽默感和表现出信任，帮助她度过了这些失望的时刻。

去年夏天，克莱尔看到一个儿童烹饪节目，节目里的厨师在做火鸡卷。做法是在熟的火鸡肉上面放上一层层的奶酪和蔬菜，卷起来后切成片。克莱尔立即受到启发，要参照这份食谱做她自己的火鸡卷，并且完全由她自己做（意思是："妈妈，这一次不要提供任何建议，我知道我在做什么！"）。

那天晚上，克莱尔在一个盘子里放了两片火鸡肉。然后，她开始制作馅料。我必须承认，不插嘴（或不说话）是很难的。在一个碗里，她把蛋黄酱、烧烤酱、饼干屑、罗勒、切片圣女果混合在一起。她舀起稠稠的一团馅料放在每片火鸡肉上，并试图把它们卷起来。毫不奇怪，卷不起来。火鸡肉里放了太多粘稠的馅料。克莱尔没有气馁，她把包在馅料外面的火鸡肉按扁，把顶部捏在一起。她把这道菜改名为"火鸡包"。它们看起来真的很像盘子里的一个小挎包！我当然佩服她的独创性。

我有没有提到克莱尔坚持要做几个"火鸡包"作为给她爸爸的一顿特别晚餐？我的丈夫约翰一进门，克莱尔就自豪地把装着火鸡包的盘子递给了他。约翰和我交换了一个眼神，然后咬了一口。他努力地咽了下去，最后我再也受不了啦。我大笑起来。约翰苦笑着说："好吧，克莱尔，饼干屑确实是……惊喜。"

多亏了克莱尔超强的幽默感，她发现她爸爸几乎无法下咽嘴里的食物很有趣。自然，她对她的菜没有成功也感到失望。我们讨论了当菜谱失败时会感觉多么糟糕。我提醒她，那个星期的前几天，我在做一道新菜时也发生了同样的事情。我们还讨论了她下一次可以如何改进。克莱尔建议用原来的菜谱作为用量和配料的参考，而其他成分由她自己即兴添加。

我没有通过告诉克莱尔这个食谱会失败来解救她，而是在失败时表现出了对她应对失望的能力的信任。我还通过说我自己的故事，认可了她的感受。

表现出信任的一个最好的结果，就是看到克莱尔的适应能力在日益增强。在厨房里进行试验，同时应对偶尔的失望，让她无论是在厨房里和在外面的世界都拥有自信。克莱尔不害怕犯错误，因为她知道我们会在她身边表现出对她能够处理结局的信任。

——艾米·诺布勒（Amy Knobler）
注册正面管教家长讲师

工具提示

1. 让你的孩子参与想出他们事先同意的有趣而好笑的信号。
2. 要通过找到各种情形中好玩的事情和经常欢笑，为孩子作出幽默感的榜样。
3. 永远不要将讽刺当作幽默。
4. 在你看来好笑的事情，在别人看来可能不好笑。
5. 也就是说，要谨慎使用这个工具。

赋予你的孩子力量

> 用另一个人的眼睛去看，用另一个人的耳朵去听，用另一个人的心去感受。目前，对我来说，这是对我们所说的"社会情感"的可接受的一种定义。
>
> ——阿尔弗雷德·阿德勒

要与孩子分享控制权，以便他们培养出掌控自己的人生所需的技能。

1. 教给孩子人生技能。
2. 一起专注于解决问题的办法。
3. 要对你的孩子有信心。
4. 放手（每次迈出一小步）。
5. 增进自我认知："你有什么感受？你是怎么想的？这对你在自己的生活中想要的有什么影响？"

简

一位朋友问我，正面管教是不是一门教给父母们管理他们的孩子的课程。我说："不，这是一门帮助父母们赋予孩子自我管理的力量的课程。"现在你知道了——这就是正面管教最主要的目标。给父母们提供赋予他们的孩子力量的工具太重要了。

我们以前说过，正面管教是一种鼓励模式。鼓励是赋予孩子力量的本质。我们对鼓励的定义是："尽早把控制权转交给孩子，要让他们具备所需要的技能，并赋予他们作为快乐的、有贡献的社会一员过好自己的生活的力量。"

我们对"丧失信心"的定义是："为让孩子免于体验他们的选择造成的后果，在孩子的生活中加入过度的控制（通常是以爱的名义）。"

在这一章，我们想澄清剥夺孩子权力的令人沮丧的话语和赋予孩子力量的话语之间的区别。我们将从让人丧失信心的话语开始，以便将它们清理出去。

让2~5岁孩子丧失信心的话语

1. "不，不。你不能把牛奶倒进你的杯子里。你可能会伤到自己或者搞得一团糟。"

2. "现在把玩具捡起来，否则你就要去坐淘气椅了。"

3. "其他孩子把他们的玩具都捡起来了。我不知道你是一个小婴儿还是一个大姑娘。"

4. "我要把定时器设置为三分钟，这些玩具最好在铃声响起时被捡起来！"

5. "你太小了。妈妈会为你做。"

6. "我们每天都做这件事。我已经厌烦了。"

7. "如果你不希望你的玩具被扔掉,你最好现在就把它们捡起来!"

8. "你为什么就不能听我的话,照我的要求去做呢?"

9. "没关系。你奶奶或我会去做。"

10. "永远不要让我为你做任何事。"

赋予 2~5 岁孩子力量的话语

1. 对孩子表现出信任并提供安全的探索环境:"我知道你能做到。这个牛奶壶正好适合你拿。"

2. 先认可感受:"你对尝试这么兴奋。让我看看你怎么做。"

3. 核实一下孩子的理解:"在讲故事之前,我们需要对这些玩具做什么?"

4. 邀请合作,然后给一个选择:"我需要你的帮助。你想一边唱歌一边打扫,还是安静地打扫?"

5. 分享权力:"这是定时器。看看在铃响之前,你能捡起多少玩具。"

6. 提供有限制的选择:"你想先收拾大块的积木还是小块的积木?"

7. 蹲下来,和孩子处于同一高度,说出你想要的(并要说话算话):"亲爱的,现在该把积木收好了。"

8. 问一个启发式问题:"这个玩具应该放哪儿?"

9. 连接情感并转移行为:"我们一起做会更有趣。你想让我帮你做什么,你要做什么?"

10. 一⋯⋯,就⋯⋯:"一收拾好玩具,就是讲故事的时间了。"

让 6~12 岁孩子丧失信心的话语

1. "我得告诉你多少次不要把你的自行车留在车道上?"

2. "你每天都这样！你怎么回事？"

3. "我不在乎你想要什么。现在就去做。"

4. "别担心。我相信你一会儿就会去做。"

5. "如果你不更负责任一点，就要被禁足。"

6. "我要把定时器设为10分钟，你最好在铃响之前把家务活做完。"

7. "我实在厌倦了唠叨你。"

8. "没关系。这次我可以帮你做。"

9. "为什么你就不能听我的话，照我的要求去做？"

10. "如果你不想你的东西被扔掉，你最好现在就把它们捡起来！"

11. "当你不为我做任何事的时候，凭什么指望我为你做一切呢？"

赋予6~12岁孩子力量的话语

1. 通过提醒孩子想起他或她会做的事来表现出对孩子的信任："我明白你知道自己的自行车该放哪里。谢谢你现在注意到这一点。"

2. 启发式问题："你需要怎么做来保证你的运动装备的安全？"

3. 先认可感受："要记住那些不在你优先考虑的事项中的事情是很难的。我很高兴提醒你一次。"

4. 一……，就……："你一做完家务活，我就送你去参加比赛。"

5. 核实孩子的认识或理解："现在应该出现什么情况？"

6. 邀请合作，然后给一个选择："我需要你的帮助。你想现在做你的家务活，还是三十分钟之后做？"

7. 纠正之前先连接："我不知道没有你的帮助我该怎么办。对于你能做的任何事，我都很感激。"

8. "我爱你，而_____（说你想要什么或你的意图）"：

"我爱你，而这个需要现在就做。"

9. 运用非语言信息：将一只手轻轻地放在他或她的肩上，然后拉起孩子的手，指向需要做的事情，面带会心的微笑。

10. 给予权力："你想按照你认为完成这件事需要花多少时间来设置计时器吗？"

11. 连接情感并转移行为："我们一起做会更有趣。你想让我帮你做什么，你要做什么？"

让十几岁孩子丧失信心的话语

1. "我不敢相信你又拖延了。你会变成什么样子？好吧，这次我来做，但下次你就不得不承受后果了。"

2. "亲爱的，我以为在我给你买了一辆汽车和一部手机，并给了你一大笔零用钱后，你会做你的家庭作业。"

3. "亲爱的，你现在要快点，并尽量多做一些，我去给你挑衣服、热车，这样当我开车送你上学的时候，你就不会冷了。"

4. "我怎么都不明白。我允许你不做家务。我早早叫你起床。你去什么地方我都开车送你，以便你能有更多的时间。我做好了你的午餐。怎么会这样？"

5. "好吧，我会给老师写一张便条，说你今天早上病了，但你需要保证赶上进度。"

6. "你被禁足了，而且失去了所有的特权——不能开车，不能玩视频游戏，不能见朋友——直到你做完它。"

7. "难怪。我看到你把时间都浪费在视频游戏上，并且花了太多的时间与你的朋友们在一起，还睡懒觉。"

8. "你应该为自己感到羞耻。你最好表现好一点，否则你就会像流浪汉一样睡在大街上。"

9. "我告诉过你多少次要早点做完作业了？为什么你不能像你哥哥那样更有责任感呢？"

赋予十几岁孩子力量的话语

1. 启发式问题："你对你的家庭作业的事情是怎么想的？你愿意听听我的担忧吗？我们能一起用头脑风暴想出一些可能的解决方案吗？"

2. 表现出信任："我能看出来你对于这么差的成绩感觉很不好。我相信你有能力从中吸取教训，并搞清楚为了得到你想要的成绩需要怎么做。"

3. 决定你怎么做并提前告知："我不想帮你摆脱困境。当你的老师来电话时，我会把电话给你，以便她能和你讨论这件事。"

4. 倾听："我想听听这对你来说意味着什么。"

5. 决定你怎么做并坚持到底："当我们提前商量好一个方便的时间时，我愿意每周有两个晚上给你留出一个小时的时间，但我不愿意你在最后一分钟才来找我。"

6. 说出你想要什么，并倾听："我希望你去上大学，但我不确定这对你是否很重要。我很高兴和你谈谈你的想法或计划。"

7. 说出你的感受，运用积极暂停，并召开家庭会议："我现在觉得太生气了，没法讨论这件事。让我们把它放到家庭会议的议程上吧，这样我们就能在我不那么情绪化的时候讨论了。"

8. 共同解决问题："我们能不能坐下来，看看我们是否能找到一个双方都能接受的关于家庭作业的计划？"

9. 无条件的爱和接纳："无论怎样我都爱你，并尊重你的决定。"

大人让人丧失信心的行为可能会招致孩子的反叛或不健康的依赖，妨碍孩子感觉到自己很能干。让人丧失信心的行为包括解救、过度保护和控制。

大人赋予孩子力量的行为会让孩子学到掌控自己的生活并体

验到为他人做出贡献的喜悦所需要的技能。赋予力量的行为意味着相信孩子在一种支持性的环境中具有从他们的错误中学习和恢复的能力。

如果你习惯于运用控制和解救的短期解决办法，你可能意识不到这些赋予孩子力量的话语是多么有力量。赋予孩子力量的话语和行动是很重要的，因为它们给予了你的孩子掌控自己人生的力量。这种力量常常会导致错误和失败。当你理解并相信从错误和失败中学习是成功人生的过程中一个重要组成部分的时候，你或许会发现运用赋予力量的话语更容易。如果你现在的做法不管用，那就信任地迈出一大步，致力于对你的孩子运用赋予力量的话语吧。

布拉德

你永远不会真正确切地知道你的养育正在对你的孩子造成的影响。我妈妈说，好的养育的真正标志是当你不在孩子身边的时候你的孩子怎么做。我不会把我的孩子的成就归功于我，但我尽最大努力提供一个能让他们成功的爱和支持的鼓励环境。而且，我不得不承认我从别人那里听到的都是对我的孩子的赞美。

玛　丽

在我的童年时期，甚至在我成年后，一个始终在用的工具就是赋予力量。我妈妈用赋予孩子力量的方式教给我那么多人生技能以及她希望我具有的品质，我至今仍记忆犹新。

一个很好的例子,是我16岁,并经历一段短暂的叛逆期的时候。我参加了啦啦队的选拔,但没有成功。我在上荣誉英语课①,并恨我的老师。我有一个比我大一岁的男朋友。我的哥哥已经离开家去上大学了。我有一辆车、一个驾驶执照和一种试探独立性和界限的欲望。我甚至想去拿一个高中同等学历(GED),这样我就再也不用去上学了。

当我现在作为一个妈妈想一想自己当时的所做所为时,我真的不记得我妈妈有过一次威胁、说教、贿赂、羞辱,或者甚至取消特权(作为一个不相关、不合理或不尊重的后果)。相反,她问了很多问题,并且真的促使了我思考从长远来看我做出的决定会让我的生活变成什么样子。她在真正促使我思考答案的同时,总是在那里鼓励、支持并帮助我解决问题。

回顾我的青春期,甚至直到我20岁出头的时候,我能认识到我做了那么多错误的决定并犯了那么多错误。作为一位母亲,我只能想象这对于我的妈妈来说有多么难,她那么想干预并"告诉"我怎样在做着错误的决定,或者想解救并帮助我避免犯错误。谢天谢地,她没这样做!相反,她践行了她所倡导的理念并让我过我的人生(包括犯错误)。

我决定在完成高中学业的同时做两份工作,接着上了大学,并最终获得了婚姻与家庭治疗咨询的硕士学位。我在国外学习,并常常受聘于至少一份工作——通常是两份。我的二十几岁过得很充实,并在31岁时有了我的第一个儿子。我真诚地相信,如果我的妈妈没有赋予我力量并表现出对我完全的信任,我的人生不会是这个样子。

今天,我利用我犯过的所有错误和我的父母对我的所有无条

---

① 荣誉英语课(Honor English)。荣誉课程是为程度较高的学生开设的,课程较具深度,进度也较快,并强调高级思考。——译者注

件支持,通过正面管教工作坊、演讲、作为一位婚姻和家庭治疗师处理个案来帮助他人,而且,更重要的是养育我的三个儿子。

我真的没有遗憾,因为我又一次按照我妈妈智慧的话语来生活,并知道:"所有的事情都很完美——正如其应有的样子。"

我还记得我刚作妈妈并面对我的儿子挑战的时刻。我想:"给谁打电话能比问我妈妈更好呢?她是专家。"她没有给我想要的工具或建议,而是问我:"你的心告诉了你什么?"

最后的工具提示

1. 要通过让你的孩子体验他们的能力,来赋予他们发现自己有多么能干的力量。

2. 孩子遭受的痛苦很可能让你比他们更难受。要记住长期效果。

3. 要理解,正面管教的所有工具背后的原理就是在过程中赋予你的孩子——以及你自己——力量。

致 谢

布拉德

我的儿子吉布森为这本书带来了不少喜剧色彩。我喜欢他总是挑战现状，迫使我更深入地审视我的养育方式。在我们的很多次权力之争中，吉布森和我建立了一种亲密的父子关系。他已经长成了一位有责任感并彬彬有礼的年轻绅士。他甚至对他的妹妹艾玛很好，并成了她的一个很好的榜样。现在，吉布森在大学里学习计算机科学。

当我最小的女儿艾玛读完六年级时，我在学区办公室参加了她被授予年度杰出学生奖的典礼。我真为她感到骄傲！

下面是她的老师在她领奖时给观众朗读的一封信。

艾玛是一个杰出的女孩。她是你能遇到的一个最善良的人，人们总是能看到她和那些没有其他人一起玩的孩子在一起。她对给予她的任何任务都会尽最大的努力，而且通常会用她付出的额外努力让老师们得到意外的惊喜。她将智慧与创造力和好奇心完美地结合了起来。

但是，真正让艾玛与众不同的，是她对超越了大多数六年级学生思想的问题的热忱。她完全致力于环境和自然资源滥用的问题。她已经开始了自己的事业，销售主要由再生材料制造的学习用具，甚至将她的一部分利润捐赠给了学校。

艾玛是一个令人惊叹的人，并将成为我们国家一个出色的公民。那些认识艾玛的人都不会惊讶于看到她在她目光锁定的任何事情上取得成功。我们为她是我们学校的学生而感到自豪！

艾玛现在是一名高中生，并且很快就要离开家了。我在这本书中没有提到我的大女儿凯尔茜。当我开始在博客中写正面管教工具的时候，她已经上大学了。但是，我从来没有觉得她需要我费心。事实上，作为一个姐姐，她对弟弟和妹妹的帮助很大。她具有如此可爱的性格，以至于当她在的时候一切总是会更好。如果说有什么不同的话，那就是她使得我作为单亲爸爸的工作容易多了。凯尔茜以优异的成绩从高中毕业，上了大学。她在大学时休过几次学：一次是去德国当保姆，另一次是传教，最近一次是结婚。她现在回到了大学，正在完成自己的大学学位。

玛　丽

我的好几个哥哥姐姐都没有享受到我妈妈作为奶奶或外婆与他们的孩子多接触而带来的好处，因为她那时还有自己的孩子要抚养。当我的第一个孩子出生时，她搬到了我的身边，打算待一个月。她现在住得仍然离我很近，而且对我有着极大的影响，并因而对我的孩子们也有了极大的影响。我没有想到我会成为一名正面管教的倡导者，但我怎么可能不是呢？她是一位总是在鼓励人的人，因而帮助我发现了我多么喜欢鼓励别人使用这些奇妙的工具。

我们所有人

我们万分感激阿尔弗雷德·阿德勒和鲁道夫·德雷克斯，这就是为什么我们每一节都引用他们的一句话作为开始的原因。他们的理念改变了我们的生活，以及数以百万计的人的生活。我们非常高兴通过我们的书籍、工作坊和课堂来"转发分享"。而且，这会一直持续进行下去。来自世界各地的很多父母，现在都在这本书中分享了他们的成功故事。我们知道，通过分享他们与自己的孩子运用正面管教工具的这些实际应用，他们会激励另外很多人。

从世界各地收到这么多激励我们的读者的正面管教成功故事，真是让人太高兴了。

我们要感谢正面管教协会（www.positivediscipline.org），这是一个负责认证并对数百名（很快增长至数千名）认证正面管教家长讲师和学校讲师以及正面管教导师进行质量保证的非营利性组织。这些认证的讲师正在世界各地开设正面管教课堂和工作坊。

我们要再次感谢葆拉·格雷（Paul Gray）和戴安娜·杜兰德（Diane Durand），她们为很多本正面管教书籍绘制了插图。我们爱她们那些比文字更传神的插图。

感谢凯莉·格芙罗尔（Kelly Gfroerer）博士，我们在本书中引用了她的研究。凯莉是即将出版的《正面管教：教师的工具》的合著者。因为凯莉非常喜欢研究，所以这本新书中将包括验证我们提出的每一种教师工具的研究。

我们对每个人都会提起我们的编辑米歇尔·埃尼克里科（Michele Eniclerico）。我们感到非常荣幸，能与像米歇尔这样有才华和鼓舞人心的人一起工作。她在编辑和组织资料方面的贡献，使这本书成了我们想反复阅读的书。谢谢你，米歇尔。

我们的每个孩子都知道我们犯了多少错误，而且无论怎样都爱我们（我们提到过正面管教不会使你成为完美的父母吗？）我们很感激我们的孩子没有必须要达到完美的负担。微笑。

《正面管教》

如何不惩罚、不娇纵地有效管教孩子

畅销美国 400 多万册　被翻译为 16 种语言畅销全球

　　自 1981 年本书第一版出版以来，《正面管教》已经成为管教孩子的"黄金准则"。正面管教是一种既不惩罚也不娇纵的管教方法……孩子只有在一种和善而坚定的气氛中，才能培养出自律、责任感、合作以及自己解决问题的能力，才能学会使他们受益终生的社会技能和人生技能，才能取得良好的学业成绩……如何运用正面管教方法使孩子获得这种能力，就是这本书的主要内容。

　　简·尼尔森，教育学博士、杰出的心理学家、教育家，加利福尼亚婚姻和家庭执业心理治疗师，美国"正面管教协会"的创始人。曾经担任过 10 年的有关儿童发展的小学、大学心理咨询教师，是众多育儿及养育杂志的顾问。

　　本书根据英文原版的第三次修订版翻译，该版首印数为 70 多万册。

[美] 简·尼尔森　著
玉冰　译
北京联合出版公司
定价：38.00 元

《正面管教 A–Z》

日常养育难题的 1001 个解决方案

**家庭教育畅销书《正面管教》作者力作
以实例讲解不惩罚、不娇纵管教孩子的"黄金准则"**

　　无论你多么爱自己的孩子，在日常养育中，都会有一些让你愤怒、沮丧的时刻，也会有让你绝望的时候。

　　你是怎么做的？

　　本书译自英文原版的第 3 版（2007 年出版），包括了最新的信息。你会从中找到不惩罚、不娇纵地解决各种日常养育挑战的实用办法。主题目录，按照 A–Z 的汉语拼音顺序排列，方便查找。你可以迅速找到自己面临的问题，挑出来阅读；也可以通读整本书，为将来可能遇到的问题及其预防做好准备。每个养育难题，都包括 6 步详细的指导：理解你的孩子、你自己和情形，建议，预防问题的出现，孩子们能够学到的生活技能，养育要点，开阔思路。

[美] 简·尼尔森　琳·洛特
　　 斯蒂芬·格伦　著
花莹莹　译
北京联合出版公司
定价：45.00 元

《0~3岁孩子的正面管教》

养育0~3岁孩子的"黄金准则"

家庭教育畅销书《正面管教》作者力作

[美] 简·尼尔森
谢丽尔·欧文
罗丝琳·安·达菲 著
花莹莹 译
北京联合出版公司
定价：42.00元

从出生到3岁，是对孩子的一生具有极其重要影响的3年，是孩子的身体、大脑、情感发育和发展的一个至关重要的阶段，也是会让父母们感到疑惑、劳神费力、充满挑战，甚至艰难的一段时期。

正面管教是一种有效而充满关爱、支持的养育方式，自1981年问世以来，已经成为了养育孩子的"黄金准则"，其理论、理念和方法在全世界各地都被越来越多的父母和老师们接受，受到了越来越多父母和老师们的欢迎。

本书全面、详细地介绍了0~3岁孩子的身体、大脑、情感发育和发展的特点，以及如何将正面管教的理念和工具应用于0~3岁孩子的养育中。它将给你提供一种有效而充满关爱、支持的方式，指导你和孩子一起度过这忙碌而令人兴奋的三年。

无论你是一位父母、幼儿园老师，还是一位照料孩子的人，本书都会使你和孩子受益终生。

《3~6岁孩子的正面管教》

养育3~6岁孩子的"黄金准则"

家庭教育畅销书《正面管教》作者力作

[美] 简·尼尔森
谢丽尔·欧文
罗丝琳·安·达菲 著
娟子 译
北京联合出版公司
定价：42.00元

3~6岁的孩子是迷人、可爱的小人儿。他们能分享想法、显示出好奇心、运用崭露头角的幽默感、建立自己的人际关系，并向他们身边的人敞开喜爱和快乐的怀抱。他们还会固执、违抗、令人困惑并让人毫无办法。

正面管教会教给你提供有效而关爱的方式，来指导你的孩子度过这忙碌并且充满挑战的几年。

无论你是一位父母、一位老师或一位照料孩子的人，你都能从本书中发现那些你能真正运用，并且能帮助你给予孩子最好的人生起点的理念和技巧。

《十几岁孩子的正面管教》

教给十几岁的孩子人生技能

家庭教育畅销书《正面管教》作者力作
养育十几岁孩子的"黄金准则"

度过十几岁的阶段，对你和你的青春期的孩子来说，可能会像经过一个"战区"。青春期是成长中的一个重要过程。在这个阶段，十几岁的孩子会努力探究自己是谁，并要独立于父母。你的责任，是让自己十几岁的孩子为人生做好准备。

问题是，大多数父母在这个阶段对孩子采用的养育方法，使得情况不是更好，而是更糟了……

本书将帮助你在一种肯定你自己的价值、肯定孩子价值的相互尊重的环境中，教育、支持你的十几岁的孩子，并接受这个过程中的挑战，帮助你的十几岁孩子最大限度地成为具有高度适应能力的成年人。

[美]简·尼尔森 琳·洛特 著
尹莉莉 译
北京联合出版公司出版
定价：35.00元

《教室里的正面管教》

培养孩子们学习的勇气、激情和人生技能

家庭教育畅销书《正面管教》作者力作
造就理想班级氛围的"黄金准则"
本书入选中国教育新闻网、中国教师报联合推荐
2014年度"影响教师100本书"TOP10

很多人认为学校的目的就是学习功课，而各种纪律规定应该以学生取得优异的学习成绩为目的。因此，老师们普遍实行的是以奖励和惩罚为基础的管教方法，其目的是为了控制学生。然而，研究表明，除非教给孩子们社会和情感技能，否则他们学习起来会很艰难，并且纪律问题会越来越多。

正面管教是一种不同的方式，它把重点放在创建一个相互尊重和支持的班集体，激发学生们的内在动力去追求学业和社会的成功，使教室成为一个培育人、愉悦和快乐的学习和成长的场所。

这是一种经过数十年实践检验，使全世界数以百万计的教师和学生受益的黄金准则。

[美]简·尼尔森 琳·洛特
斯蒂芬·格伦 著
梁帅 译
北京联合出版公司出版
定价：30.00元

《特殊需求孩子的正面管教》

帮助孩子学会有价值的社会和人生技能

家庭教育畅销书《正面管教》作者力作

每一个孩子都应该有一个幸福而充实的人生。特殊需求的孩子们有能力积极成长和改变。

运用正面管教的理念和工具,特殊需求的孩子们就能够培养出一种越来越强的能力,为自己的人生承担起责任。在这个过程中,他们会与自己的家里、学校里和群体里的重要的人建立起深入的、令人满意的、合作的关系,从而实现自己的潜能。

[美]简·尼尔森　史蒂文·福斯特
艾琳·拉斐尔　著
甄颖　译
北京联合出版公司
定价：32.00元

《孩子，把你的手给我》

与孩子实现真正有效沟通的方法

畅销美国 500 多万册的教子经典，以 31 种语言畅销全世界
彻底改变父母与孩子沟通方式的巨著

本书自 2004 年 9 月由京华出版社自美国引进以来，仅依靠父母和老师的口口相传，就一直高居当当网、卓越网的排行榜。

吉诺特先生是心理学博士、临床心理学家、儿童心理学家、儿科医生；纽约大学研究生院兼职心理学教授、艾德尔菲大学博士后。吉诺特博士的一生并不长，他将其短短的一生致力于儿童心理的研究以及对父母和教师的教育。

父母和孩子之间充满了无休止的小麻烦、阶段性的冲突，以及突如其来的危机……我们相信，只有心理不正常的父母才会做出伤害孩子的反应。但是，不幸的是，即使是那些爱孩子的、为了孩子好的父母也会责备、羞辱、谴责、嘲笑、威胁、收买、惩罚孩子，给孩子定性，或者对孩子唠叨说教……当父母遇到需要具体方法解决具体问题时，那些陈词滥调，像"给孩子更多的爱"、"给她更多关注"或者"给他更多时间"是毫无帮助的。

多年来，我们一直在与父母和孩子打交道，有时是以个人的形式，有时是以指导小组的形式，有时以养育讲习班的形式。这本书就是这些经验的结晶。这是一个实用的指南，给所有面临日常状况和精神难题的父母提供具体的建议和可取的解决方法。

——摘自《孩子，把你的手给我》一书的"引言"

[美]海姆·G·吉诺特　著
京华出版社出版
定价：24.00元

《孩子，把你的手给我（Ⅱ）》

与十几岁孩子实现真正有效沟通的方法

《孩子，把你的手给我》作者的又一部巨著
彻底改变父母与十几岁孩子的沟通方式

本书是海姆·G·吉诺特博士的又一部经典著作，连续高踞《纽约时报》畅销书排行榜25周，并被翻译成31种语言畅销全球，是父母与十几岁孩子实现真正有效沟通的圣经。

十几岁是一个骚动而混乱、充满压力和风暴的时期，孩子注定会反抗权威和习俗——父母的帮助会被怨恨，指导会被拒绝，关注会被当做攻击。海姆·G·吉诺特博士就如何对十几岁的孩子提供帮助、指导、与孩子沟通提供了详细、有效、具体、可行的方法。

[美]海姆·G·吉诺特 著
张雪兰 译
京华出版社　中央编译出版社
定价：21.00元

《孩子，把你的手给我（Ⅲ）》

老师与学生实现真正有效沟通的方法

《孩子，把你的手给我》作者最后一部经典巨著
以31种语言畅销全球
彻底改变老师与学生的沟通方式
美国父母和教师协会推荐读物

本书是海姆·G·吉诺特博士的最后一部经典著作，彻底改变了老师与学生的沟通方式，是美国父母和教师协会推荐给全美教师和父母的读物。

老师如何与学生沟通，具有决定性的重要意义。老师们需要具体的技巧，以便有效而人性化地处理教学中随时都会出现的事情——令人烦恼的小事、日常的冲突和突然的危机。在出现问题时，理论是没有用的，有用的只有技巧，如何获得这些技巧来改善教学状况和课堂生活就是本书的主要内容。

书中所讲述的沟通技巧，不仅适用于老师与学生、家长与孩子之间的交流，而且也可以灵活运用于所有的人际交往中，是一种普遍适用的沟通技巧。

[美]海姆·G·吉诺特 著
张雪兰 译
京华出版社　中央编译出版社
定价：27.00元

《如何培养孩子的社会能力》

教孩子学会解决冲突和与人相处的技巧

简单小游戏　成就一生大能力
美国全国畅销书（The National Bestseller）
荣获四项美国国家级大奖的经典之作
美国"家长的选择（Parents'Choice Award）"图书奖

　　社会能力就是孩子解决冲突和与人相处的能力，人是社会动物，没有社会能力的孩子很难取得成功。舒尔博士提出的"我能解决问题"法，以教给孩子解决冲突和与人相处的思考技巧为核心，在长达30多年的时间里，在全美各地以及许多其他国家，让家长和孩子们获益匪浅。与其他的养育办法不同，"我能解决问题"法不是由家长或老师告诉孩子怎么想或者怎么做，而是通过对话、游戏和活动等独特的方式教给孩子自己学会怎样解决问题，如何处理与朋友、老师和家人之间的日常冲突，以及寻找各种解决办法并考虑后果，并且能够理解别人的感受。让孩子学会与人和谐相处，成长为一个社会能力强、充满自信的人。

　　默娜·B·舒尔博士，儿童发展心理学家，美国亚拉尼大学心理学教授。她为家长和老师们设计的一套"我能解决问题"训练计划，以及她和乔治·斯派维克（George Spivack）一起所做出的开创性研究，荣获了一项美国心理健康协会大奖、三项美国心理学协会大奖。

[美] 默娜·B·舒尔　特里萨·弗伊·迪吉若尼莫　著
张雪兰　译
京华出版社出版
定价：22.00元

《如何培养孩子的社会能力（II）》

教8～12岁孩子学会解决冲突和与人相处的技巧

全美畅销书《如何培养孩子的社会能力》作者的又一部力作！
让怯懦、内向的孩子变得勇敢、开朗！
让脾气大、攻击性强的孩子变得平和、可亲！
培养一个快乐、自信、社会适应能力强、情商高的孩子

　　8～12岁，是孩子进入青春期反叛之前的一个重要时期，是孩子身体、行为、情感和社会能力发展的一个重要分水岭。同时，这也是父母的一个极好的契机——教会孩子自己做出正确决定、自己解决与同龄人、老师、父母的冲突，培养一个快乐、自信、社会适应能力强、情商高的孩子——以便孩子把精力更多地集中在学习上，为他们期待而又担心的中学生活做好准备。

　　本书详细、具体地介绍了将"我能解决问题"法运用于8～12岁孩子的方法和效果。

[美] 默娜·B·舒尔　著
刘荣杰　译
北京联合出版公司出版
定价：28.00元

《帮助你的孩子爱上阅读》

0~16岁亲子阅读指导手册

没有阅读的童年是贫乏的——孩子将错过人生中最大的乐趣之一,以及阅读带来的巨大好处。

阅读不但是学习和教育的基础,而且是孩子未来可能取得成功的一个最重要的标志——比父母的教育背景或社会地位重要得多。这也是父母与自己的孩子建立亲情心理联结的一种神奇方式。

帮助你的孩子爱上阅读,是父母能给予自己孩子的一份最伟大的礼物,一份将伴随孩子一生的爱的礼物。

这是一本简单易懂而且非常实用的亲子阅读指导手册。作者根据不同年龄的孩子的发展特征,将0~16岁划分为0~4岁、5~7岁、8~11岁、12~16岁四个阶段,告诉父母们在各个年龄阶段应该如何培养孩子的阅读习惯,如何让孩子爱上阅读。

[英]爱丽森·戴维 著
宋苗 译
北京联合出版公司
定价:26.00元

《孩子是如何学习的》

畅销美国200多万册的教子经典,以14种语言畅销全世界

孩子们有一种符合他们自己状况的学习方式,他们对这种方式运用得很自然、很好。这种有效的学习方式会体现在孩子的游戏和试验中,体现在孩子学说话、学阅读、学运动、学绘画、学数学以及其他知识中……对孩子来说,这是他们最有效的学习方式……

约翰·霍特(1923~1985),是教育领域的作家和重要人物,著有10本著作,包括《孩子是如何失败的》、《孩子是如何学习的》、《永远不太晚》、《学而不倦》。他的作品被翻译成14种语言。《孩子是如何学习的》以及它的姊妹篇《孩子是如何失败的》销售超过两百万册,影响了整整一代老师和家长。

[美]约翰·霍特 著
张雪兰 译
北京联合出版公司
定价:30.00元

《莫扎特效应》

用音乐唤醒孩子的头脑、健康和创造力

从胎儿到 10 岁，用音乐的力量帮助孩子成长！
享誉全球的权威指导，被翻译成 13 种语言！

在本书中，作者全面介绍了音乐对于从胎儿至 10 岁左右儿童的大脑、身体、情感、社会交往等各方面能力的影响。

本书详细介绍了如何用古典音乐，特别是莫扎特的音乐，以及儿歌的节奏和韵律来促进孩子从出生前到童年中期乃至更大年龄阶段的发展，提高他们的各种学习能力、情感能力和社会交往能力。对于孩子在每个年龄段（出生前到出生，从出生到 6 个月，从 6 个月到 18 个月，从 18 个月到 3 岁，从 4 岁到 6 岁，从 6 岁到 8 岁，从 8 岁到 10 岁）的发展适合哪些音乐以及这些音乐的作用都进行了详细的说明。

唐·坎贝尔，古典音乐家、教育家、作家、教师，数十年来致力于研究音乐及其在教育和健康方面的作用，用音乐帮助全世界 30 多个国家的孩子提高了学习能力和创造性，并体验到了音乐给生活带来的快乐。他是该领域闻名全球、首屈一指的权威。

[美] 唐·坎贝尔 著
高慧雯 王玲月 娟子 译
北京联合出版公司出版
定价：32.00 元

《从出生到 3 岁》

婴幼儿能力发展与早期教育权威指南

畅销全球数百万册，被翻译成 11 种语言

没有任何问题比人的素质问题更加重要，而一个孩子出生后头 3 年的经历对于其基本人格的形成有着无可替代的影响……本书是唯一一本完全基于对家庭环境中的婴幼儿及其父母的直接研究而写成的，也是惟一一本经过大量实践检验的经典。本书将 0~3 岁分为 7 个阶段，对婴幼儿在每一个阶段的发展特点和父母应该怎样做以及不应该做什么进行了详细的介绍。

本书第一版问世于 1975 年，一经出版，就立即成为了一部经典之作。伯顿·L·怀特基于自己 37 年的观察和研究，在这本详细的指导手册中描述了 0~3 岁婴幼儿在每个月的心理、生理、社会能力和情感发展，为数千万名家长提供了支持和指导。现在，这本经过了全面修订和更新的著作包含了关于养育的最准确的信息与建议。

伯顿·L·怀特，哈佛大学"哈佛学前项目"总负责人，"父母教育中心"（位于美国马萨诸塞州牛顿市）主管，"密苏里'父母是孩子的老师'项目"的设计人。

[美] 伯顿·L·怀特 著
宋苗 译
北京联合出版公司
定价：39.00 元

《实用程序育儿法》

宝宝耳语专家教你解决宝宝喂养、睡眠、情感、教育难题

《妈妈宝宝》、《年轻妈妈之友》、《父母必读》、"北京汇智源教育"联合推荐

本书倡导从宝宝的角度考虑问题，要观察、尊重宝宝，和宝宝沟通——即使宝宝还不会说话。在本书中，作者集自己近30年的经验，详细解释了0～3岁宝宝的喂养、睡眠、情感、教育等各方面问题的有效解决方法。

特蕾西·霍格（Tracy Hogg）世界闻名的实战型育儿专家，被称为"宝宝耳语专家"——她能"听懂"婴儿说话，理解婴儿的感受，看懂婴儿的真正需要。她致力于从婴幼儿的角度考虑问题，在帮助不计其数的新父母和婴幼儿解决问题的过程中，发展了一套独特而有效的育儿和护理方法。

梅林达·布劳，美国《孩子》杂志"新家庭（New Family）专栏"的专栏作家，记者。

[美] 特蕾西·霍格
梅林达·布劳 著
北京联合出版公司
定价：42.00元

《孩子顶嘴，父母怎么办？》

简单4步法，终结孩子的顶嘴行为

全美畅销书

顶嘴是一种不尊重人的行为，它会毁掉孩子拥有成功、幸福的一生的机会，会使孩子失去父母、朋友、老师等的尊重。

本书是一本专门针对孩子顶嘴问题的畅销家教经典。作者里克尔博士和克劳德博士以著名心理学家阿尔弗雷德·阿德勒的行为学理论为基础，结合自己在家庭教育领域数十年的心理咨询经验，总结出了一套简单、对各个年龄段孩子都能产生最佳效果，而且不会对孩子造成伤害的"四步法"，可以让家长在消耗最少精力的情况下，轻松终结孩子粗鲁的顶嘴行为，为孩子学会正确地与人交流和交往的方式——不仅仅是和家长，也包括他的朋友、老师和未来的上级——奠定良好的基础。

[美] 奥黛丽·里克尔
卡洛琳·克劳德 著
张悦 译
北京联合出版公司
定价：20.00元

本书包含大量真实案例，可以让读者在最直观而贴近生活的情境中学习如何使用四步法。

奥黛丽·里克尔博士，美国著名心理学家，既是一名经验丰富的教师，也是一名母亲，终生与孩子打交道。卡洛琳·克劳德博士，管理咨询专家，美国白宫儿童与父母会议主席，全国志愿者中心理事。

《如何读懂孩子的行为》

理解并解决孩子各种行为问题的方法

孩子为什么不好好吃、不好好睡？为什么尿床、随地大便？为什么说脏话？为什么撒谎、偷东西、欺负人？为什么不学习？……这些行为，都是孩子在以一种特殊的方式与父母沟通。

当孩子遇到问题时，他们的表达方式十分有限，往往用行为作为与大人沟通的一种方式……如何读懂孩子这些看似异常行为背后真实的感受和需求，如何解决孩子的这些问题，以及何时应该寻求专业帮助，就是本书的主要内容。

安吉拉·克利福德-波斯顿（Andrea Clifford-Poston），教育心理治疗师、儿童和家庭心理健康专家，在学校、医院和心理诊所与孩子和父母们打交道30多年；她曾在查林十字医院（Charing Cross Hospital，建立于1818年）的儿童发展中心担任过16年的主任教师，在罗汉普顿学院（Roehampton Institute）担任过多年音乐疗法的客座讲师，她还是《泰晤士报》"父母论坛"的长期客座专家，为众多儿童养育畅销杂志撰写专栏和文章，包括为"幼儿园世界（Nursery World）"撰写了4年专栏。

[英]安吉拉·克利福德-波斯顿 著
王俊兰 译
北京联合出版公司出版
定价：32.00元

《如何培养情感健康的孩子》

孩子必须被满足的5大情感需求

畅销美国250000多册的家教经典

孩子的情感健康，取决于情感需求是否得到满足。每个孩子都有贯穿一生的5大情感需求，满足了这些需求，会为把孩子培养成为自信、理智、有同情心和有公德心的人提供一个良好的基础，让他们更有可能在学业、职场、婚姻和生活中取得成功。

杰拉尔德·纽马克博士既是一位父亲，又是一位教育家、研究员，从事与学校和孩子相关的咨询已经超过30年，他在教育领域所取得的卓越成就曾得到美国总统嘉奖。

[美]杰拉尔德·纽马克 著
叶红婷 译
北京联合出版公司
定价：20.00元

《孩子爱发脾气，父母怎么办》

孩子发脾气的 11 种潜在原因及解决办法

美国"妈妈的选择"图书金奖

没有哪个孩子会无缘无故地发脾气，也没有哪个孩子在每一件事情上都发脾气。孩子的每一次脾气爆发，都是有原因的，是孩子在试图告诉父母或其他成年人一些什么……有时候，孩子无法用口头方式表达自己的烦恼或不快，而情绪和行为才是他们的语言，为了倾听他们，你必须学会破解这种语言……孩子在小时候改掉发脾气的毛病，在青春期和成年后才能快乐、平和，并有所成就。

道格拉斯·莱利博士，临床心理治疗师，擅长于治疗 3~19 的孩子。他还投入大量精力对父母们进行培训，教给他们改正自己孩子行为的方法和技巧。

[美] 道格拉斯·莱利博士 著
王旭 译
北京联合出版公司
定价：28.00 元

《为了孩子一生的幸福和成功》

教给孩子正确的价值观

全美畅销书第 1 名

本书绝对是一个智慧宝库，是当今的父母们极其需要的。而且，作者的方法真的管用。

——《高效能人士的 7 个习惯》作者
史蒂芬·柯维

价值观是人生的基石，是成功的前提。一个没有良好价值观的人，成功的概率一定是零。

本书详细介绍了将 12 种价值观教给从学龄前儿童到青春期孩子的方法。

[美] 琳达·艾尔 理查德·艾尔 著
红婷 译
京联合出版公司出版
价：25.00 元

《4年级决定孩子的一生》

（修订版）

张伟　徐宏江　著
京华出版社出版
定价：24.00元

我国著名诗人艾青说过：人的一生很漫长，但最关键的却只有那么几步……小学4年级就是孩子成长中最关键几步中的一步。

孩子的生长和发育存在若干关键时期，4年级就是一个重要的时期。4年级是培养学习能力和情感能力的重要时期，是养成良好的学习习惯和改变不良习惯的最后关键时机。4年级是培养孩子学习恒心的关键时期。4年级是小学低年级向高年级的过渡期，孩子开始从被动的学习主体向主动的学习主体转变，学校教育的内容和方式发生的一些明显变化、孩子自身心理和能力的发展都会表现为比较明显的学习分化现象，有些孩子甚至开始出现学习偏科的端倪。

孩子的成长要求父母对孩子教育的内容和方式也要随之改变，正确的教育将会起到事半功倍的作用，为孩子一生的成功打下坚实的基础。

本书自2005年5月出版以来，受到了广大学生家长和教师的热烈欢迎，深圳市将其列为"第六届深圳读书月推荐书目"。

《让你的孩子更聪明》

5岁前，将孩子的智商再提高30分

做正确的游戏和活动
吃正确的食物
避免环境毒素和不当用药
让孩子感受到关爱、安全、快乐和放松

[美]大卫·普莫特 博士　著
林欣颐　译
京华出版社出版
定价：28.00元

人的大脑在出生时尚未完成发育，但很多父母错过了增进孩子智力和情感幸福的关键时期，不是因为他们疏于自己的责任，而是因为不了解。你只要让孩子在感受到关爱、安全、快乐和放松的同时，和孩子做正确的游戏和活动、吃正确的食物、避免环境毒素和不当用药，就很容易将孩子的智商在5岁前再提高30分，开启孩子的聪明基因，帮助孩子成为一个聪明、能干、成功的成年人。

以上图书各大书店、书城、网上书店有售。
团购请垂询：010-65868687
Email：tianluebook@263.net
更多畅销经典家教图书，请关注新浪微博"家教经典"（http://weibo.com/jiajiaojingdian）及淘宝网"天略图书"（http://shop33970567.taobao.com）